本書經國立政治大學出版委員會
人文學門之編輯委員會審查通過

宋代圖書易學之重要輯著

《大易象數鈎深圖》與《周易圖》一系圖說析論

陳睿宏 著

政大出版社
Chengchi University Press

國家圖書館出版品預行編目(CIP)資料

宋代圖書易學之重要輯著：《大易象數鉤深圖》與《周易圖》一系圖說析論 / 陳睿宏著. -- 初版. -- 臺北市: 政大出版社出版: 政大發行, 2016.03
　面；　公分
ISBN　978-986-6475-84-9（平裝）

1. 易經　2. 易學　3. 研究考訂

121.17　　　　　　　　　　　　　　105003568

宋代圖書易學之重要輯著：
《大易象數鉤深圖》與《周易圖》
一系圖說析論

著　　　者｜陳睿宏

發 行 人　周行一
發 行 所　國立政治大學
出 版 者　政大出版社
執行編輯　林淑禎
地　　址　11605臺北市文山區指南路二段64號
電　　話　886-2-29393091#80625
傳　　真　886-2-29387546
網　　址　http://nccupress.nccu.edu.tw

經　　銷　元照出版公司
地　　址　10047臺北市中正區館前路18號5樓
網　　址　http://www.angle.com.tw
電　　話　886-2-23756688
傳　　真　886-2-23318496
郵撥帳號　19246890
戶　　名　元照出版有限公司

法律顧問　黃旭田律師
電　　話　886-2-23913808

排　　版　振基興業股份有限公司
印　　製　祥新印刷股份有限公司
初版一刷　2016年3月
定　　價　360元
I S B N　9789866475849
G P N　1010500284

政府出版品展售處
• 國家書店松江門市：104臺北市松江路209號1樓
　電話：886-2-25180207
• 五南文化廣場臺中總店：400臺中市中山路6號
　電話：886-4-22260330

目　次

圖表目次

一、表目次

二、圖目次

凡例

一、本論著採用《大易象數鈎深圖》原典之圖文，主要根據文淵閣《四庫全書》之版本，並參照對比《道藏》本與《通志堂經解》本；《周易圖》則據於《道藏》本。

二、《大易象數鈎深圖》與《周易圖》之作者佚名，無可考明，注文中引述，於書前第一次引述加「佚名」，之後再引則一致不復加「佚名」，其例如：「見《大易象數鈎深圖》，卷一，頁88。」又如「見《周易圖》，卷下，頁710。」

三、為便於閱讀，論著各章引用典籍出處，皆立新完整的標注，例如第一章第一次詳細標明「見劉牧：《易數鈎隱圖》（臺北：新文豐出版公司正統道藏本第4冊，1988年12月再版），卷上，頁770。」各該章之後再注則僅作簡要標注：標明作者、書名、篇卷與頁數；如「見劉牧：《易數鈎隱圖》，卷上，頁775。」

四、孔門《易傳》（或稱《十翼》）之引述，各篇獨立採用書名號（《》），即如《繫辭傳》、《象傳》。

五、申言《易》著中之各種圖式名稱，皆加上〈〉以標明，如〈太極圖〉、〈河圖〉、〈洛書〉、〈卦配方圖〉等等。

六、六十四卦之卦名，兩岸學者多有附加〈〉者，如〈乾〉、〈屯〉、〈需〉等等，然涉言卦名與卦畫（如☱），若加上〈〉符號，似顯冗贅與混雜，故一般僅稱作如乾卦、坤卦、屯卦等。

七、六十四卦卦名之出現，原則上不旁加卦畫，唯論述內容涉及卦爻象，或卦符顯現有其論述之必要性時，才附加於卦名後面，如乾☰卦、坤☷卦、屯☳卦等。

八、人名後面附加生卒年，採取各章獨立標示方式。各章人物第一次
　　出現，皆附標生卒年，如邵雍（1011-1077）；同章再次出現不再標
　　明。

九、以「易」為言，除非特殊指稱，否則皆加上《》以標明為專著，
　　即：《易》、《周易》、《易經》皆然。然而，「易學」、「易圖」、「易
　　例」等，皆可屬專有之學術名稱，故「易」不冠《》。

自序

　　面對人生的轉換，投身文學思想的領域，總認為從傳統當中可以找到理想的安身立命之依止，入於《易》、《老》、《莊》，尤傾心於《易》，沐浴聖學之道，偶得一二，苦樂摻雜。審察馳光不留，逝川倏然，生生之世，知奄忽若飆塵，故時日弗忍虛擲，挑燈夜戰，與案牘為伍，坐足冷板凳，二十年來如一日。非有壯士之心，乞射斗牛，亦無泥塗之屈，肯向青雲；平素向聖學，恭謹於學殖，盡心在本務。與書冊輔比或已成性，循性求諸大《易》之道，或篤敬自律於學術專業若秉燭之明，或以礦璞自期，總在勉勤自酬。以《易》為學，無易求道之心迹，日日踽步，希冀累累廣度；繼丁易東圖說研究之後，再次同以圖書之學為題，付梓就見於學林。

　　圖式符號結構的易學思維與認識，反映出易學思想的另類詮釋與理解方法，特別是標誌出易學家的宇宙觀之認識，如此之易學理解範疇，為本人這幾年來一直涉獵與關注的議題，也是本人亟欲發展的研究進路。

　　新興的圖書之學，成熟於北宋，擴大到南宋，不斷的漫延與茁壯成長，在錯綜象數與義理的年代，二者不論孰輕孰重，圖書之學融入於二者之間，非但是一個新興的詮釋方法與易學認識，更是重要的流行趨勢。在易學發展的洪流中，以圖式符號結構的理解方式，開啟出嶄新論述體系，也引領出另類之哲學觀，呈現出一幅一幅的易學理解主張與宇宙圖式；機械化圖式的背後，傳遞出宏富而多元的思想血脈，透過哲理性的認識與視域，進行更有意義更具有機性的理解。這是本人幾年來開展宋代易學的認識範疇與理解視域，在圖書易學的學術脈絡裡，不論在

內容開闡或易學史觀之辨析，認為是深具意義而期待持續發展之重要方向。

　　《大易象數鈎深圖》與《周易圖》一系圖說，多數圖式相近或相同，表現形式傾向與思想的特色相似性亦高，可以推定為性質相同的同一系列之圖說。多元龐富的內容，張揚時代的特有屬性與性格，是易學理解的創造性突破，為傳統易學打開了新局，也為此宋代的開展，留下具有代表性的文獻典範，面對文獻接受現實時空的必然殞損之狀態，《大易象數鈎深圖》與《周易圖》代表此時代重要易學特色的文獻運用與重要參照，洵足以立下汗馬功勞的論著；雖然同為《道藏》所收錄，或雖融入部分道家思想養料，但主體上仍然反映出宋代核心觀點的易學主張，是一具有高度時代性意義的論著。

　　本論著主要以《大易象數鈎深圖》與《周易圖》一系圖說作為研究的主軸，將有關圖式進行主題分類、圖式考索，並試圖釐析相關圖式的具體意義與可能的哲理性建構。主要的論題包括：考索《大易象數鈎深圖》與《周易圖》成書之可能年代；輯著中太極生成衍化圖式、《河圖》及《洛書》與相關數列圖式，以及先後天學之有關圖式，理解其體現的陰陽變化之宇宙觀的重要意涵；分析六十四卦象義之圖式內涵，詮解卦爻之象，以及圖式符號立象所闡明的卦爻辭義具體內容，確立圖式建構者的卦爻理解；探討《易傳》詮義圖式結構之重要意義；最後總結輯著之整體特色與主要取向。藉由諸論題之探析，期能彌補前人研究成果之不足，擴展易學圖式結構之解析與哲理性論述之能量。

　　為學求道，雖無沒於百仞之淵、流於無涯之川的悲壯，但確是時日專屬不分，荷負於鍵盤螢幕與層疊古籍之中，心裡總是有愧於家人，序文為是機械化的感謝家人的包容與體恤，卻真實的來自孚實的彌補之意。同時感謝科技部提供研究經費之協助，以及學者專家的指導與審查卓識的寶貴意見。再次致上最誠摯的謝忱！

2016 年 1 月 1 日於指南山下

Preface

In different phrases of life, caught in unexpected predicaments, I felt like a drifter roaming from one place to another until I took a plunge into the world of literature and philosophy. I believed that by exploring our traditional cultural heritage, I could understand the truth of life, and thus my life would settle down. Fortunately, time has proved me right. Working tirelessly in the past twenty years, immersed in the study of Laozi, Zhuangzi, and Yi, I have had the privilege to take glimpses into the truth of life. I've been toiling away particularly in the study of Yi, in the hope of gaining insight and making contributions in this field. While my last book explores the Yi-diagrams in Ding Yidong's theory, this book focuses on the Yi-diagrams in *Dayi-xiangshu-goushentu* and *Zhouyi-tu*.

Approaching Yixue through structures of different Yi-diagrams reflects a new interpretation and understanding of Yixue, especially in the realm of cosmology. This unique perspective to approach Yi has been the center of my studies for years and it will continue to be so.

Newly-developed Tu-Shu Yixue reached its maturity in Northern Song Dynasty and was extended and continued to grow into Southern Song. In the era when Xiang-Shu and Yili prevailed and competed with each other, no matter which of the two gained predominance, Tu-Shu Yixue made its way to assimilate into both of them. It was not only a novel method for the interpretation of Yixue, but also started a crucial trend in its development. It inspired new discourse system and established alternative philosophy of cosmology. Scholars constructed one diagram after another that represented their Yi theories and their views on cosmology. What they tried to convey through these mechanical diagrams was a rich and diverse lineage of thoughts. What's more, with these diagrams, these scholars set up a more meaningful and organic comprehension of the world from a philosophical perspective. Whether in terms of further exploration of its contents or the analysis of Yixue from a historical perspective, Tu-Shu Yixu is of profound meaning and worth delving into.

The majority of the Yi-diagrams depicted in ***Dayi-xiangshu-goushentu*** and ***Zhouyi-tu*** are quite similar, both in their presentation and the ideas they reflect. In view of this, it is safe to conclude that they belong in the same series of diagrams with the same properties. The diverse and complex content of these diagrams is an innovative breakthrough in the understanding of Yixue, which highlights the unique characteristics of the era, opens a new chapter for traditional Yixue, and leaves a representative literary legacy. Faced with the inevitable damage done to the literature with the passing of time, ***Dayi-xiangshu-goushentu*** and ***Zhouyi-tu*** represent the application of Yixue features and serve as important references. Although the two books are collected in Dao-Zang and incorporated ideas from Daoism, they reflect the core ideas of Yixue theories in Song Dynasty and are highly representative of that particular era.

With the main focus on the series of Yi-diagrams in ***Dayi-xiangshu-goushentu*** and ***Zhouyi-tu***, the present study aims to perform a topical analysis of the relevant diagrams, trace their origins, clarify the concrete meanings of related diagrams and propose possible philosophical implications. The main issues addressed in the study include the following: the possible time when the two books were compiled; the change of ying and yang and the important meanings in cosmology manifested in the diagrams concerning the evolution and derivations of Taiji, the sequence of numbers in Hetu and Luoshu, and Xian-Hou-Tian; the analysis of the meanings of 64 Gua in the aspects of Xiang-Shu and Yili, the interpretation of Gua-yao and its content and the explanation of Gua-yao constructers' theories; the exploration of the diagram structures in Yizhuan; and the summary of the overall characteristics of the two books. Through a comprehensive analysis of the above-mentioned topics, the study hopes to make up for what lacked in previous studies, expand the explanation and analysis of diagram structures of Yixue, and boost the momentum of philosophical discourse.

Finally, I would like to express my deepest gratitude to my family for their unfailing support and unconditional love over the years, without which I wouldn't have been able to complete this research. I am also indebted to the experts and scholars who reviewed this thesis, whose valuable expertise and insightful comments are highly appreciated. A special thank goes to Ministry of Science and Technology for their generous financial assistance for my research.

Rui-hong Chen
January 1, 2016

Chapter 1

第一章
緒論

　　《易》作為群經之首，彌綸天地之道，範圍天地之化，無所不包，無所不並，放諸四海，閱乎百世，以之為準，以之為周，在中國思想史、學術史，乃至文化史上，有其崇高的地位；不論是神祕性的認識，或是理性的思維，其背後皆因此一經典的淳厚意蘊，重重積載著不斷前進的知識體系。此一知識體系的學術發展歷程，向來學者好以簡便的分派或分支為象數或義理的二分；排除兩者的相即未離的共伴之性，以及某種無法全然二分的渾然局面，但在分屬的概括上，確實可以顯明的區分之間差異與取向的殊別性，故漢代好以象數名之，魏晉之後義理大張，宋代義理益盛。無論共時性或歷時性的易學思想主張，莫不兼有象數與義理，亦莫不可從象數中釐析義理，義理中統合象數，二者最終可以並見，或有輕重，也未必決然立分。

　　從漢《易》的啟蒙、奠基，糾合進入宋《易》的世界，在象數與義理的錯綜認識與知識建構中，開啟了圖書之學的圖式世界，沐浴於圖式結構的理解視域，象數與義理於斯交織，正為宋代易學的生命力展現。《大易象數鈎深圖》與《周易圖》一系的圖說，便是此一時代易學特有屬性與性格具顯的寶庫。

　　本論著以《大易象數鈎深圖》與《周易圖》一系易學圖式作為探討之對象，重視有關圖式的考索理解、判讀分析，確立取材與有效論述的系統性，把握主體論題的合宜性。於各章論題展開前，首先述明此一系列圖學研究之緣起與重要性、歷來有關圖說的關注情形，以及圖式探述的目的取向。

第一節　《大易象數鉤深圖》與《周易圖》圖學研究之緣起

　　漢魏至宋代以前經學的發展，恪守傳統，主體上不離章句訓詁，所以皮錫瑞（1850-1908）《經學歷史》指出宋初以前，經學根本仍「篤守古義，無取新奇；各承師傳，不憑胸臆」。[1] 此即王應麟（1223-1296）所言，宋代慶曆之前，傳統本色未移，故「談經者守訓故而不鑿」，但至王安石（1021-1086）《三經新義》頒行，以義理為本，「視漢儒之學若土梗」，仁宗（1010-1063）以降，學風丕變，因經明道，明經改經，乃至創新己說，蔚為風尚。[2] 易學的發展，亦浸染在此學術洪流中。司馬光（1019-1086）於熙寧二年（1069）奏文〈論風俗箚子〉中便提到，「新進後生，未知臧否，口傳耳剽，翕然成風。至有讀《易》未識卦爻，已謂《十翼》非孔子之言」。[3] 不立基於經典原本，而以標明新說新法以相傳述為務，成為這個時代易學發展的新面貌。除了義理之學的新開展外，倡言數論，好立圖說，為宋代自陳摶（?-989）以降創發的新易學觀。

　　圖書之學為宋代新興的易學主張，從文獻資料所見，似乎陳摶引領最有功，皮錫瑞《經學通論》即認為「宋人圖書之學，出於陳摶，摶得道家之圖，衍為太極河洛先天後天之說，宋人之言《易》學者多宗之」。[4] 朱震（1072-1138）《漢上易傳》亦言，「國家龍興，異人間出，濮上陳摶以〈先天圖〉傳种放，放傳穆修」，之後傳李之才（?-1045）而至邵雍（1011-1077）得以大成；「放以〈河圖〉、〈洛書〉傳李溉」，後傳至劉牧（1011-1064）；穆修（979-1032）並以〈太極圖〉傳至周敦

1　見皮錫瑞：《經學歷史》（臺北：藝文印書館，1996 年 8 月初版 3 刷），頁 237。

2　見王應麟：《困學紀聞・經說》（臺北：臺灣商務印書館景印文淵閣四庫全書第 854 冊，1986 年 3 月初版），卷八，頁 323-324。

3　見司馬光：《傳家集》（臺北：臺灣商務印書館景印文淵閣四庫全書第 1094 冊，1986 年 3 月初版），卷四十二，頁 390。

4　見皮錫瑞：《經學通論》（臺北：臺灣商務印書館，1989 年 10 月臺 5 版），頁 27。

頤（1017-1073）。此圖學流風，「或明其象，或論其數，或傳其辭，或兼而明之，更唱迭和，相為表裏」。[5]《周易》鎔鑄部分道教與傳統象數之學的元素，形成不論內容或形式有別於過去之新的取向。

圖書之學的核心內容，主要表現在〈太極圖〉、〈河圖〉、〈洛書〉、〈先天圖〉、〈後天圖〉等圖說方面；進一步擴大至兩宋之間，《周易》經傳圖說的制作，乃至漢魏以降象數之學的圖式化建構，圖式之學已非前此北宋諸家之說所能牢籠。楊甲（約1110-1184）《六經圖》及佚名之《大易象數鈎深圖》與《周易圖》一系之圖說，正為此一時代的典範代表。這些圖說的理解風潮，有別於以往的內容與形式上的呈現，可以視為突破傳統界囿的創造性詮釋。

易學發展在傳統的反省與新的創造之激勵之下，走向多元開展的新局面，《四庫提要》有所謂的「兩派六宗」之說；[6] 概括分殊雖未必盡稱合宜，卻也看出其中陳摶與邵雍一系圖說的主流色彩與深遠之影響。由北宋萌芽生成，至南宋前期已見茁壯擴展，並延伸對之後的易學生態樹立起此一新的支脈，故劉大鈞先生言「元明清三代學者共同繁衍發揮，終于形成了《易》學史上不可忽視的『圖』『書』之學」。[7]

圖書之學引領宋代易學的發展，並在漢代象數之學式微的同時，同時創造出「數」論的張揚，以及對「象數」某種程度在某些元素共同性與性質上的貼近之提攜效果，面對宋代義理化走向的主流推

5　見朱震：《漢上易傳・表》（臺北：臺灣商務印書館景印文淵閣四庫全書第11冊，1986年3月初版），頁3。

6　參見《四庫全書總目提要》對宋代易學的定調，云：「漢儒言象數，去古未遠也，一變而為京、焦，入於禨祥；再變而為陳、邵，務窮造化，《易》遂不切於民用。王弼盡黜象數，說以老莊，一變而為胡瑗、程子，始闡明儒理；再變而李光、楊萬里，《易》遂日啟其論端。此兩派六宗，已互相攻駁。」（見永瑢等撰：《四庫全書總目》〔北京：中華書局，2008年11月1版北京8刷〕，卷一，頁1。）象數與義理之二重並進，走向宗法陳摶、邵雍、胡瑗、程頤、李光、楊萬里諸家之學。

7　見施維《周易八卦圖解》中劉大鈞之序言。揭前書（成都：巴蜀書社，2003年3月1版1刷），頁2。

布下，象數之學並沒有因此而湮沒不存，例如南宋前期的重要易學家，如朱震（1072-1138）、鄭剛中（1088-1154）、郭雍（1091-1187）、張浚（1097-1164）、沈該（?-?）、吳沆（?-?）、都絜（?-?）、林栗（1120-1190）、程大昌（1123-1195）、鄭東卿（?-?）等諸家之說，可以視為或以象數為重，或以義理為本，而輔以象數為用的重要象數之學的典型代表，標示為南宋前期特色相近的象數與義理兼綜的主要代表人物。筆者過去沿著以惠棟（1697-1758）所標誌的以漢代象數易學為主體的研究脈絡，聯結到惠棟所重視的朱震易學，對朱震《易》著進行全面性的研究，[8] 也同時關注前後時期的易學家，包括張浚、林栗諸家《易》著的詳實之瞭解，發現這些易學家，除了展現出高度的象數與義理主張外，重視「數」的理解，與關注北宋以來的《河圖》、《洛書》等圖書之說，似乎為此一時期的共同認識取向與特色。在此易學研究的脈絡下，探尋象數易學之大宗，陰陽用數之專好，以及特擅圖書之學的易學家，梳理宋元之際丁易東（?-?）與張理（?-?）之《易》說，再次繫接到在此之前的圖書之學彙輯大著——《大易象數鈞深圖》與《周易圖》一系之圖說，又一次證成與浮現圖書之學在陳摶、邵雍等前期諸家之後，對宋代易學的影響，在胡瑗（993-1059）與程頤（1033-1107）等儒學義理倡行之後，圖書之學乃至以數論為關懷的易學觀，並不因此而遁跡，在朱熹理學價值的主流衝擊前，成就其光輝燦爛印記。

　　宋代圖書易學的源流考索，乃至有關圖式之申說，南宋前期以朱震最有其功者，《漢上易傳》中明確指出陳摶後傳的授受關係，提供宋代圖書易學史之重要承傳脈絡，[9]並於《漢上易傳・卦圖》進說五十四個圖

8　參見拙著：《義理、象數與圖書之兼綜——朱震易學研究》（臺北：文史哲出版社，2011 年 9 月初版）。

9　見朱震：《漢上易傳・表》（臺北：臺灣商務印書館景印文淵閣四庫全書本第 11 冊，1986 年 3 月初版），頁 3。包括周敦頤〈太極圖〉、劉牧〈河圖〉與〈洛書〉，以及邵雍「先後天」圖說之承傳關係，後面章節將陸續引述詳說。

式，[10] 除了提供周敦頤、劉牧，以及邵雍的重要圖說外，也展現出包括數論、卦變、納甲、消息、卦氣、律呂與天文等多元的圖式，體現出至此圖書之學已多元制說，故毛奇齡（1623-1716）特別肯定其圖式，「推《易》秘旨可謂十得八九」。[11] 其前承而影響後人甚眾，特別包括同時代稍後的朱熹（1130-1200）、林至（?-?）、[12] 稅與權（?-?）、[13] 宋末元初的丁易東、張理、明代如來知德（1525-1604）等《易》家，以及清代辨圖之諸家，[14] 都深受朱震的影響。過去延續朱震之圖說，進一步耙梳丁

10　朱震五十四個圖式，包括〈河圖〉、〈洛書〉、〈伏羲八卦圖〉、〈文王八卦圖〉、〈太極圖〉、〈變卦反對圖〉（含〈乾坤二卦為易之門萬物之祖圖〉、〈乾坤相索三交變六卦不反對圖〉、〈乾卦一陰下生反對六卦圖〉、〈坤卦一陽下生反對變六卦圖〉、〈乾卦下生二陰各六變反對變十二卦圖〉、〈坤卦下生二陽各六變反對變十二卦圖〉、〈乾卦三陰各六變反對變十二卦圖〉、〈坤卦下生三陽各六變反對變十二卦圖〉等八圖）、〈六十四卦相生圖〉、〈李溉卦氣圖〉、〈太玄準易圖〉、〈乾坤交錯成六十四卦圖〉、〈律呂起於冬至之氣圖〉、〈陽律陰呂合聲圖〉、〈十二律相生圖〉、〈六十律相生圖〉、〈十二律通五行八正之氣圖〉、〈天文圖〉、〈天道以節氣相交圖〉、〈斗建乾坤終始圖〉、〈日行十二位圖〉、〈日行二十八舍圖〉、〈北辰左行圖〉、〈乾坤六位圖〉、〈震坎艮六位圖〉、〈巽離兌六位圖〉、〈消息卦圖〉、〈納甲圖〉、〈天壬地癸會於北方圖〉、〈乾甲圖〉、〈震庚圖〉、〈天之運行圖〉、〈月之盈虛圖〉、〈日之出入圖〉、〈虞氏義圖〉、〈乾六爻圖〉、〈坤初六圖〉、〈坤上六天地玄黃圖〉、〈乾用九坤用六圖〉、〈坎離天地之中圖〉、〈臨八月有凶圖〉、〈復七日來復圖〉、〈爻數圖〉、〈卦數圖〉、〈五行數圖〉、〈十日數圖〉、〈十二辰數圖〉、〈五聲十二律數〉、〈大衍數圖〉等。見朱震：《漢上易傳・卦圖》，頁 308-360。
11　朱震所傳圖式，除了陳摶以降之〈太極圖〉、〈河圖〉、〈洛書〉、〈先天圖〉、〈後天圖〉等有關圖式外，其他特別是卦變之圖，對理解諸家卦變與其本人卦變之說，有極大的幫助，所以毛奇齡肯定云：「朱震所進圖，而恢擴以盡其變，其于推《易》秘旨可謂十得八九矣。」見毛奇齡：《仲氏易》（臺北：新文豐出版公司編印大易類聚初集第 13 冊，影印《皇清經解》本，1983 年 10 月初版），卷九十一，頁 623。
12　林至，字德久，南宋嘉興華亭人，淳熙（1174-1189）中登進士第，官至秘書省正字。曾學於朱熹門下，今存《易裨傳》二卷，收錄於《四庫全書》之中。
13　稅與權，字巽甫，南宋巴郡臨邛人，受業於魏了翁（1178-1237）門下，易學論著今存《易學啟蒙小傳》一卷與《周易古經傳》一卷。
14　如黃宗炎《圖學辨惑》，列圖式有七；胡渭《易圖明辨》，列圖式四十一；張惠言《易圖條辨》，列圖式二十等等。

易東《大衍索隱》的六十五幅圖式、[15]張理《易象圖說》的四十二幅圖
式，[16] 以及針對元初郝大通（1140-1212）《太古集》三十三幅圖式所表

---

[15]　丁易東《大衍索隱》所見圖式，包括〈大衍之數五十其用四十九圖〉、〈大衍合數
　　　生四象圖〉、〈大衍合數得乘數圖〉、〈大衍乘數生爻復得合數之圖〉、〈大衍乘數生
　　　四象圖〉、〈大衍合數得乘數生四象圖〉、〈大衍掛一生二篇策數圖〉、〈大衍用數得
　　　策本體數圖〉、〈大衍參天兩地得老陰老陽互變圖〉、〈大衍生成合卦數圖〉、〈大衍
　　　合數之圖〉、〈大衍生乘數平方圖〉、〈大衍生乘數圭方圖〉、〈大衍乘數開方總圖〉、
　　　〈大衍廉隅周數總圖〉、〈大衍乘數四方各得合數之圖〉、〈大衍天一生地二圖〉、〈大
　　　衍地二生天三圖〉、〈大衍天三生地四圖〉、〈大衍地四生天五圖〉、〈大衍天五生地
　　　六圖〉、〈大衍地六生天七圖〉、〈大衍天七生地八圖〉、〈大衍地八生天九圖〉、〈大
　　　衍天九生地十圖〉、〈大衍生老陽奇數圖〉、〈大衍生少陰奇數圖〉、〈大衍生少陽奇
　　　數圖〉、〈大衍生老陰奇數策圖〉、〈大衍生少陽策數圖〉、〈大衍生少陰策數圖〉、
　　　〈大衍生老陽策數圖〉、〈大衍虛中得四象奇數圖〉、〈大衍虛中得四象策數圖〉、〈大
　　　衍一百八十一數得三百八十五數圖〉、〈大衍章數圖〉、〈河圖五十五數衍成五十
　　　位圖〉、〈洛書四十五數衍四十九用圖〉、〈洛書四十五數衍四十九位圖上〉、〈洛書
　　　四十五數衍四十九位圖下〉、〈洛書四十九位得大衍五十數圖〉、〈大衍用四十九
　　　合成五十數圖〉、〈大衍除掛四十八著合成四十九圖〉、〈大衍五十位數合用四十九
　　　圖〉、〈大衍四十九用數合分至黃赤道圖〉、〈大衍數四十九用得五十數變圖上〉、
　　　〈大衍四十九用得五十數變圖下〉、〈河圖十位自乘之圖〉、〈河圖十位成大衍數用
　　　圖〉、〈洛書九位自乘之圖〉、〈洛書九位成大衍數用圖〉、〈河圖五位用生成相配
　　　圖〉、〈河圖五十數乘為四十九圖〉、〈洛書五位用天數圖〉、〈洛書天數二十五乘為
　　　四十九圖〉、〈先天圖合大衍數五十用四十九圖〉、〈洪範合大衍數五十用四十九
　　　圖〉、〈大衍相得有合生閏數圖〉、〈大衍四十九著分奇掛策數圖〉、〈大衍四十九著
　　　均奇掛策數圖〉、〈大衍歸奇於扐以象閏圖〉、〈一章十九歲七閏辨一閏再閏數圖〉、
　　　〈洛書九數乘為八十一圖〉、〈九宮八卦綜成七十二數合洛書圖〉、〈陰陽變易成洛書
　　　圖〉等六十五圖。見丁易東：《大衍索隱》（臺北：臺灣商務印書館景印文淵閣四
　　　庫全書本第 806 冊，1986 年 3 月初版），頁 320-354。
[16]　張理《易象圖說》有關圖式，包括〈龍圖天地未合之數圖〉、〈龍圖天地已合之位
　　　圖〉、〈龍圖天地生成之數圖〉、〈洛書天地交午之數圖〉、〈洛書縱橫十五之象圖〉、
　　　〈太極生兩儀之象圖〉、〈兩儀生四象之象圖〉、〈四象生八卦之象圖〉、〈先天八卦對
　　　待之圖〉、〈後天八卦流行之圖〉、〈先後八卦德合之圖〉、〈六十四卦循環之圖〉、
　　　〈六十四卦因重之圖〉、〈六十四卦變通之圖〉、〈六十四卦致用之圖〉、〈明著策
　　　圖〉、〈天地人分策圖〉、〈左右歸奇圖〉、〈八卦策數圖〉、〈少陽歸扐策數圖〉、〈少
　　　陰歸扐策數圖〉、〈老陽歸扐策數圖〉、〈老陰歸扐策數圖〉、〈乾坤變占策數圖〉、
　　　〈太極之圖〉、〈三才之圖〉、〈五氣之圖〉、〈七始之圖〉、〈九宮之圖〉、〈四象八卦六
　　　節之圖〉、〈四象八卦六位之圖〉、〈四象八卦六脈之圖〉、〈四象八卦六體之圖〉、
　　　〈四象八卦六律之圖〉、〈四象八卦六經之圖〉、〈河洛十五生成之象圖〉、〈四象八卦

徵的宇宙時空意涵進行釋述，[17] 大抵能夠掌握有關圖式之承繼與演變，
確立宋代圖書易學的重要特色與發展面向，並從其中發現從楊甲《六經
圖》至《大易象數鈎深圖》與《周易圖》，所輯圖說為今見宋代之最大
宗者，[18] 且多與北宋圖說與朱震多有相繫之處。藉由對此一系之圖說的
全面探析，將能更為完整而清晰的朗現從北宋至南宋前期的圖書之學的
發展面貌，並且具體辨析有關圖說之實質內涵。

第二節　易學發展洪流下的《大易象數鈎深圖》與 《周易圖》一系圖說

　　宋代學術發展，在理學的學術慧命之領銜下，走向高度思想化的
飛揚年代，易學的義理化走向，自是無法阻擋的必然趨勢。傳統象數之

六典之圖〉、〈四象八卦六師之圖〉、〈周天歷象氣節之圖〉、〈地方萬里封建之圖〉、
〈萬夫之圖〉、〈一成之圖〉等四十二幅圖式。少數圖式並未具名，本人根據其具體
所指而立作名稱。參見張理：《易象圖說》（臺北：臺灣商務印書館景印文淵閣四
庫全書本第 806 冊，1986 年 3 月初版），頁 376-434。

17 郝大通《太古集》有關圖式，包括〈乾象圖〉、〈坤象圖〉、〈日象圖〉、〈月象圖〉、
〈天地交泰圖〉、〈日月會合圖〉、〈天數奇象圖〉、〈地數偶象圖〉、〈二十八宿加臨
四象圖〉、〈二十四氣加臨七十二候圖〉、〈河圖〉、〈變化圖〉、〈五行圖〉、〈天元十
干圖〉、〈三才入爐造化圖〉、〈八卦放鼎煉丹圖〉、〈十二律呂之圖〉、〈乾坤生六
子圖〉、〈八卦數爻成歲圖〉、〈二十四氣加臨乾坤二象陰陽損益圖〉、〈六子加臨
二十四氣陰陽損益圖〉、〈八卦反復圖〉、〈六十甲子加臨卦象圖〉、〈二十四氣加臨
卦象圖〉、〈五行悉備圖〉、〈天地生數圖〉、〈天地成數圖〉、〈五運圖〉、〈六氣圖〉、
〈四象圖〉、〈北斗加臨月將圖〉、〈二十四氣日行躔度加臨九道圖〉、〈三才象三壇之
圖〉等三十三幅圖式。見郝大通：《太古集》（臺北：新文豐出版公司正統道藏本
第 43 冊，1988 年 12 月再版），頁 695-707。

18 《六經圖》中之易圖有七十一圖，《大易象數鈎深圖》一百四十一圖，《周易圖》
一百一十圖，第二章將詳列說明。本論著楊甲《六經圖》採文淵閣《四庫》本
（臺北：臺灣商務印書館景印文淵閣四庫全書本第 183 冊，1986 年 3 月）；佚名
《大易象數鈎深圖》採文淵閣《四庫》本（臺北：臺灣商務印書館景印文淵閣四
庫全書本第 25 冊，1986 年 3 月），並參考《通志堂經解》本與《道藏》本；佚名
《周易圖》採《道藏》本（臺北：新文豐出版公司正統道藏本第 4 冊，1988 年 12
月再版）。

學，從主流走向邊緣，似乎是主客觀環境所難以改變的事實，然而面對前期陳摶一系圖書之學的創新格局，象數之學得以在此困境中融入其中，使得這個時期的易學，每每可以看諸義理、象數與圖書三重並進、或三位一體的易學實況，[19] 易學圖書化，成為這個時代的特殊內容與表現形式，而象數之學也特好於依附圖說而存在。《大易象數鉤深圖》與《周易圖》一系，廣擷眾說，多元匯聚，寓象數與義理於圖式之中，尤其在約計一百六十個（去其重複不計）圖式裡，處處可見象數運用的圖式化觀點。

　　宋代易學家不論在象數或義理之論述範疇，多數涉論北宋周、邵、劉諸家的〈太極圖〉、「河洛」與「先後天」之說。這些學說所反映出的，不論是形式或內容，皆異於漢代象數之學，與傳統易學大異其趣，以今日的哲學觀點來看，可以視為突破傳統界囿的創造性詮釋。《大易象數鉤深圖》與《周易圖》一系，正是在此創造性學術環境下，繼承傳統觀點又制為新說，而具有完整體系的易學圖式主張。

　　圖式結構形式的易學思想之闡釋，具備「象」的概念，也重視「數」的運用；強調「數」的觀點，也為宋代易學的另一特色。在相關《易》說圖式內容中，或以數示象，或以象寓數，或象數兼具，但大抵脫出純粹以卦氣、互體、卦象等易例的象數易學之窠臼；邵雍的《易》說如此，劉牧《易數鉤隱圖》亦若是，而《大易象數鉤深圖》與《周易圖》一系更是如此，長於「象」與「數」的圖式符號之建構。此一時代的圖書之學，同時把易學概念引申推展到傳統易學之外的哲學領域，揭示大自然或宇宙本體的生成規律上，這樣的易學觀，與西漢注重占驗災變的講求實用之精神迴然相異。因此，宋代的圖書易學，在其建構的易學圖式中，常常包含著深弘豐厚的義理內蘊，這種義理的成分，正是宋

19　義理、象數與圖書之學三位一體的重要代表，除了北宋周敦頤、邵雍諸家之外，南宋前期諸易學名家，亦多顯此特質，朱震即其中最重要的代表之一。詳見拙著：《義理、象數與圖書之兼綜——朱震易學研究》。

代新道學的基本範疇，並不同於傳統易學所標幟的哲理，可以視為道學所表述的重要觀點。[20]《大易象數鈎深圖》與《周易圖》一系所建構的龐富圖式，也正為一幅幅宇宙生成衍化之圖式，在象數運用的背後，可勾勒出諸多可貴的哲理深義。

宋代易學以義理論述特長，《四庫》的兩派六宗之分，宗主義理者泰半，故張善文先生因之而分為以儒理論《易》者、以史事證《易》者，以及以心學解《易》者。[21] 義理名家，處處可覓，主流哲學命題不外「理」與「氣」，以及以之聯結的「太極」與「陰陽」關係的主張。在程朱理學的主流風潮之帶領下，普遍影響易學家打破漢代以來以「太極」為「氣」的傳統認知。然而，在朱熹之前，以氣化為本亦非小宗，如劉牧、張載（1020-1077）、朱震等人即是典型代表；《大易象數鈎深圖》與《周易圖》一系，便在此一氣化觀下繼承開展。

《大易象數鈎深圖》與《周易圖》一系，既不專於南宋後起的史事論《易》，又不尚於心學之說，亦不宗主程朱以「理」為本的觀點，反而專擅於氣論主張，尤其與劉牧、朱震等家氣說貼近。劉牧反對韓康伯以太極為「无」，認為「易有太極，是生兩儀」，是「易既言有，則非无之謂也」，因此，「太極者，元炁混而為一之時也，其炁已兆，非无之謂」。[22] 劉牧明白的指出「太極者，一氣也」，此一氣之太極，為「天地未分之前，元氣混而為一」之狀。[23] 劉牧以太極為混合未分之氣，與理學家的「理」殊別，為氣化的宇宙生成主張，這樣的主張或許正是處於程朱之學尚未形成主流之時。又如朱震以「太極者，陰陽之本也」；[24] 並

20 參見拙著：《義理、象數與圖書之兼綜——朱震易學研究》，頁38。
21 一般研究宋代易學者，常作此種分類。張善文《象數與義理》即作此分。見張善文：《象數與義理》（瀋陽：遼寧教育出版社，1997年4月1版3刷），頁243。
22 見劉牧：《易數鈎隱圖》（臺北：新文豐出版公司正統道藏本第4冊，1988年12月再版），卷上，頁776。
23 參見劉牧：《易數鈎隱圖》，卷上，頁770。
24 見朱震：《漢上易傳・叢說》，頁389。

言「一者，天地之根本也，萬物之權輿也，陰陽動靜之源也，故謂之太極」。[25] 以太極含陰陽二氣，歸之為「一」，為沌混之一氣。《大易象數鈎深圖》與《周易圖》一系，便為劉牧、朱震氣說之同路者，肯定太極化生陰陽兩儀之本質即氣之運化者，認為「太極未有象數，惟一氣耳。一氣既分，輕清者為天，重濁者為地，是生兩儀也」。[26] 太極即一氣，一氣分判而為輕清之陽氣與重濁之陰氣。以數言之，「太極渾然一也，判而為儀，二也；二儀分而為象，四也；四象生八卦，此十五數也」。[27] 氣化流行，以數推衍，太極即數之初始即為「一」，乃元氣未分之狀，經陰陽之變，而有兩儀、四象、八卦之衍生。「一」作為元氣之本源，萬化之根源在於太極在於氣，氣作為第一性之存在。《大易象數鈎深圖》與《周易圖》之諸圖式，述明宇宙根源的氣化義理觀，即本於劉牧、朱震諸家之主張，與太極為理的義理思想有明顯之判別。此一判別，正可以作為推索《大易象數鈎深圖》與《周易圖》的圖說系譜與源流之內容依據。

象數之說，在宋代易學的發展，除了無可免除而必然存在，多數為依附義理之陳述而運用，亦有因圖式化、重「數」下的環境下必然形成。程頤等多數易學家標示義理思想，不廢象數之用，北宋學者如此，南宋亦若是。陳摶一系的圖書之學，專主於用數，亦執於象數元素之用。帶有較強烈的漢代象數之說作為主體的易學論述者，如朱震、鄭剛中、鄭東卿等人即重要的代表，可以視為象數之學的另一發展高峰。《大易象數鈎深圖》與《周易圖》作為圖說的集大成者，雖以輯成名

25　見朱震：《漢上易傳・序》，頁 4。

26　見《周易圖》論釋〈太極圖〉之說，亦同於《大易象數鈎深圖》論釋舊有的〈太極圖〉之主張。見《周易圖》，卷上，頁 663。又見《大易象數鈎深圖》，卷上，頁 3。

27　見《周易圖》論釋〈天地自然十五數圖〉之說，亦近於《大易象數鈎深圖》論釋〈河圖天地十五數圖〉之言，云：「以其太極未分，混而為一，即是一也。一氣判而為儀，見三也；二儀分而為象，……」。見《周易圖》，卷上，頁 666。又見《大易象數鈎深圖》，卷上，頁 12-13。

著，可以勾勒出以象數為主體的核心取向，可以視為集圖書與象數之學的大宗；圖式中所含攝的象數之說，十之有九，高度的反映出以圖式結構方式所表現的另類象數之說。以數推明陰陽所表徵的自然之變者，不外乎為天地之數與大衍之數聯結筮法及〈河圖〉、〈洛書〉的概念，乃至以邵雍先後天思想的數說，形成龐大的圖式用數之體系，這正是《大易象數鉤深圖》與《周易圖》的主要內容。另外，在象數的表現上，《大易象數鉤深圖》與《周易圖》中有來自傳統《易傳》的觀點，有來自漢儒《易》說的延續，亦有來自宋儒普遍關注的象數主張，如卦變之說、八卦方位、納甲、律呂、十二消息、干支五行、卦象等等主張或元素之運用，表現出高度用象、論變、求占與構數的特質。

歷來易學家，少有藉由圖式建構以述明卦爻義者，《大易象數鉤深圖》與《周易圖》輯收鄭東卿六十四卦的卦爻義之五十六個圖式，確立今傳《易》說最早且唯一採取圖式結構方式闡釋卦爻義者，同時也彌合復原鄭氏易學的可能內涵與特色，高度象數化的理解，既有同於漢說，又別有新創的獨特色彩，成為這個時代象數之學的重要代表。從易學史的價值進行觀照，《大易象數鉤深圖》與《周易圖》於斯大有其功。

第三節　晚近對有關圖說之關注概況

宋代以理學為主流的高度義理化之學術環境下，《大易象數鉤深圖》與《周易圖》一系的象數化圖說《易》著，很難擺脫仰之彌高的形上義理作為較高價值尺度的衡量標準，加上作者所存在的爭議問題，以及被歸列於《道藏》中的內容定位等可能之限制，故宋元思想史、經學史或易學史上，都不受到應當有的關注。諸如晚近學者之有關論著，著重的都是與理學有關或是圖書易學有關的重要《易》家，甚至與宋代學術史或政治史有關的人物論著，《大易象數鉤深圖》與《周易圖》並未受到實質的重視。

一、易學史有關論著之關注

　　當代重要易學史的論著方面，徐芹庭《易學源流》論述宋代易學源流時，將宋代的易學主要分為理學派、圖書象數派、老莊心佛派、占筮禨祥派、史學派、疑古派、古本易學派、集解派等幾個主要的派別，指出宋代的易學主流為程朱系統之理學派。對於圖書之學，卻不因理學而衰，認為「在漢劉子駿（歆）、許叔重、鄭康成、虞仲翔之書已溯及之」，圖書之學早源自於漢代，「至宋初陳摶傳之，始大盛于宋」。宋代易學取圖立說，成為普遍之現象，徐氏列宋代圖書象數派之易學共六十三家，[28] 可見圖書之學流傳的盛況。對於《大易象數鈎深圖》與《周易圖》，並未述明何人所著，亦未列屬宋代易學之範疇。

　　徐氏又《易圖源流》一作，將《大易象數鈎深圖》列為元代之作品，置於胡一桂（1247-?）之後，否定此著為張理所作，認為歷代多有「誤與張理之《易象圖說》相參而致謬者」，除了《易象圖說》外，張理無《大易象數鈎深圖》之作。徐氏羅列書中所有圖名，並舉〈六十四卦天地數圖〉與〈卦爻律呂圖〉二圖，以《大易象數鈎深圖》中的原文作為案語，唯於〈六十四卦天地數圖〉案語增言「此仿以數目代卦名之蔡九峰九九圖數圖」，[29] 肯定此為仿蔡沈（1167-1230）[30] 之圖，則《大易象數鈎深圖》必在宋末元初之後，但不知徐氏所指之依據為何，何以不能是蔡沈本於《大易象數鈎深圖》之說？徐氏未針對《大易象數鈎深圖》一書作進一步之介紹，亦未提及《周易圖》之有關內容。但其《易學源流》與《易圖源流》二著，卻提供歷代易學發展史與圖書易學史的諸多

28　引文與相關論述，參見徐芹庭：《易學源流》（臺北：國立編譯館，1987 年 8 月初版），頁 662-690。

29　參見徐芹庭：《易圖源流》（北京：中國書店，2008 年 1 月 1 版 1 刷），頁396-399。

30　蔡沈，字仲默，號九峰，為蔡元定三子，不求仕進，師事朱熹，後隱於九峰山，學者稱九峰先生。相關事蹟見《宋史》卷四三四、《宋元學案・九峰學案》，卷六十七。

參考文獻，有助理解歷代易學發展概況。

　　朱伯崑的《易學哲學史》中並無釋說《周易圖》之有關圖式思想。論及張理之圖書易學時，以《道藏》列張理有此《大易象數鈎深圖》，而其《易象圖說》取蔡元定（1135-1198）的「河十洛九」，若「道藏本《大易象數鈎深圖》為張理所作，其河洛說經歷了一個發展過程」，表明其《易象圖說》與《大易象數鈎深圖》對〈河圖〉與〈洛書〉的圖式認定是不同的，至於何者為先，何者為後，並無確言。朱先生申明張理圖說，以其太極圖式，太極為混而未分之一氣，由太極到六十四卦，「即從元氣到萬物，乃元氣自身演變為陰陽五行之氣進而形成天地萬物的過程」；此一概念同《周易圖》中之太極的內涵。同時指出相關圖說以六十四卦為代表的整個世界存在普遍之聯繫，是一種時間與空間之聯繫，事物之存在與變化，亦是一種聯繫的關係，透過《易》象圖式的建構，即在確立此種普遍之聯繫思維；[31] 這樣的認識，有助於《大易象數鈎深圖》與《周易圖》諸多圖說之理解。

　　王鐵的《宋代易學》，略考《大易象數鈎深圖》即其《周易疑難圖解》二十五卷中的一部分，斷定《大易象數鈎深圖》即鄭東卿之作，所謂「今本應只是原本的一個節本」；此一節本亦是《宋史・藝文志》所錄鄭東卿《易說》三卷。王氏之說，多有商榷之處，不論是《周易圖》或《大易象數鈎深圖》或《周易圖》，諸多圖式確與鄭氏之說有密切之關係，但不代表《大易象數鈎深圖》或《周易圖》即鄭氏之作，沒有具體之論證，只是一種臆說。王氏並取〈太極貫一圖〉、〈說卦配方圖〉、〈乾坤易簡之圖〉、〈革爐韛鼓鑄圖〉等四圖作簡要之解說。[32]

　　潘雨廷《讀易提要》列說〈張理《大易象數鈎深圖》提要〉，認定

31　引文與論述，參見朱伯崑：《易學哲學史（第三卷）》（北京：華夏出版社，1995年1月1版1刷），頁42-67。

32　引文與相關論述，參見王鐵：《宋代易學》（上海：上海古籍出版社，2005年9月1版1刷），頁184-191。

此著為張理所作，並指出此著「當與著《易象圖說》相近，因有互明之處」；肯定全書圖式，「自抒心得者屢見不鮮，以明六十四卦者，更為前人所未發。他如取諸前賢者能得其要，可見張氏于象數之學用功亦勤矣」。[33] 以此著為張理自屬之易學觀，殊不知所提六十四卦圖說，本為鄭東卿之作，絕非張理所有。雖然誤為張理之作，但高度肯定此著諸多易學理解，能夠展現出卓識創發之學術價值。另外，並未論及《周易圖》。

高懷民的《宋元明易學史》，並未列說《大易象數鈎深圖》與《周易圖》，然而重於論述宋明時期包括周敦頤、邵雍、朱熹、蔡元定、來知德等人與圖書有關的易學，尤其專闢〈易圖象之學〉一章，對研究圖書之學有一定之參考價值。[34]

詹石窗《易學與道教思想關係研究》，雖未論及《大易象數鈎深圖》與《周易圖》，但對於易學與道教的關係，進行詳要之論述，特別於圖書之學的勃興、圖書象數之推衍與理學的道學化，作為學術史的闡發。[35] 研究視野與有關成果，皆可作為理解圖書之學發展系譜之參考。

劉瀚平的《宋象數易學研究》，探討宋代圖書之學，主要以劉牧、邵雍、周敦頤為對象，雖然未涉論任何《大易象數鈎深圖》與《周易圖》之議題，然而考索「河圖洛書派」、「先天圖派」、「太極圖派」之源流，乃至對劉牧等人的詳述，皆提供諸多研究宋代圖書之學的參考文獻。[36]

33　見潘雨廷：《讀易提要》（上海：上海古籍出版社，2003 年 3 月 1 版 1 刷），頁 300-302。

34　見高懷民：《宋元明易學史》（南寧：廣西師範大學出版社，2007 年 7 月 1 版 1 刷）。

35　參見詹石窗：《易學與道教思想關係研究》（福州：廈門大學出版社，2001 年 3 月 1 版 1 刷）。

36　見劉瀚平：《宋象數易學研究》（臺北：五南圖書出版公司，1993 年 2 月初版 1 刷）。

其他如余敦康的《漢宋易學解讀》,[37] 雖未論及有關之學說內容,但選擇宋代重要《易》家作討論,提供易學史與哲學性論述的參照。

二、易圖輯典與重要圖說論著之關注

主要從易圖典籍、易學圖式的有關論著,以及《大易象數鈎深圖》與《周易圖》一系圖說的具體研究概況等方面,簡述此一圖說的關注情形。

(一)易圖典籍方面

易學研究論著,未見專述《大易象數鈎深圖》與《周易圖》者,唯晚近彙編易圖的典籍,二著圖式多見收錄者:

施維主編的《周易八卦圖解》中,視《大易象數鈎深圖》為張理所作,羅列有關圖式七十一幅。[38] 又編入《周易圖》有關圖式一百零六幅,並將此著列於其收編之第三部著作,於劉牧《易數鈎隱圖》與《易數鈎隱圖遺論九事》之後、朱震《漢上易傳‧卦圖》之前,似乎認為此佚名《周易圖》成書於朱震之前,未查明《周易圖》中多引朱震之說,應非早於朱震。[39] 二著圖式之編入,可見對二著之重視。

李尚信與施維整理《周易圖釋精典》中,也將《大易象數鈎深圖》稱作張理之著,並輯其圖式三十六幅。[40] 又以《周易圖》作者佚名,並未臆說推定,並選輯其圖式十幅。[41]

李申與郭彧編纂的《周易圖說總滙》,詳列劉牧《易》作諸圖、

37　見余敦康:《漢宋易學解讀》(北京:華夏出版社,2006年7月北京1版1刷)。

38　見施維:《周易八卦圖解》(成都:巴蜀書社,2005年10月1版2刷),頁335-386。

39　見施維:《周易八卦圖解》,頁34-112。

40　見李尚信、施維整理:《周易圖釋精典》(成都:巴蜀書社,2004年6月1版1刷),頁134-154。

41　見李尚信、施維整理:《周易圖釋精典》,頁34-45。

楊甲《六經圖》，以及《大易象數鈎深圖》等有關易學圖式，卻未輯列
《周易圖》之圖式。此一編著廣蒐歷代之易圖，為研究圖學之重要參考
文獻。[42]

　　常秉義編著《易經圖典舉要》，其中列舉〈《大玄》準易卦名圖〉一
圖，[43] 即來自《大易象數鈎深圖》所有。又列〈屯象圖〉與〈蒙養正圖〉
二圖，為來自《周易圖》，並署名作者佚名。[44]

（二）易學圖式有關論著方面

　　釋說圖式的有關論著，可以作為研究易學圖式之重要參考：

　　郭彧《易圖講座》第六講〈宋代的易圖：從《道藏・周易圖》中
的兩幅圖說起〉，特別舉屬於陳摶的〈帝出震圖〉與范諤昌的〈四象生
八卦圖〉進行源流與內容之釋說。同時認為此著約成於南宋末期，所集
之圖式大部分為楊甲《六經圖》與鄭東卿《周易疑難圖解》之有關圖
說。[45] 郭氏對二圖之流衍主張，以及《周易圖》輯收內容之認定，可以
提供有關研究之參考。

　　張其成《易圖探秘》雖未論及《大易象數鈎深圖》與《周易圖》，
但所言卦序、卦位、納甲、卦氣、爻辰、卦象、卦變等象數方面之圖
式，以及先天圖式、〈河圖〉與〈洛書〉、〈太極圖〉等圖式之理解，具
有參考之價值。[46]

　　李申《易圖考》引述歷代圖說，針對〈太極圖〉、〈陰陽魚太極
圖〉、〈河圖〉、〈洛書〉、〈先天圖〉等圖式，進行源流考索，提供有關圖

42　參見李申、郭彧編纂：《周易圖說總滙》（上海：華東師範大學出版社，2004 年 4
　　月 1 版 1 刷）。

43　見常秉義：《易經圖典舉要》（北京：光明日報出版社，2004 年 4 月 1 版 1 刷），頁
　　278。

44　見常秉義：《易經圖典舉要》，頁 224-225。

45　見郭彧：《易圖講座》（北京：華夏出版社，2007 年 1 月北京 1 版 1 刷），頁
　　33-37。

46　見張其成：《易圖探秘》（北京：中國書店，2001 年 1 月 1 版 2 刷）。

式的授受關係之成果參照。[47]

鄭吉雄《易圖象與易詮釋》中，探述胡渭《易圖明辨》的儒道之辨、易圖類型與變異、〈太極圖〉與有關詮釋問題等幾個面向，對於源流與內容進行詳實之闡述，其中並引述《周易圖》中之〈太極圖〉、〈先後天總圖〉。[48]鄭先生鉅細考索〈太極圖〉與有關圖說之問題，提供詮釋方法與論述有關圖式實質內涵之參考。

趙中偉《易經圖書大觀》中，主要收錄劉牧與朱熹之圖說七十三幅，分為解說、注解、譯文與說明等四個部分，將有關圖式的內涵和意義，進行詳盡的論釋。趙氏強調圖書易學作為一套特殊的易學系統，主要表現出：「一則秉持《周易》卦象的符號化體系，作思想性的展延，將抽象的概念化思想，予以具象化。另一則是東方思維和生命哲學的探求，將宇宙萬象生命，藉由形式化的圖象，使其簡單完整的呈現，顯現周延的思維模式」。[49]趙先生之論著，雖未列說《大易象數鈎深圖》與《周易圖》之圖式，但有關內容對探討宋代圖說必有諸多之啟發與參考。

（三）《大易象數鈎深圖》與《周易圖》一系圖說的具體研究概況

歷來《周易圖》之圖式研究，除了上述郭彧《易圖講座》中列說二圖外，並無其他之具體論著。至於《大易象數鈎深圖》之圖式研究，又除了上述朱伯崑《易學哲學史》以之為張理所作而略作述義外，林忠軍《象數易學發展史》中論及張理圖式化的象數易學，直指張理除了《易象圖說》之論著外，《大易象數鈎深圖》亦張理所作，同時佚名之《周易圖》，「其內容大致相同，恐此書是張理《易象數鈎深圖》別本」，視

47　見李申：《易圖考》（北京：北京大學出版社，2001 年 2 月 1 版 1 刷）。

48　見鄭吉雄：《易圖象與易詮釋》（臺北：財團法人喜瑪拉雅研究發展基金會，2002 年 2 月初版），頁 173、177-178。

49　見趙中偉：《易經圖書大觀》（臺北：洪葉文化事業有限公司，1999 年 3 月初版），頁 1。

《周易圖》為《大易象數鈎深圖》之別本。林先生認為輯著之內容，「滙輯了宋以來許多易圖」，「為研究宋代圖書之學提供了條件」；[50] 文中針對張理《易象圖說》十一幅圖式，以及《大易象數鈎深圖》五個圖式進行釋說，對比之下，似乎較為看重《易象圖說》，並未將龐富圖說的《大易象數鈎深圖》作為主要文獻依據；若依林先生章目所訂之論題，探討張理的象數易學觀點，既認定《大易象數鈎深圖》為張理所作，則取《大易象數鈎深圖》作為討論之主體材料更為合宜。林先生對有關圖式作詳要的闡發，提供諸多寶貴的研究成果，並且肯定張理的易學貢獻，主要為：其一、總結兩宋圖書之學，其《大易象數鈎深圖》滙輯宋代以來之易圖，成為研究宋代圖書之學的重要文獻材料。其二、將河洛之學與先天之學改造成為象學，促進宋代象學與數學的融合，發展了新的象數易學。其三、圖式化的易象包含豐富之義理思想，為象數學闡發成為義理之學提供了可能，促使象數與義理之融合。[51] 林先生之研究，雖涉及《大易象數鈎深圖》之圖式僅為五幅，但內容卓識多有參考之價值，且提到《周易圖》與《大易象數鈎深圖》之相似，確立二著可以視為一系的比列對照之認識視域。

另外，筆者過去關注張理之易學，考索其圖說，主張代表張理思想之論著為《易象圖說》，而《大易象數鈎深圖》非張理所作，從二書之內容對比，可以看出二書氣質相悖，思想主張處處可見相左者。二文的論題闡發，綜採《易象圖說》之全部圖式進行釋析，具體之結論包括：其一、張理大衍之法糾合諸說，強化數值運用之哲學性與邏輯性。其二、修正傳統筮法或然率之重要代表，揲左不揲右的哲學意義提高。其三、以先秦筮例之互證，確立其筮法貼近古例之用。其四、取不變為占，理據仍嫌不足。其五、宗本朱熹占斷之法，持論信徵不夠詳明。其

50　見林忠軍：《象數易學發展史（第二卷）》（濟南：齊魯書社，1998年初版），頁547。

51　相關之論述，見林忠軍：《象數易學發展史（第二卷）》，頁523-548。

六、張理試圖為宋代以來的主要圖說觀點，藉由《易傳》的思想，確立其理解上的有效性，此亦其圖式所開展的重要特色。其七、強調人道的主體價值，肯定人道的自覺，以人為核心，以成聖為宗，正是儒家理想之本色，而著實體現在其圖說之中；通天道以明人事的積極映現，乃至人性自覺與徵聖明道的理想關懷。其八、透過圖象化所凸顯的宇宙時空變化的動態性意義，為易學詮釋的創造性開闢尋找可能。其九、張理學本朱熹之說，呈現出典型的儒學風骨，而《道藏》將之收入，仍不能模糊其強烈的儒學內涵，與丹道判然有別。[52] 本人概括張理《易象圖說》之思想，可以進一步確定與《大易象數鈎深圖》及《周易圖》一系圖說之別異，尤其是張理圖說之義理性成份相對較為強烈，正宗的儒家本色亦較純粹，又根準朱熹之學說，而能體現朱熹之思想，這些方面，並非《大易象數鈎深圖》及《周易圖》所主者。由此可以推論《大易象數鈎深圖》絕非張理所作或所輯者。

第四節 《大易象數鈎深圖》及《周易圖》圖學探述之目的取向

歷來易學圖說的研究論著與文獻，漸趨繁富，然而直接關涉《大易象數鈎深圖》與《周易圖》之研究則寥寥無幾，作為代表宋代圖書之學的重要輯著，似乎被輕忽冷落。站在對一個時代易學發展史的角度看待此一系列圖說輯著，不管是否為機械化的圖式結構，乃至過度的象數化之認識內涵，但它們確實可以作為代表宋代易學特別在象數化取向與圖書之學方面，不論是思想內涵的呈現，乃至易學承傳脈絡的耙索，仍有其實質價值可以開展。

《大易象數鈎深圖》與《周易圖》多元龐富的內容，張揚時代的特

---

52 參見拙著：〈元代張理大衍筮法析論〉，《彰化師大國文學誌》，第 27 期，2013 年 12 月，頁 1-44。又見拙著：〈圖書易學的延續與開展——論元代張理圖書易學之重要內涵〉，《東華漢學》，第 19 期，2014 年 6 月，頁 195-242。

有屬性與性格，是易學理解的創造性突破，為傳統易學打開了新局，也為此宋代的開展，留下具有代表性的文獻典範，面對文獻接受現實時空的必然殞損之狀態，《大易象數鈎深圖》一系代表此時代重要易學特色的文獻運用與重要參照，洵足以立下汗馬功勞的論著。雖然《四庫》系統於《易》類收入《大易象數鈎深圖》，但《道藏》又同時編列，同時亦收錄《周易圖》，使部分性格呈現似或融入部分道家思想養料，而主體上仍然反映出宋代核心觀點的易學主張，是一具有高度時代性意義的論著。

　　本論著主要以《大易象數鈎深圖》與《周易圖》有關圖式作為研究的主軸，論著研究之主要目的，希望從幾個命題之探討，能夠對圖式作全面性、周延性的釐清與認識，並建立有系統的見解：

　　其一、認識《大易象數鈎深圖》與《周易圖》一系之整體特色與主要取向，探討有關易學圖式展現的具體內涵。

　　其二、探討《大易象數鈎深圖》與《周易圖》一系中太極生成衍化圖式、〈河圖〉及〈洛書〉與相關數列圖式，以及先後天學之有關圖式，理解圖式之具體內涵，並體現的陰陽變化之宇宙觀的重要哲學意涵。

　　其三、分析六十四卦象義之圖式內涵，詮解卦爻之象，以及圖式符號立象所闡明的卦爻辭義具體內容，確立圖式建構者的卦爻理解。

　　其四、分析有關《易傳》詮義圖式結構之重要內涵，以及象數《易》說圖式結構之重要認識，確立圖式符號創發詮釋之可能與實質內涵。

　　其五、以宋初以降易學圖式之發展為核心，釐清《大易象數鈎深圖》與《周易圖》一系有關圖式所反映的易學發展重要取向，確立此一論著在宋代易學史上所扮演的角色、定位與重要啟示，乃至其授受源流的可能系譜脈絡，及在易學史上的重要意義。

　　本論著為凸顯《大易象數鈎深圖》與《周易圖》一系圖式結構所呈現的重要內涵，分判其易圖的內容，採取主題分類討論的方式。藉由主題討論的研究方式，有助於凸顯《大易象數鈎深圖》與《周易圖》圖式結構所展現的易學觀之內容屬性與思想內涵，開闡出具體的見解。

第二章
《大易象數鈎深圖》與《周易圖》一系輯圖實況與作者之考索

　　歷來易學圖式的輯著，《大易象數鈎深圖》、《六經圖》與《周易圖》可以視為宋代圖說的最大宗者。《大易象數鈎深圖》圖式共一百四十一幅，《六經圖》七十一幅，《周易圖》一百一十幅。三著所輯圖說，雖為綜取諸家之說，但思想觀念卻具有高度之一致性，反映出輯制者的同一性之主張。同時，三著除了《六經圖》確定為南宋（1127-1279）楊甲（約 1110-1184）[1] 所輯撰外，餘二著則作者未明。三著圖式參校考索，可以知其彼此相同或相似者甚眾，推定為性質相同的同一系列之輯著。本章主要針對此一系圖說實況，以及作者之問題，進行簡要之探析。

第一節　輯圖實況簡析

　　《六經圖》、《大易象數鈎深圖》與《周易圖》，不論從其所輯之圖式結構與形式、內容說明、名稱，乃至實質內涵，大多數為相同或相近者，當為同一時代思想傾向與觀念形成大致相似的同一系之圖說輯成論著。

1　楊甲，字嗣清，一字鼎卿，昌州（今四川大足）人。宋孝宗乾道二年（1166）進士。曾官至國子學錄，又貶為嘉陵教授。工於詩文，卻成就於《六經圖》，書約成於紹興年間，相關史錄《浙江通志》有載。任繼愈主編《道藏提要》，認為《大易象數鈎深圖》當為楊甲等人編撰，而張理則參與增補。有關此著作者問題，章偉文先生詳作考實，認為該書當不為張理所著，但有過對相關易圖進行增補。見章偉文：〈試論張理易圖思想與道教的關係〉，《中國道教》，2006 年 6 期，頁 19-24。

一、三著圖說對照之概況

以下針對三著所輯圖式名稱實況進行對照，瞭解三著所輯之異同。見表 2-1-1 所示。

表 2-1-1　《大易象數鈎深圖》、《周易圖》與《六經圖》輯圖概況表

圖　式　名　稱			簡要說明
《大易象數鈎深圖》	《周易圖》	《六經圖》	
〈太極貫一之圖〉	〈鄭氏太極貫一圖〉	無	《六經圖》無此圖。《大易象數鈎深圖》與《周易圖》圖式次序不同，《周易圖》以〈太極圖〉為首，其次為〈周氏太極圖〉，再而為〈鄭氏太極貫一圖〉，而《大易象數鈎深圖》稍異，以〈太極貫一之圖〉為首。又，《周易圖》名稱加入「鄭氏」。又，《周易圖》有文字說明：「少枚先生曰：八卦之位始於伏，重於夏商，衍於周，作經於孔，皆不易其方位，……」同時指明此圖為鄭東卿（？-？）所作，[2] 但《大易象數鈎深圖》則無文字說明，亦無述明為鄭氏之圖。
〈易有太極圖〉	〈周氏太極圖〉	〈易有太極圖〉	名稱稍異，圖式即周敦頤之〈太極圖〉。
〈舊有此圖〉（〈太極圖〉）	〈太極圖〉	〈舊有此圖〉（〈太極圖〉）	《大易象數鈎深圖》、《六經圖》名「舊有此圖」，即指在〈易有太極圖〉（〈周氏太極圖〉）之前，有此舊圖（〈太極圖〉）。
〈太極函三自然奇耦之圖〉	無	無	《周易圖》與《六經圖》無此圖。

2　見佚名：《周易圖》（臺北：新文豐出版公司正統道藏本第 4 冊，1988 年 12 月再版），卷上，頁 664。

〈德事相因皆本奇耦之圖〉	無	無	《周易圖》與《六經圖》無此圖。
〈說卦八方之圖〉	〈卦配方圖〉	無	《大易象數鈎深圖》與《周易圖》名稱稍異。《周易圖》述明鄭東卿之說。[3]《六經圖》無此圖。
〈乾知大始圖〉	無	〈乾知太始〉	《大易象數鈎深圖》與《六經圖》有「大」、「太」之別；《六經圖》無「圖」字。《周易圖》無此圖。
〈坤作成物圖〉	無	〈坤作成物圖〉	《周易圖》無此圖。
〈天尊地卑圖〉	無	〈天尊地卑圖〉	《周易圖》無此圖。
〈參天兩地圖〉	〈參天兩地圖〉	〈參天兩地圖〉	《大易象數鈎深圖》與《六經圖》同；與《周易圖》黑白子呈現略異。《周易圖》指明耿南仲之言，[4]《大易象數鈎深圖》則無。
〈日月為易圖〉	〈日月為易〉	〈日月為易〉	《大易象數鈎深圖》與《六經圖》同；與《周易圖》圖式稍異。《周易圖》有內容之敘述，並指為鄭厚（1100-1161）之說；[5]《大易象數鈎深圖》與《六經圖》則無任何說明文字。
〈河圖數圖〉	〈河圖之數〉	〈河圖數圖〉	《大易象數鈎深圖》與《六經圖》同；與《周易圖》之圖式稍異，《周易圖》沒有分別黑白點的差異。《周易圖》增言「劉牧傳自諤昌，諤昌得之許堅，堅得於李溉，溉得於种放，放得於希夷先生摶。」[6]

3　見佚名：《大易象數鈎深圖》（臺北：臺灣商務印書館景印文淵閣四庫全書本第 25 冊，1986 年 3 月），卷上，頁 4。又見《周易圖》，卷上，頁 643-674。

4　見《周易圖》，卷下，頁 704。

5　見《周易圖》，卷上，頁 666。

6　見《周易圖》，卷上，頁 664-665。

〈洛書數圖〉	〈洛書數〉	〈洛書數圖〉	《大易象數鈎深圖》與《六經圖》同；與《周易圖》之說明文字差異頗大。《周易圖》述引聶麟（?-?）、朱震（1072-1138）之說，7《大易象數鈎深圖》與《六經圖》則無。
〈河圖四象之圖〉	無	無	《周易圖》與《六經圖》無此圖。
〈河圖始數益洛書成數圖〉	無	無	《周易圖》與《六經圖》無此圖。
〈河圖八卦圖〉	無	無	《周易圖》與《六經圖》無此圖。
〈乾元用九坤元用六圖〉	〈用九用六圖〉	無	《周易圖》無黑白子之分判。《大易象數鈎深圖》與《周易圖》之說明文字差異頗大。《周易圖》述明鄭厚之說。8《六經圖》無此圖。
〈天地之數圖〉	無	〈天地之數〉	《周易圖》無此圖。
〈乾坤之策〉	無	〈乾坤之策〉	《周易圖》無此圖。
〈河圖天地十五數圖〉	〈天地自然十五數圖〉	無	《大易象數鈎深圖》與《周易圖》名稱不同。二書圖式略異，《周易圖》未區分黑白子；二書之三、四兩列數值相反，《周易圖》所列當為正。內容之論述，《大易象數鈎深圖》較詳，然《周易圖》有述明聶麟之言。9《六經圖》無此圖。
〈其用四十有九圖〉	無	無	《周易圖》與《六經圖》無此圖。
〈乾坤六子圖〉	〈乾坤六子圖〉	〈六子圖〉	《周易圖》未分黑白子。《六經圖》僅簡稱〈六子圖〉。

7　見《周易圖》，卷上，頁 665。

8　見《周易圖》，卷下，頁 703。

9　見《周易圖》，卷上，頁 665-666。

〈渾天位圖〉	〈渾天位圖〉	〈六位圖〉	《大易象數鈎深圖》與《周易圖》圖名同，《六經圖》稱〈六位圖〉。《大易象數鈎深圖》與《六經圖》干支五行所示皆同，而《周易圖》略異。
〈六位三極圖〉	〈六位三極圖〉	無	《大易象數鈎深圖》與《周易圖》圖式內容略異。《周易圖》述明鄭東卿，[10]《大易象數鈎深圖》則無。《六經圖》無此圖。
〈伏羲先天圖〉	無	〈伏羲先天圖〉	《周易圖》無此圖。
〈方圓相生圖〉	無	〈方圓相生圖〉	《周易圖》無此圖。
〈仰觀天文圖〉	無	〈仰觀天文圖〉	《周易圖》無此圖。
〈俯察地理圖〉	無	〈俯察地理圖〉	《周易圖》無此圖。
〈伏羲八卦圖〉	無	〈伏羲八卦圖〉	《周易圖》無此圖。
〈八卦取象圖〉	無	〈八卦取象圖〉	《周易圖》無此圖。
〈文王八卦圖〉	無	〈文王八卦圖〉	《周易圖》無此圖。
〈八卦象數圖〉	無	〈八卦象數圖〉	《周易圖》無此圖。
〈四卦合律圖〉	無	〈四卦合律圖〉	《周易圖》無此圖。
〈八卦納甲圖〉	〈八卦納甲圖〉	〈八卦納甲圖〉	《大易象數鈎深圖》與《六經圖》同；與《周易圖》圖式形式差異甚大。文字說明之呈現亦異。
〈剛柔相摩圖〉	無	〈剛柔相摩圖〉	《大易象數鈎深圖》與《六經圖》圖式略異。《周易圖》無此圖。
〈八卦相盪圖〉	無	〈八卦相盪圖〉	《周易圖》無此圖。
〈六爻三極〉	無	〈六爻三極〉	《周易圖》無此圖。
〈五位相合〉	〈五位相得各有合圖〉	〈五位相合〉	《大易象數鈎深圖》與《六經圖》同；與《周易圖》圖式結構與內容之呈現皆不同。《周易圖》有文字說明，並述明聶麟之說；[11]《大易象數鈎深圖》與《六經圖》則無。

10　見《周易圖》，卷上，頁 666-667。

11　見《周易圖》，卷下，頁 705。

〈帝出震圖〉	〈帝出震圖〉	〈帝出震圖〉	《大易象數鈎深圖》與《六經圖》同；與《周易圖》圖式略異。《周易圖》有文字說明，並述明陳摶（?-989）之言，12《大易象數鈎深圖》與《六經圖》則無。
〈蓍卦之德〉	無	〈蓍卦之德〉	《周易圖》無此圖。
〈序上下經圖〉	無	〈序上下經圖〉	《周易圖》無此圖。
〈三變大成圖〉	〈三變大成圖〉	〈三變大成圖〉	
〈重易六爻圖〉	無	〈重易六爻圖〉	《周易圖》無此圖。
〈六十四卦天地數圖〉	無	〈六十四卦天地數圖〉	《周易圖》無此圖。
〈六十四卦萬物數圖〉	無	〈六十四卦萬物數圖〉	《周易圖》無此圖。
〈卦爻律呂圖〉	〈卦分律呂圖〉	〈卦爻律呂圖〉	《大易象數鈎深圖》與《六經圖》同；與《周易圖》名稱略異。文字說明，《周易圖》述名「楊氏」之說。13
〈運會歷數圖〉	無	〈運會歷數圖〉	《周易圖》無此圖。
〈乾坤大父母圖〉	〈乾坤大父母圖〉	〈乾坤大父母圖〉	三著圖式與文字說明皆同。
〈復姤小父母圖〉	〈復姤小父母圖〉	〈復姤小父母圖〉	三著圖式與文字說明皆同。
〈八卦生六十四卦圖〉	〈乾坤交成六十四卦圖〉	〈八卦生六十四卦圖〉	《大易象數鈎深圖》與《六經圖》名稱同；與《周易圖》名稱不同，圖式呈現方式亦不同。
〈八卦變六十四卦圖〉	〈八卦推六十四卦圖〉	〈八卦變六十四卦圖〉	《大易象數鈎深圖》與《六經圖》名稱同；與《周易圖》名稱稍異。《周易圖》有文字之說明。
〈陽卦順生〉	無	〈陽卦順生〉	《周易圖》無此圖。
〈陰卦逆生〉	無	〈陰卦逆生〉	《周易圖》無此圖。
〈復姤臨遯泰否六卦生六十四卦圖〉	〈李氏六卦生六十四卦〉	〈復姤臨遯泰否六卦生六十四卦圖〉	《大易象數鈎深圖》與《六經圖》同；與《周易圖》名稱稍異。

12　見《周易圖》，卷上，頁 673。
13　見《周易圖》，卷下，頁 702。

〈六十四卦反對變圖〉	〈序卦圖〉	〈六十四卦反對變圖〉	《大易象數鉤深圖》與《六經圖》僅圖列六十四卦一陰五陽、一陽五陰、二陰四陽、二陽四陰、反對不變、三陰三陽之反卦變卦,[14] 而《周易圖》主要為述明《序卦傳》所列今傳六十四卦的「非覆即變」的圖式結構,並附加反對卦變之說,以及取用朱震與邵雍(1011-1077)之主張。[15]
〈乾坤易簡之圖〉	〈乾坤易簡之圖〉	無	《周易圖》於圖前述明「六十四卦圖並說,合沙鄭先生撰」,明確指出六十四卦圖說為鄭東卿所撰;[16]《大易象數鉤深圖》則無。《六經圖》無此圖。
〈屯象之圖〉	〈屯象圖〉	無	《周易圖》圖名缺「之」字。《六經圖》無此圖。
〈蒙象養正圖〉	〈蒙象養正圖〉	無	《六經圖》無此圖。
〈需須之圖〉	〈需須圖〉	無	《周易圖》圖名缺「之」字。《六經圖》無此圖。
〈訟象之圖〉	〈訟象圖〉	無	《周易圖》圖名缺「之」字。《六經圖》無此圖。
〈師比御眾圖〉	〈師比御眾之圖〉	無	《大易象數鉤深圖》圖名缺「之」字。《六經圖》無此圖。
〈大小畜吉凶圖〉	〈大小畜吉凶圖〉	無	《六經圖》無此圖。
〈履虎尾之圖〉	〈履虎尾圖〉	無	《周易圖》圖名缺「之」字。《六經圖》無此圖。
〈否泰往來圖〉	〈否泰往來圖〉	無	《六經圖》無此圖。
〈同人之圖〉	〈同人圖〉	無	《周易圖》圖名缺「之」字。《六經圖》無此圖。
〈大有守位圖〉	〈大有守位圖〉	無	《六經圖》無此圖。

14　見《大易象數鉤深圖》,卷中,頁 35-37。又見楊甲:《六經圖》(臺北:臺灣商務印書館景印文淵閣四庫全書本第 183 冊,1986 年 3 月),卷一,頁 164。

15　見《周易圖》,卷下,頁 706-707。

16　見《周易圖》,卷中,頁 678。

〈謙象之圖〉	〈謙象圖〉	無	《周易圖》圖名缺「之」字。《六經圖》無此圖。
〈豫象之圖〉	〈豫象圖〉	無	《周易圖》圖名缺「之」字。《六經圖》無此圖。
〈隨卦係失圖〉	〈隨係失圖〉	無	《周易圖》圖名缺「卦」字。《六經圖》無此圖。
〈蠱象之圖〉	〈蠱象圖〉	無	《周易圖》圖名缺「之」字。《六經圖》無此圖。
〈臨象之圖〉	〈臨象圖〉	無	《周易圖》圖名缺「之」字。《六經圖》無此圖。
〈觀國之光圖〉	〈觀觀國光圖〉	無	《大易象數鈎深圖》與《周易圖》圖名稍異。《六經圖》無此圖。
〈噬嗑身口象圖〉	〈噬嗑身口象圖〉	無	《六經圖》無此圖。
〈賁天文之圖〉	〈賁天文圖〉	無	《周易圖》圖名缺「之」字。《大易象數鈎深圖》與《周易圖》文字說明稍異。《六經圖》無此圖。
〈剝為陽氣種圖〉	〈剝為陽氣種圖〉	無	《六經圖》無此圖。
〈復七日圖〉	〈復七日圖〉	無	《周易圖》文字說明稍減。《六經圖》無此圖。
〈无妄本中孚圖〉	〈无妄本中孚圖〉	無	《六經圖》無此圖。
〈頤靈龜圖〉	〈頤靈龜圖〉	無	《大易象數鈎深圖》與《周易圖》圖式稍異。《大易象數鈎深圖》文字說明稍減。《六經圖》無此圖。
〈大過棟隆橈圖〉	〈大過棟隆橈圖〉	無	《六經圖》無此圖。
〈習坎行險圖〉	〈習坎行險圖〉	無	《大易象數鈎深圖》與《周易圖》圖式稍異。《六經圖》無此圖。
〈離繼明圖〉	〈離繼明圖〉	無	《大易象數鈎深圖》文字說明稍減。《六經圖》無此圖。
〈咸朋從圖〉	〈咸朋從圖〉	無	《大易象數鈎深圖》與《周易圖》圖式稍異。《六經圖》無此圖。

〈恆久之圖〉	〈恆久圖〉	無	《周易圖》圖名缺「之」字。《大易象數鈎深圖》與《周易圖》圖式稍異。《六經圖》無此圖。
〈遯象之圖〉	〈遯象圖〉	無	《周易圖》圖名缺「之」字。《大易象數鈎深圖》與《周易圖》圖式稍異。《六經圖》無此圖。
〈大壯羊藩圖〉	〈大壯羊藩圖〉	無	《大易象數鈎深圖》與《周易圖》圖式稍異。《六經圖》無此圖。
〈晉康侯之圖〉	〈晉康侯圖〉	無	《周易圖》圖名缺「之」字。《六經圖》無此圖。
〈明夷箕子圖〉	〈明夷箕子圖〉	無	《大易象數鈎深圖》與《周易圖》圖式稍異。《六經圖》無此圖。
〈家人象圖〉	〈家人象圖〉	無	《大易象數鈎深圖》與《周易圖》圖式稍異。《六經圖》無此圖。
〈睽卦象圖〉	〈睽卦象圖〉	無	《大易象數鈎深圖》與《周易圖》內容不同,《周易圖》當為傳抄之誤植;《周易圖》之〈睽卦象圖〉與〈損益用中圖〉當對調。[17]《六經圖》無此圖。
〈蹇往來之圖〉	〈蹇往來圖〉	無	《周易圖》圖名缺「之」字。《大易象數鈎深圖》與《周易圖》圖式內容稍異。《六經圖》無此圖。
〈解出坎險圖〉	〈解出坎險圖〉	無	《六經圖》無此圖。
〈損益用中圖〉	〈損益用中圖〉	無	《周易圖》說明內容誤植,已如上述當與〈睽卦象圖〉對調。[18]《六經圖》無此圖。
〈夬決之圖〉	〈夬決圖〉	無	《周易圖》圖名缺「之」字。《六經圖》無此圖。
〈姤遇之圖〉	〈姤遇圖〉	無	《周易圖》圖名缺「之」字。《六經圖》無此圖。

17　見《周易圖》,卷中,頁 690-691。
18　見《周易圖》,卷中,頁 690-691。

〈萃聚之圖〉	〈萃聚圖〉	無	《周易圖》圖名缺「之」字。《大易象數鈎深圖》與《周易圖》圖式與文字說明稍異。《六經圖》無此圖。
〈升階之圖〉	〈升階圖〉	無	《周易圖》圖名缺「之」字。《大易象數鈎深圖》與《周易圖》文字說明稍異。《六經圖》無此圖。
〈困蒺藜葛藟株木圖〉	〈困蒺藜葛藟株木圖〉	無	《大易象數鈎深圖》與《周易圖》圖式之標示，後者較為詳明。《六經圖》無此圖。
〈井鼎水火二用之圖〉	〈井鼎水火二用之圖〉	無	《六經圖》無此圖。
〈革卦爐鞴鼓鑄圖〉	〈革爐鞴鼓鑄圖〉	無	《周易圖》圖名缺「卦」字。《六經圖》無此圖。
〈震動心迹之圖〉	〈震動心迹圖〉	無	《周易圖》圖名缺「之」字。《六經圖》無此圖。
〈艮背象之圖〉	〈艮背象圖〉	無	《周易圖》圖名缺「之」字。《六經圖》無此圖。
〈鴻漸南北圖〉	〈鴻漸南北圖〉	無	《六經圖》無此圖。
〈歸妹君娣之袂圖〉	〈歸妹君娣袂圖〉	無	《周易圖》圖名缺「之」字。《大易象數鈎深圖》與《周易圖》圖式說明稍異。《六經圖》無此圖。
〈豐日見斗之圖〉	〈豐日見斗圖〉	無	《周易圖》圖名缺「之」字。《六經圖》無此圖。
〈旅次舍圖〉	〈旅次舍圖〉	無	《六經圖》無此圖。
〈巽牀下圖〉	〈巽牀下圖〉	無	《六經圖》無此圖。
〈兌象之圖〉	〈兌象圖〉	無	《周易圖》圖名缺「之」字。《六經圖》無此圖。
〈渙躬之圖〉	〈渙躬圖〉	無	《周易圖》圖名缺「之」字。《六經圖》無此圖。
〈節氣之圖〉	〈節氣圖〉	無	《周易圖》圖名缺「之」字。《六經圖》無此圖。
〈中孚小過卵翼生成圖〉	〈中孚小過卵翼生成圖〉	無	《大易象數鈎深圖》與《周易圖》圖式稍異。《六經圖》無此圖。

〈既濟未濟合律之圖〉	〈既濟未濟合律之圖〉	無	《六經圖》無此圖。
〈六十四卦卦氣圖〉	無	〈六十四卦卦氣圖〉	《周易圖》無此圖。
〈日月運行一寒一暑卦氣之圖〉	無	無	《周易圖》與《六經圖》無此圖。
〈十三卦取象圖〉	〈十三卦取象圖〉	〈十三卦取象圖〉	《周易圖》增引朱震《漢上易傳·叢說》之論，[19]《大易象數鈎深圖》與《六經圖》則無。
〈三陳九卦之圖〉	〈陳氏三陳九卦圖〉	〈三陳九卦之圖〉	《大易象數鈎深圖》與《六經圖》圖名與文字說明同；與《周易圖》略異。《周易圖》直言此圖為陳摶所作，說明亦直指陳摶之言。[20]
〈參伍以變圖〉	〈參伍以變圖〉	〈參伍以變圖〉	《大易象數鈎深圖》與《六經圖》圖名與文字說明同；與《周易圖》皆異。《周易圖》直言王大實之圖說。[21]
〈十有八變圖〉	〈十有八變成卦圖〉	〈十有八變圖〉	《周易圖》圖名增「成卦」二字。
〈一陰一陽圖〉	無	〈一陰一陽圖〉	《周易圖》無此圖。
〈先甲後甲圖〉	〈先甲後甲圖〉	〈先甲後甲圖〉	《大易象數鈎深圖》與《六經圖》無文字說明，《周易圖》有圖文之說明，且直言朱震之說。[22]
〈陰陽君民〉	無	〈陰陽君民〉	《周易圖》無此圖。
〈陰陽奇耦〉	無	〈陰陽奇耦〉	《周易圖》無此圖。
〈二儀得十變化〉	無	〈二儀得十變化〉	《周易圖》無此圖。
〈十日五行相生〉	無	〈十日五行相生〉	《周易圖》無此圖。

19　見《周易圖》，卷下，頁 706。
20　見《周易圖》，卷下，頁 706。
21　見《周易圖》，卷下，頁 701。
22　見《周易圖》，卷上，頁 669-670。

〈大衍之數圖〉	〈大衍數〉	〈大衍之數圖〉	《周易圖》名稱稍異。《大易象數鈎深圖》與《六經圖》無文字說明，《周易圖》取韓康伯（332-380）與劉氏（當指劉牧（1011-1064））之言作說明。23
〈揲蓍法圖〉	〈揲蓍法〉	〈揲蓍之法圖〉	《周易圖》之說明較為詳細。
〈河圖百六數〉	無	〈河圖百六數〉	《周易圖》無此圖。
〈八卦司化圖〉	無	〈八卦司化圖〉	《周易圖》無此圖。
〈類聚群分圖〉	無	〈類聚群分圖〉	《周易圖》無此圖。
〈通乎晝夜圖〉	無	〈通乎晝夜圖〉	《周易圖》無此圖。
〈陽中陰〉	無	〈陽中陰〉	《周易圖》無此圖。
〈陰中陽〉	無	〈陰中陽〉	《周易圖》無此圖。
〈序卦圖〉	〈序卦圖〉	〈序卦圖〉	已如前述，《周易圖》之〈序卦圖〉，除了說明六十四卦的卦序關係外，又云六十四卦的反對卦之實況。此外，《周易圖》引朱震與邵雍之言作詳細之說明，24 而《大易象數鈎深圖》與《六經圖》則無。
〈雜卦圖〉	〈雜卦〉	〈雜卦圖〉	《大易象數鈎深圖》與《六經圖》之說明簡略，而《周易圖》引朱震與邵雍之言作較為詳細之說明。25
〈太玄準易卦名圖〉	〈太玄準易圖〉	〈太玄準易卦名圖〉	《周易圖》之名稱稍異。《大易象數鈎深圖》有文字說明，26《周易圖》與《六經圖》則無。
〈太玄準易卦氣圖〉	無	〈太玄準易卦氣圖〉	《周易圖》無此圖。

23　見《周易圖》，卷下，頁 708-709。
24　見《周易圖》，卷下，頁 707。
25　見《周易圖》，卷下，頁 707-708。
26　見《大易象數鈎深圖》，卷下，頁 86-87。

〈皇極經世全數圖〉	〈皇極經世全數圖上〉、〈皇極經世全數圖下〉	〈皇極經世全數圖〉	《周易圖》分作上、下二圖。
〈邵氏皇極經世圖〉	無	〈邵氏皇極經世圖〉	《周易圖》無此圖。
〈溫公潛虛擬玄圖〉	無	〈溫公潛虛擬玄圖〉	《周易圖》無此圖。
〈潛虛性圖〉	無	無	《周易圖》與《六經圖》無此圖。
〈說卦配方圖〉	〈卦配方圖〉	無	《六經圖》無此圖。《大易象數鈎深圖》與《周易圖》名稱稍異。《周易圖》述明鄭東卿之說，[27]《大易象數鈎深圖》則無。
〈古今易學傳授圖〉	無	〈古今易學傳授圖〉	《周易圖》無此圖。
無	〈先後中天總圖〉	無	《大易象數鈎深圖》與《六經圖》無此圖。
無	〈先天數圖〉	無	《大易象數鈎深圖》與《六經圖》無此圖。
無	〈先天象圖〉	無	《大易象數鈎深圖》與《六經圖》無此圖。
無	〈六十四卦陰陽倍乘之圖〉	無	《大易象數鈎深圖》與《六經圖》無此圖。
無	〈六十四卦生自兩儀圖〉	無	《大易象數鈎深圖》與《六經圖》無此圖。
無	〈乾坤不居四正位圖〉	無	《大易象數鈎深圖》與《六經圖》無此圖。
無	〈坎離天地之中圖〉	無	《大易象數鈎深圖》與《六經圖》無此圖。
無	〈六十四卦大象圖上〉	無	《大易象數鈎深圖》與《六經圖》無此圖。

27　見《周易圖》，卷上，頁 673-674。

無	〈六十四卦大象圖下〉	無	《大易象數鉤深圖》與《六經圖》無此圖。
無	〈周易舉正略〉	無	《大易象數鉤深圖》與《六經圖》無此圖。
無	〈方以類聚圖〉	無	《大易象數鉤深圖》與《六經圖》無此圖。
無	〈物以群分圖〉	無	《大易象數鉤深圖》與《六經圖》無此圖。
無	〈乾坤合律圖〉	無	《大易象數鉤深圖》與《六經圖》無此圖。
無	〈四象八卦圖〉	無	《大易象數鉤深圖》與《六經圖》無此圖。
無	〈八卦司化圖〉	無	《大易象數鉤深圖》與《六經圖》無此圖。
無	〈邵氏皇極經世之圖〉	無	《大易象數鉤深圖》與《六經圖》無此圖。
無	〈關子明擬玄洞極經圖〉	無	《大易象數鉤深圖》與《六經圖》無此圖。
無	〈皇極經世先天數圖〉	無	《大易象數鉤深圖》與《六經圖》無此圖。

　　《大易象數鉤深圖》一百四十一幅圖式，多於《周易圖》的一百一十幅與《六經圖》的七十一幅。三著圖式名稱與結構內容相同或相近之概況：

　　（一）三著之圖式名稱，《大易象數鉤深圖》與《六經圖》相同性高，相對而言，與《周易圖》有較多之不同。《六經圖》七十一幅圖，全為《大易象數鉤深圖》所有，僅一圖之名稱不同，即《大易象數鉤深圖》稱〈渾天位圖〉，而《六經圖》則稱〈六位圖〉，雖名稱不同，但結構內容卻相同；從圖式內容而言，《六經圖》全部圖式顯現之結構內容，與《大易象數鉤深圖》完全相同。歷來肯定楊甲輯《六經圖》之後，《大易象數鉤深圖》是後繼之增輯者。

　　（二）《六經圖》之圖式，結構內容與《周易圖》大致相同或相近

者，共有三十幅圖式，未達《六經圖》圖式之半數；此三十幅當中名稱明顯不同者，則有六幅。可見，從輯收圖式內容之對照，《六經圖》與《周易圖》明顯不如與《大易象數鈎深圖》相近，三著同有之圖式為三十幅。

（三）《大易象數鈎深圖》與《周易圖》之比較，結構內容相同或相近者，高達九十二幅。其中《大易象數鈎深圖》有而為《周易圖》所無者，包括〈太極函三自然奇耦之圖〉、〈德事相因皆本奇耦之圖〉、〈乾知大始圖〉、〈坤作成物圖〉、〈天尊地卑圖〉、〈河圖四象之圖〉、〈河圖始數益洛書成數圖〉、〈河圖八卦圖〉、〈天地之數圖〉、〈乾坤之策〉、〈其用四十有九圖〉、〈伏羲先天圖〉、〈方圓相生圖〉、〈仰觀天文圖〉、〈俯察地理圖〉、〈伏羲八卦圖〉、〈八卦取象圖〉、〈文王八卦圖〉、〈八卦象數圖〉、〈四卦合律圖〉、〈剛柔相摩圖〉、〈八卦相盪圖〉、〈六爻三極〉、〈蓍卦之德〉、〈序上下經圖〉、〈重易六爻圖〉、〈六十四卦天地數圖〉、〈六十四卦萬物數圖〉、〈運會歷數圖〉、〈陽卦順生〉、〈陰卦逆生〉、〈六十四卦卦氣圖〉、〈日月運行一寒一暑卦氣之圖〉、〈陰陽君民〉、〈陰陽奇耦〉、〈二儀得十變化〉、〈十日五行相生〉、〈河圖百六數〉、〈八卦司化圖〉、〈類聚群分圖〉、〈通乎晝夜圖〉、〈陽中陰〉、〈陰中陽〉、〈太玄準易卦氣圖〉、〈邵氏皇極經世圖〉、〈溫公潛虛擬玄圖〉、〈潛虛性圖〉、〈古今易學傳授圖〉等四十八幅圖式。[28]《周易圖》有而《大易象數鈎深圖》無者，包括〈先後中天總圖〉、〈先天數圖〉、〈先天象圖〉、〈六十四卦陰陽倍乘之圖〉、〈六十四卦生自兩儀圖〉、〈乾坤不居四正位圖〉、〈坎離天地之中圖〉、〈六十四卦大象圖上〉、〈六十四卦大象圖下〉、〈周易舉正略〉、〈方以類聚圖〉、〈物以群分圖〉、〈乾坤合律圖〉、〈四象八卦圖〉、

28　《大易象數鈎深圖》一百四十一幅圖式，《周易圖》一百一十幅，相同或相近之圖式高達九十二幅，即《大易象數鈎深圖》為《周易圖》所沒有者應為四十九幅；然《周易圖》中有一〈卦配方圖〉，同於《大易象數鈎深圖》之〈說卦八方之圖〉與〈說卦配方圖〉，故《周易圖》所沒有者當為四十八幅。

〈八卦司化圖〉、〈邵氏皇極經世之圖〉、〈關子明擬玄洞極經圖〉、〈皇極經世先天數圖〉等十八幅。

二、三著之主要內容傾向

圖式形式與內容之相同或相似者,《六經圖》全為《大易象數鈎深圖》所有,兩者當有直接的承繼或補輯之關係。《大易象數鈎深圖》又與《周易圖》亦高達九十二幅圖式的相同或相近,也就是《周易圖》僅十八幅圖式為《大易象數鈎深圖》所無,可見二著亦當有密切之關係。三著總合參照比較,應屬同一系之圖說。

(一)三著圖式明確引述之人物

《大易象數鈎深圖》、《六經圖》與《周易圖》中所引述的人物,前二著少有明示,《周易圖》則明確指出某易學家之圖說,也就是《周易圖》較前二著為詳實。主要引述之人物,除了宋代之前的少數學者外,主要為兩宋時期之學者,其中北宋如陳摶、邵雍、周敦頤(1017-1173)、劉牧、范諤昌(?-?)、司馬光(1019-1086),以及與王安石(1021-1086)同時之石汝礪(?-?)[29]等諸家,而引述的南宋前期至中期的學者則較多,包括朱震、耿南仲(?-1129)、[30]鄭東卿、[31]王大

29　石汝礪,字介夫,號碧落子,英德(今廣東省)人。幼年聰穎,讀書記誦過人。專好五經,尤擅於《易經》,曾於南山講授《易經》,以易學為名。平生所撰述之文章,皆涉及《易經》義理。晚年進所解《易》之圖於朝,為王安石所抑。著有《乾生歸一圖》、《琴斷》一卷及〈水車記〉一文,印行於世。蘇軾貶至惠州,途經英州,游聖壽寺,與之長談,稱其為隱士,事見《粵詩蒐逸》卷二。

30　耿南仲,字希道,河南開封人。宋神宗元豐五年(1082)進士。歷任兩浙與河北西路常平、廣南東路與夔州路刑獄、荊湖與江西路轉運使、戶部員外郎、知衢州、太子右庶子、定王與嘉王侍讀、資政殿大學士、簽書樞密院事、尚書左丞、門下侍郎。主避戰割地求和,高宗即位,罷為觀文殿學士、提舉杭州洞霄宮,尋責臨江軍居住,又降授單州別駕、南雄州安置。撰有《周易新講義》十卷。《宋元學案》卷九十八、《宋史》卷三百五十二皆有傳記。

31　鄭東卿,字少梅,三山(今福州市)人,自號合沙漁父,官至溫州永嘉主簿。馮

寶（1094-1165）、[32] 鄭厚，[33] 又引洪邁（1123-1202）《容齋隨筆》中的郭京（?-1127）《周易舉正》之言。[34] 至於南宋中後期關注易學圖式的易學家，則未見收錄，如朱熹（1130-1200）、授業於魏了翁（1178-1237）的稅與權（?-?），乃至宋末的丁易東與元初尚論易圖之學者，皆未輯錄。因此，朱越利《道藏分類解題》認為此書「作者佚名，蓋南宋時人」；[35] 本人推估大概為南宋中期之著作。

（二）三著內容之詳略

已如上述，三著對於易學家圖式思想主張之引述，以《周易圖》較為明確有據，而《大易象數鈎深圖》同《六經圖》，輯說之來由大都略而未言。在圖式內容之說明上，大多數圖式以《周易圖》所述亦較為詳

椅《易輯傳》多引鄭東卿之學，並於〈附錄〉中錄其於紹興七年（1137）所撰自序，馬端臨《文獻通考・經籍考》亦錄。著《易卦疑難圖》二十五卷、《易說》三卷、《大易約解》九卷、《先天圖注》一卷，又作《尚書圖》一卷，圖有七十（參見朱彝尊：《經義考》（北京：中華書局，1998 年 11 月 1 版 1 刷），卷八十，頁447。又見徐文靖：《禹貢會箋・原序》；又見《淳熙三山志》，卷二十九。諸作今皆亡佚。師承丘程。丘程，字憲古，建陽人，北宋徽宗政和二年（1112）進士，其學傳鄭東卿，鄭氏傳潘冠英（潘氏生卒里籍未詳）。有關記載參見《經義考》卷二十五、《建寧府志・選舉目》，以及清代李清馥《閩中理學淵源考》卷十四。

32　王大寶，字元龜，廣東海陽（今潮州市潮安縣歸湖鎮）人。宋高宗建炎二年（1128）廷試第二名，授南雄州教授。後因俸祿不足生活支用，以生病為由去職歸家。數年後又回任官職，歷任連州、溫州知府、提點福建、廣東刑獄、兵部侍郎，紹興三十二年（1162）擢升為禮部侍郎、右諫議大夫。主戰為孝宗所任，而為兵部侍郎、禮部尚書。後推為唐宋潮州八賢之一，今墓存於歸湖鎮神前山，為廣東具有代表性的宋代大墓。主要著作有《易經證義》、《諫垣奏議》及《遺文》等，累計三十四卷。《宋史》有傳載。

33　鄭厚，字景書，一字敘友，鄭樵之從兄。莆田廣業（即福建白沙廣山）人。宋高宗紹興五年（1135）進士。授左從事郎、泉州觀察推官、廣南東路茶鹽司幹辦。因忤秦檜而去職。秦檜死後又用為昭信軍節度判官、左承高郎，卒於潭州湘鄉知縣。主要論著為《詩雜說》十卷、《通鑑分門類要》四十卷、《藝圃折衷》一卷、《湘鄉文集》二十卷。另有《存古易》，今已亡佚，明代何喬遠《閩書》載明。《宋史翼》卷二十七有傳。

34　見《周易圖》，卷上，頁 677-678。

35　見朱越利：《道藏分類解題》（北京：華夏出版社，1996 年 1 月北京 1 刷），頁 3。

細。

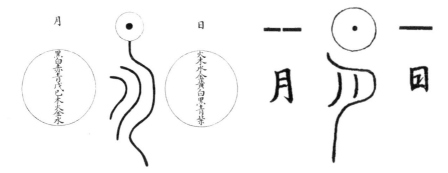

圖 2-1-1　日月為易（《大易象數鈎深圖》）　　圖 2-1-2　日月為易（《周易圖》）

　　舉例言之，三著皆同有〈日月為易〉（見圖 2-1-1、圖 2-1-2）圖
式。[36] 以日月為「易」之訓說，為東漢以來之普遍觀點，源於《繫辭上》
所言「縣象著明，莫大乎日月」，以日月變化成象之思想，至魏伯陽
（?-?）《周易參同契》而有月相納甲之說，乃至虞翻（164-233）在京房
（前 77- 前 37）與魏氏的基礎上所提的八卦納甲之主張，以其中坎月離
日為運化之用，強調日月運行，懸天成象之重要意義。[37] 魏氏與虞氏皆
以「日月為易」，此同許慎《說文解字》所云「祕書說曰：日月為易」，
段玉裁《注》並指出「祕書」即緯書，「按《參同契》曰：『日月為易，
剛柔相當。』陸氏德明引虞翻注《參同契》云：『字從日下月。』」[38]《大
易象數鈎深圖》與《六經圖》之圖式結構與內容完全相同，其說明僅
於圖式左右述明「取日月二字交配而成，如篆文日下從月」；「是日往

36　三著〈日月為易〉圖式稍異，圖 2-1-1 取自《大易象數鈎深圖》，卷上，頁 7；《六
　　經圖》同是，見楊甲：《六經圖》，卷一，頁 143。圖 2-1-2，取自《周易圖》，卷
　　上，頁 666。

37　有關之內容，容後論及〈大卦納甲圖〉再進一步說明。

38　見段玉裁：《說文解字注》（臺北：洪葉文化事業有限公司，1998 年 10 月初版 1
　　刷），九篇下，頁 463。

月來之義，故曰陰陽之義配日月」。[39] 以日月之象為「易」乃漢人之既
有認識。透過「易」字的篆文之日月之象，說明日往月來的陰陽變化
之義，以表明「易」之大義。《周易圖》則明確的指出鄭厚的主張，認
為「鄭氏厚曰：易從日從月。－，日也；--，月也。天下之理，一奇一
耦盡矣。此外無餘。易也，天文、地理、人事、物類，以至性命之微，
變化之妙。凡否泰、損益、剛柔、得喪、出處、語默，皆有對敵，是故
《易》設一長一短畫，以總括之，所謂『一陰一陽之謂道』此也」。[40] 以
鄭厚之言，說明宇宙自然的一切存在，皆是同於日月的陰陽之變化，一
切人人物物之道，即以日月為代表的陰陽之道，從對立而統一的概念
下，確立存在的意義，以及對世界的認識。日月之運行，正為空間與時
間共構的存在意識，也是《易》道所表徵的自然規律。《周易圖》此一
圖說之論述，明顯較《大易象數鈎深圖》與《六經圖》為豐富。

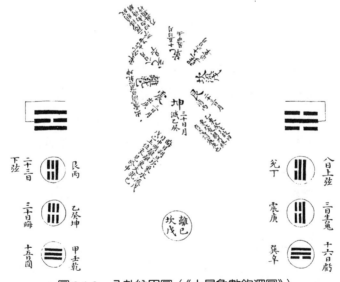

圖 2-1-3　八卦納甲圖（《大易象數鈎深圖》）

39　見《大易象數鈎深圖》，卷上，頁 7。同見楊甲：《六經圖》，卷一，頁 143。
40　見《周易圖》，卷上，頁 666。

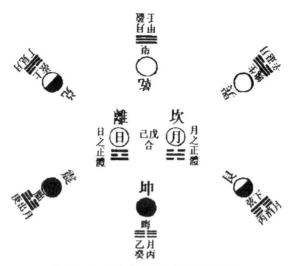

圖 2-1-4　八卦納甲圖（《周易圖》）

　　又如三著同有〈八卦納甲圖〉（見圖 2-1-3、圖 2-1-4）圖式。[41]《大易象數鈎深圖》與《六經圖》之圖式結構與內容完全相同，並無文字之說明。《周易圖》之圖式則稍異，有文字之說明，指出「離為日，坎為月，是日月之正體也。月離於日而有明，自晦朔之合而為坤象，越三日朏而出于庚為震之象，復五日上弦而見于丁為兌之象。復七日盈於甲壬，與日相望而全其明，所以有乾之象。既盈而生魄，乃退於辛為巽之象。凡八日下弦乃消於丙為艮之象，互七日復與日會于辰次之所」。[42]此說源自漢代魏伯陽《周易參同契》的月體納甲乃至虞翻的八卦納甲之說，將月體盈虛的週期變化與八卦進行結合。[43]日月運行，日東升而西

41　三著〈八卦納甲圖〉圖式稍異，圖 2-1-3 取自《大易象數鈎深圖》，卷上，頁 21；《六經圖》同是，見《六經圖》，卷一，頁 149。圖 2-1-4，取自《周易圖》，卷上，頁 670。

42　見《周易圖》，卷上，頁 670。

43　參見魏伯陽之說，云：「三日出為爽，震庚受西方；八日兌受丁，上弦平如繩；十五乾體就，盛滿甲東方。蟾蜍與兔魄，日月氣雙明，蟾蜍視卦節，兔者吐生光，七八道已訖，屈折低下降。十六轉受統，巽辛見平明；艮直於丙南，下弦二十三；坤乙三十日，東北喪其朋。節盡相禪與，繼體復生龍。壬癸配甲乙，乾

降，月西起而東落，形成相對位置的變化；以坎離二卦表徵日月之正體，亦即戊己之位。晦朔之合，即三十日之時為坤象；初三之時，一線月芽，為震庚之象；初八之時，月體上弦平直如繩，出於南方丁位，為兌卦之象；十五日之時，月體盈滿，甲壬之位，為極明之乾象；十六日之時，陽退而陰進，一陰初生，見於西方辛位，為巽卦之象；至二十三日之時，月體下弦，見於正南丙位，為艮卦之象；至三十日之時，清晨於東方乙位升起，不見其明之坤象。

　　由上述所舉二例，大致可以看出《周易圖》之圖式說明，確實較為詳細，同時忠於原說，標明《易》家之言。

（三）三著主要的內容

　　《大易象數鈎深圖》、《六經圖》與《周易圖》三著所輯之圖式內容，大抵包括如下幾個範疇：

1. 太極生成衍化之圖式

　　以太極為核心所構築的宇宙自然生成衍化圖式，包括〈太極圖〉（即舊有之〈太極圖〉）、〈周氏太極圖〉（〈易有太極圖〉）、〈鄭氏太極貫一圖〉等諸圖說，展現出以太極為主體的宇宙生成圖式。其中分判出早出之〈太極圖〉與〈周氏太極圖〉，並且指出〈太極圖〉為太極、兩儀、四象而生成八卦的太極化生體系，以太極為氣化之根源，並聯結五行與天地之數進行布列的圖式思想；氣化之思想，為三著一致之主張，並無涉足理學以「理」為本的概念。同時透過象數之用，強調「中」、「心」之哲學命題，為邵雍、周敦頤思想的延續。

　　坤括始終。」（引自蔣一彪輯：《古文參同契集解》〔臺北：新文豐出版公司，1987年6月臺1版〕，卷下上篇，頁19。）清代胡渭《易圖明辨》制〈魏氏月體納甲圖〉，並作詳細之申言。另外，虞翻據京房之納甲思想與魏伯陽之說，重新詮釋納甲之說，清代惠棟依其說而制〈虞氏八卦納甲圖〉，並於其《易漢學》中，作了詳細之考索與論述，此處不再贅舉說明。

2.〈河圖〉、〈洛書〉與相關數列結構的主體圖式

宇宙自然的一切存在，源於陰陽之變，藉由天地之數的數值運用，與〈河圖〉、〈洛書〉進行聯結。三著中有關之圖式，包括〈河圖之數〉、〈洛書數〉、〈河圖四象之圖〉、〈河圖始數益洛書成數圖〉、〈河圖八卦圖〉、〈河圖天地十五數圖〉等等圖式。由天地之數的數值所建構之「河九洛十」的圖式衍化，體現天地之數陽奇與陰偶相配合之法則，闡發八卦的來源、陰陽消長的過程。文獻中〈河圖〉與〈洛書〉之傳衍授受之系譜問題，最早出現於朱震所載，透過三著所見，可以作為釐清「河九洛十」與傳衍授受之輔證；並且高度體現劉牧思想主張的再詮釋，正代表劉牧的原始思維。

3. 先後天學的有關圖式

三著有關先後天學的圖式，包括如〈伏羲先天圖〉、〈方圓相生圖〉、〈伏羲八卦圖〉、〈八卦取象圖〉、〈文王八卦圖〉、〈八卦象數圖〉、〈先後中天總圖〉、〈先天數圖〉、〈先天象圖〉、〈六十四卦陰陽倍乘之圖〉、〈六十四卦生自兩儀圖〉等圖式。有關圖說除了展現出諸多陰陽消長變化的宇宙圖式外，更透過有關圖式探溯先後天學圖說的傳述流衍。圖式結構與說明，確立邵雍學說之所執，以及「先天」與「後天」的本質內涵，特別強調數值之運用與變化之道。

4. 卦配方位之圖式

八卦配位為歷來論《易》者所稱說，傳統上有來自《說卦傳》的說法，有來自《易緯乾鑿度》延續《說卦傳》「帝出乎震」的主張，也有來自於邵雍所建構的先後天八卦的配位之說，八卦配位確立時空存在的意義，為易學家所關注者。三著所列有關的圖式，包括如〈帝出震圖〉、〈卦配方圖〉（〈說卦八方之圖〉）、〈乾坤不居四正位圖〉、〈坎離天地之中圖〉、〈四象八卦圖〉、〈仰觀天文圖〉、〈俯察地理圖〉、〈八卦相盪

圖〉、〈方以類聚圖〉等等圖式，有關圖式的建構，特別反映出八卦配位的重要意涵，建立一致性的八卦配位之思想，尤其對於《易傳》思想轉換為八卦配位的圖說，呈現的皆為傳統的八卦配位，亦即邵雍的文王八卦方位之配位結構。

5. 卦變圖說

完整的六十四卦卦變系統之建立，漢代學者以京房的八宮卦次之說與虞翻的卦變說最具代表性，尤其虞翻的卦變主張，以乾坤陰陽消息變化的十二消息卦為基礎，進一步衍生出其它的各個雜卦。虞翻的觀點，一直為後人所討論或運用者；宋人特別關注卦變的議題，李挺之、邵雍根據虞翻之說，建立新的卦變主張，後之學者或有新制或沿說，或有反對批評者，卦變之說儼然為宋儒象數之學的重要命題。《大易象數鈎深圖》等三著中，可以看到諸多代表以李挺之和邵雍為主的卦變圖式與思想，包括如〈八卦生六十四卦圖〉（〈乾坤交成六十四卦圖〉）、〈李氏六卦生六十四卦〉（〈復姤臨遯泰否六卦生六十四卦圖〉）、〈八卦推六十四卦圖〉、〈復姤小父母圖〉、〈八卦司化圖〉、〈十有八變成卦圖〉等有關圖式。特別重視有關圖說之建構，正反映出宋代學者，尤其代表北宋時期李挺之、邵雍卦變思想的延續與關注，也標誌著三著的象數之學的特色。

6. 專擅於釋說六十四卦象義之圖式建制

《大易象數鈎深圖》與《周易圖》透過圖式之建構，高度表達六十四卦卦爻之象義，有關之圖式包括〈乾坤易簡之圖〉、〈屯象圖〉、〈蒙養正圖〉、〈需須圖〉、〈訟象圖〉、〈師比御眾之圖〉、〈大小畜吉凶圖〉、〈履虎尾圖〉、〈否泰往來圖〉、〈同人圖〉、〈大有守位圖〉、〈謙象圖〉、〈豫象圖〉、〈隨係失圖〉、〈蠱象圖〉、〈臨象圖〉、〈觀觀國光圖〉、〈噬嗑身口象圖〉、〈賁天文圖〉、〈剝為陽氣種圖〉、〈復七日圖〉、〈无妄本中孚圖〉、〈頤靈龜圖〉、〈大過棟隆橈圖〉、〈習坎行險圖〉、〈離繼

明圖〉、〈咸朋從圖〉、〈恆久圖〉、〈遯象圖〉、〈大壯羊藩圖〉、〈晉康侯圖〉、〈明夷箕子圖〉、〈家人象圖〉、〈睽卦象圖〉、〈夬決圖〉、〈解出坎險圖〉、〈損益用中圖〉、〈蹇往來圖〉、〈姤遇圖〉、〈萃聚圖〉、〈升階圖〉、〈困蒺藜葛藟株木圖〉、〈井鼎水火二用之圖〉、〈革爐鞴鼓鑄圖〉、〈震動心迹圖〉、〈艮背象圖〉、〈鴻漸南北圖〉、〈歸妹君娣袂圖〉、〈豐日見斗圖〉、〈旅次舍圖〉、〈巽牀下圖〉、〈兌象之圖〉、〈渙躬圖〉、〈節氣圖〉、〈中孚小過卵翼生成圖〉、〈既濟未濟合律之圖〉等圖式。六十四卦有關圖式之列說，《周易圖》明白指出為鄭東卿所制，[44]除了可以勾勒出鄭氏之重要易學觀，也正反映出《大易象數鈎深圖》與《周易圖》作者之易學觀；高度的象數化傾向，將卦氣、爻辰、八卦方位與干支五行進行聯繫，近於漢說，又呈現出宋儒特有的象數特色。

　　相關圖式確立卦爻之象，藉由立象以闡明卦爻辭義，呈現出圖式建構者的卦爻理解。又好於用數，例如以〈乾坤易簡之圖〉為例，《周易圖》指出「乾坤者，數之一二也」，乾坤二卦以一二數為用，為對應的兩個概念，二者表「形之方圓也，氣之清濁也，理之動靜也」；乾卦易知，「一」數六爻由潛而亢即六，乃具上下「兩儀」之性，坤卦簡能，「二」數六爻由霜冰至戰龍即十二，包有「四象」，「故乾具兩儀之意，而分上下，坤包四象之體，而分南北東西。兩儀四象，共數有六，並其乾坤之本體，則八卦之數周備矣」。[45]透過數值化之運用，具體反映乾坤兩卦居六十四卦之首的重要意義。

7. 透過圖式建構以釋說《易傳》大義

　　《大易象數鈎深圖》等三著，以圖式符號結構呈現《易傳》之重要思想觀點，包括如〈帝出震圖〉、〈六十四卦大象圖上〉、〈六十四卦大象圖下〉、〈方以類聚圖〉、〈物以群分圖〉、〈仰觀天文圖〉、〈俯察地理

圖〉、〈參伍以變圖〉、〈參天兩地圖〉、〈五位相得各有合圖〉、〈十三卦取象圖〉、〈陳氏三陳九卦圖〉、〈序卦圖〉、〈雜卦〉等圖式。相關圖式之述義，包羅甚廣，大體主之以象數之觀點；諸如〈方以類聚圖〉，藉由方位布列與數列及五行之相配，說明「八卦各以其方而類聚」。[46] 又如〈物以群分圖〉，分列出「陽之陽為飛走之群」，「陽之陰為蟲魚之群」，「陰之陽為土石之群」，「陰之陽為草木之群」，以乾坤各主三陽三陰，使「靈於物而為之群分」。[47] 又如釋說《繫辭傳》「三陳九卦」所制之〈陳氏三陳九卦圖〉，著重於象數釋義之法。高度的象數化、數值化主張，正為北宋至南宋中期以前的重要易學特色；以之詮解《易傳》，弱化了《易傳》本有的義理思想應有的可觀之處。

8. 輯制論釋泛漢《易》象數之說的圖式

宋代學術雖然走向高度義理化的詮釋路線，但漢代的重要象數《易》說仍不斷被接受與改造，例如卦變觀點即是一個明顯的例子，北宋如李挺之、邵雍一系的傳衍，南宋如朱震、朱熹之說，卦變思想成為宋代象數之學的重要主張；此一範疇，《大易象數鈎深圖》與《周易圖》一系，亦建構諸多圖式，申明卦變之具體內涵，已如前述。除此之外，尚有諸多代表漢代以來象數觀點的圖式結構，包括如〈日月為易圖〉、〈六位三極圖〉、〈乾坤六子圖〉、〈渾天六位圖〉、〈先甲後甲圖〉、〈八卦納甲圖〉、〈乾坤合律圖〉、〈卦分律呂圖〉、〈既濟未濟合律之圖〉、〈用九用六圖〉、〈六十四卦卦氣圖〉等。這些圖式正為宋人表述類似漢儒象數思想的方式與內容，高度的象數化，對傳統的象數觀，進行配用與改造。

除了上述諸論題外，其它又如專述邵雍《皇極經世》世運之說的圖

46　見《周易圖》，卷下，頁 700。
47　見《周易圖》，卷下，頁 700-701。

式，包括〈運會歷數圖〉、〈邵氏皇極經世之圖〉、〈邵氏皇極經世圖〉、〈皇極經世全數圖〉、〈皇極經世先天數圖〉；又有擬述揚雄（前53-18）、關朗（?-?）與司馬光之思想圖說，包括〈太玄準易圖〉（〈太玄準易卦名圖〉）、〈太玄準易卦氣圖〉、〈關子明擬玄洞極經圖〉、〈溫公潛虛擬玄圖〉、〈潛虛性圖〉；又有專述郭京《易》說的〈周易舉正略〉。有關圖式一致展現出高度的象數色彩，義理之成分較為薄弱，這也是三著的一貫本色。

第二節　沉濁難辨的作者問題

　　《大易象數鈎深圖》、《六經圖》與《周易圖》三著為關係密切的同一系列之輯著，有關之作者，除了《六經圖》確定為楊甲所著並無疑慮外，《大易象數鈎深圖》與《周易圖》則歷來眾說紛紜，莫衷一是。過去部分學者推定楊甲作《六經圖》，而《大易象數鈎深圖》為踵繼《六經圖》之後的補作，則《大易象數鈎深圖》之原作者當為楊甲，[48] 而《周易圖》又與《大易象數鈎深圖》相同或相似之圖式者眾，則《周易圖》或又原本於楊甲，但《六經圖》相似與相同於《周易圖》者不到半數，因此，《六經圖》與《周易圖》的關係，不若與《大易象數鈎深圖》之直系關係。然而，不管原作者為何，三者可以視為同一系之輯著。

　　從內容言，《周易圖》諸多圖式與《大易象數鈎深圖》、楊甲《六經圖》相近或相同，亦多有載錄來自劉牧、鄭東卿之圖說。同時，《大易象數鈎深圖》又為包括《四庫》館臣等多數學者認定為張理（?-?）[49] 所

48　《道藏提要》明白提到，「劉師培《讀道藏記》考證是書實宋人《六經圖》之第一卷」，亦即此書當為楊甲等人所編撰。見任繼愈主編：《道藏提要》（北京：中國社會科學出版社，1991年7月1版），頁116。

49　張理為元代清江（今江西清江）人，早年從杜清碧（1276-1350）學《易》，「盡得其學，以其所得于《易》者，演為十有五圖，以發明天道自然之象」，肯定其立圖述《易》為本，善於闡發自然運化之象，《宋元學案》列為杜氏門人。其著今傳

著，則《周易圖》是否亦與張理有所牽連。《周易圖》與《大易象數鈎深圖》二著的高度相關，所輯收之圖式，性質亦同，皆屬同一時代的圖說思想；雖然歷來較少討論《周易圖》可能之作者，但對《大易象數鈎深圖》之臆推則多，故所推說者，可以並作論述。除了推為楊甲或張理所著外，或有指為鄭東卿之作、毛邦翰（?-?）之補作、劉牧所撰，或指為趙元輔（?-?）[50]編成者。

諸家之說，並無確然可徵的論證，只能依其所持而定為是說，則紛紜莫衷，至今仍無定論。楊甲編著《六經圖》，而《大易象數鈎深圖》或與《周易圖》因之而為後人增補者，亦即《大易象數鈎深圖》屬《六經圖》之一部分或踵繼者，典籍文獻屢主於此。歷來涉論之有關諸家的可能關係，分列簡述如後：

一、與張理之可能關係

焦竑（1540-1620）《經籍志書目》載《大易象數鈎深圖》六卷，為元人張理所著，[51]朱睦㮮（1518-1587）《授經圖義例》亦同於焦竑之說。[52]明代《正統道藏・洞真部・靈圖類》亦錄為張理之作。其他包括《遼史・藝文志》、《補遼史藝文志》、《元史・藝文志》、《補元史藝文志》等著亦同載。黃宗羲（1610-1695）《宋元學案》記載其著《易象圖說》三卷與《大易象數鈎深圖》三卷。[53]清代《四庫全書》編纂館臣

《易象圖說》三卷。參見黃宗羲著，全祖望補修，陳金生、梁運華點校：《宋元學案・草廬學案》（北京：中華書局，2007 年 1 版北京 3 刷），卷九十二，頁 3091。

50 趙元輔生卒年未詳。《六經圖》初確為楊甲所編，後歷次增編，其中於南宋乾道元年（1165）由吳肇飛、黃松年與趙元輔等人合編，苗昌言撰序。故知其為南宋孝宗（1127-1194）年間之人。

51 焦竑《經籍志書目》所載，轉引自《大易象數鈎深圖・提要》，頁 2。

52 朱氏除了載錄《大易象數鈎深圖》六卷外，又載《易象圖說》六卷。見朱睦㮮：《授經圖義例》（臺北：臺灣商務印書館景印文淵閣四庫全書本第 675 冊，1986 年 3 月初版），卷四，頁 253。

53 見黃宗羲著，全祖望補修，陳金生、梁運華點校：《宋元學案・草廬學案》，卷

以《大易象數鈎深圖》為張理所撰；[54] 又乾隆（1711-1799）欽定、嵇璜
（1711-1794）等人奉敕纂《續通志》與《續文獻通考》，亦皆明確指為
張理所著。其中《續文獻通考》特別指出「貢師泰序稱其於朱子九圖之
外，推衍一十二圖，甚為精密」，[55] 說明推衍朱子圖說而為十二圖，考察
其《易象圖說》所論圖說思想確與朱子相近，然而《大易象數鈎深圖》
卻多有與朱子相悖者；二著思想不一致，尤其表現在與朱子思想相較方
面，二著相左尤甚，如《大易象數鈎深圖》倡言氣論、「河九洛十」皆
不同於朱說。另外，徐乾學（1631-1697）等輯《通志堂經解》，亦以其
三卷為張理所著。[56] 陳弘緒（1597-1665）於《周易圖》跋文中提到南宋
以降專於圖書以托之於《易》者，其中包括「有張理《鈎深圖》」，[57] 此
「《鈎深圖》」當指《大易象數鈎深圖》，也就是肯定張理同有此著。劉
師培（1884-1919）《讀道藏記》之考證，以此著應為南宋楊甲及葉仲堪
（?-?）所編《六經圖》之第一卷，而為張理增補；胡孚琛主編《中華道
教大辭典》，亦主此說。[58] 史籍記載確實可以確定楊甲撰《六經圖》六
卷，經同時期之毛邦翰等諸家之增補，其中尚包括葉仲堪，故《宋史．
藝文志》有葉仲堪的《六經圖》七卷，[59] 而陳振孫（1179-1262）《直齋書

九十二，頁 3091。

54　參見《大易象數鈎深圖．提要》，頁 1。

55　二著皆指出「《大易象數鈎深圖》三卷，元張理撰」。見乾隆欽定，嵇璜、曹仁虎
　　等奉敕纂：《續通志．藝文略》（臺北：臺灣商務印書館景印文淵閣四庫全書本第
　　394 冊，1986 年 3 月初版），卷一百五十六，頁 456。又見乾隆欽定，嵇璜、曹仁
　　虎等奉敕纂：《續文獻通考．經籍考》（臺北：臺灣商務印書館景印文淵閣四庫全
　　書本第 630 冊，1986 年 3 月初版），卷一百四十三，頁 28。

56　見徐乾學等輯：《通志堂經解》（臺北：臺灣大通書局，1969 年 10 月初版），頁
　　3。

57　陳弘緒跋文，轉引自朱彝尊：《經義考》卷四十一，頁 230。

58　見胡孚琛主編：《中華道教大辭典》（北京：中國社會科學出版社，1995 年初版），
　　頁 356。

59　見脫脫等撰：《宋史．藝文志》（北京：中華書局，1997 年 11 月 1 版），卷二百零
　　二，頁 5072。

錄解題》亦稱葉氏根據毛邦翰舊本予以增損改定。[60] 至於劉氏、胡氏所言張理予以增補，所據為何則並無確切文獻可以為證。

高其倬（1676-1738）等人纂修《江西通志‧人物志》，慎其實錄，僅指出張理著有《易象圖說》一作。[61] 多數文獻記載，並不以《大易象數鈎深圖》為張理所輯著；從《易象圖說》與《大易象數鈎深圖》二著內容作概括之比較，二者非同一體系同一思想論著，《大易象數鈎深圖》雖為輯收之作，卻也反映輯著者的思想與一貫之主張，以之與張理《易象圖說》進行參照，可以確定不能代表張理之思想。若從輯收成著的角度言，《大易象數鈎深圖》所輯多為南宋前期以前之圖說，以張理思想主張所見，多有宗本於朱子之說，既為其所輯，理應多見朱子所納圖說，何以未有見收，故此著當非張理所輯者。

《周易圖》之圖式內容，亦與張理學說多有相異，決然非同張理一系；所收圖式多數同於《大易象數鈎深圖》，多屬南宋前期以前者，若為張理所輯，理應多見南宋中後期或宋元之際的圖式，則亦當非張理之輯著。《周易圖》與《大易象數鈎深圖》雖多有圖式相同或相近者，然不同者眾，當非同一輯本。從二著圖說之對比，《周易圖》有較為明確的某某人所云，而《大易象數鈎深圖》卻往往捨而未言。如六十四卦釋義之圖式，《周易圖》明白指為鄭東卿所撰，而《大易象數鈎深圖》未述明；又如〈洛書數〉、〈天地自然十五數圖〉二圖之圖說，內容雖同，但《大易象數鈎深圖》未明何人所言，而《周易圖》明指聶麟之說。[62] 同時，整體而言，《周易圖》之圖式釋文較《大易象數鈎深圖》為詳細。然而，雖是如此，仍無法確定二著何者先出，只能視為相近時期的同一系列之輯著。

60　見陳振孫：《直齋書錄解題》（臺北：臺灣商務印書館，1978 年 5 月臺 1 版），卷三，頁 78。

61　見高其倬、尹繼善、謝旻等人纂修：《江西通志‧人物志》（臺北：臺灣商務印書館景印文淵閣四庫全書本第 515 冊，1986 年 3 月初版），卷七十四，頁 538。

62　參見《周易圖》，卷上，頁 665；卷中，頁 678。

二、與楊甲《六經圖》及毛邦翰之可能關係

　　清代于敏中（1714-1779）等人奉敕編《欽定天祿琳琅書目》，指出「《六經圖》，宋楊甲撰，毛邦翰補《大易象數鈎深圖》一冊」，直言毛邦翰補楊甲《六經圖》而作《大易象數鈎深圖》。又引苗昌言（?-?）[63]之序，認為「邦翰為州學教授，實補諸圖」，而《六經圖》之宋本在明代已不易見世，但有重刻本後傳。[64] 以今傳《六經圖》中之圖式，全為《大易象數鈎深圖》所有，故聯繫出毛氏增補作《大易象數鈎深圖》之說的合理性。

　　朱彝尊（1629-1709）《經義考》並無列說《大易象數鈎深圖》一書，但於考釋楊甲《六經圖》時，引用顧起元（1565-1628）之說，以《六經圖》為宋代紹興（1131-1162）中布衣楊甲所著，而「乾道初，知撫州陳森屬教授毛邦翰等補而刻之，為圖三百有九」，即毛邦翰為之增補圖式之未全者。又引陸元輔（1617-1691）所言，除了述明毛邦翰等補《大易象數鈎深圖》之作，其圖式包括「首〈易有太極圖〉二，次〈乾知大始〉，次〈坤作成物〉，次〈天尊地卑〉，次〈參天兩地圖〉，次〈日月為易〉，次〈河圖數圖〉，次〈洛書數圖〉，次〈天地之數〉，次〈乾坤之策〉，次〈六子圖〉，次〈六位圖〉，次〈伏羲先天圖〉，……」。[65] 所列說圖式，即今傳《大易象數鈎深圖》之內容。

　　歷來學者，似乎有將楊甲《六經圖》與《大易象數鈎深圖》及毛邦翰聯結在一起，然而所據文獻來由並未詳。若為毛邦翰所補，則當

63　苗昌言為建康府句容人，紹興十二年（1142）進士，歷任撫州州學教授、將作監丞、右司員外郎等職。參見脫脫等撰：《宋史・選舉志》，卷一百五十六，頁3650。又見周應合：《景定建康志》（臺北：臺灣商務印書館景印文淵閣四庫全書本第489冊，1986年3月初版），卷三十二，頁383。知其為序，則是作或當於此年間。

64　見〔清〕于敏中等人奉敕編：《欽定天祿琳琅書目・宋版經部》（臺北：臺灣商務印書館景印文淵閣四庫全書本第675冊，1986年3月初版），卷一，頁353。

65　顧起元與陸元輔之說，見朱彝尊：《經義考》，卷二百四十三，頁1232。

合理的推定應輯收諸多南宋中晚期以後之圖說，但所見卻闕如。倘《大易象數鈎深圖》之諸圖為毛氏所補，而《大易象數鈎深圖》諸圖亦多見於《周易圖》，依此推之，《周易圖》是否亦為毛氏所補輯者？又，楊甲《六經圖》中確有諸多圖式與《周易圖》相同，則二著或當有所關聯。然而，若視《周易圖》為楊甲所作或所輯，有確然非是之線索；楊甲生卒年約為 1110 年至 1184 年，而《周易圖》中明白引述洪邁《容齋隨筆》之說，洪邁生卒年為 1123 年至 1202 年，洪氏稍晚於楊氏，顯然《周易圖》晚楊甲出，不太可能為楊甲所作或所輯。此外，《周易圖》若為楊甲所輯之增補之作，原《六經圖》七十一圖應全為《周易圖》所繼收，但實則不然，二著相同或相似者僅三十圖。

三、與劉牧之可能關係

明代白雲霽（?-?）撰《道藏目錄詳註》，[66] 載錄「《大易象數鈎深圖》三卷」，並指為劉牧所撰，其圖數為「上卷三十三圖，中卷一十五圖，下卷七圖」，[67] 合為五十五個圖式。所言圖式數量與今傳《大易象數鈎深圖》一百四十一個圖式，數量明顯不同。考索今傳劉牧《易數鈎隱圖》上、中、下卷所見圖式數量與白雲霽所記相合，此當為白氏誤將《易數鈎隱圖》作《大易象數鈎深圖》，劉牧並無《大易象數鈎深圖》之作。

《大易象數鈎深圖》乃至《周易圖》中之圖式思想，多有承繼劉牧之說者，如〈河圖〉、〈洛書〉之用數，以太極為元氣之說法等，但

66　白雲霽字明之，號在虛子，明末上元（今江蘇南京）人，天啟六年（1626 年）撰成《道藏目錄詳註》四卷，創《道藏》目錄學研究之始。參見永瑢等撰：《四庫全書總目・道藏目錄詳註提要》（北京：中華書局，2008 年 11 月 1 版北京 8 刷），卷一百四十六，頁 1253-1254。

67　見白雲霽：《道藏目錄詳註・洞真部》（臺北：臺灣商務印書館景印文淵閣四庫全書本第 1061 冊，1986 年 3 月初版），卷一，頁 641。

諸多圖式仍與劉牧《易數鈎隱圖》或稍有不同，如《大易象數鈎深圖》中的〈河圖天地十五數圖〉（即《周易圖》之〈天地自然十五數圖〉）與《易數鈎隱圖》中的〈河圖天地數圖〉，數值看似相同，但仍有所別。[68] 又如《大易象數鈎深圖》之〈河圖四象之圖〉，近於《易數鈎隱圖》作〈河圖四象〉，二者所指同物，圖式陰陽黑白子排列雖同，但連接之線條卻略有所異。[69]《大易象數鈎深圖》與《周易圖》大量引述劉牧之後的宋代《易》家之圖說，如鄭東卿、鄭厚、司馬光等等諸家之說，故從相關後學之圖說可知，劉牧不可能有此諸作，劉牧亦不可能輯著此作。其中特別輯存大量鄭東卿之圖式，其《易》作著成已在南宋高宗紹興（1131-1162）年間。

又如《大易象數鈎深圖》中的〈古今易學傳承圖〉（見圖 2-2-1）所列宋代之傳承關係，劉牧之後分為黃黎獻（?-?）吳秘（?-?）二支；[70] 在穆修（979-1032）一系，由穆修傳李挺之（980-1045）、邵雍、司馬光，至牛師德（?-?）、牛思純（?-?）父子，所記的傳授關係，最晚至牛

68　有關圖式，後面章節將作詳細論說，此處暫不列示。有關圖式，參見劉牧：《易數鈎隱圖》（臺北：新文豐出版公司正統道藏本第 4 冊，1988 年 12 月再版），卷下，頁 789；又見《大易象數鈎深圖》，卷上，頁 12；又見《周易圖》，卷上，頁 665。從三圖之對照，可以看出《大易象數鈎深圖》與《周易圖》當繼承劉牧之說，但《大易象數鈎深圖》陰陽黑白子之認識，似乎誤解劉牧而致舛錯。

69　參見劉牧：《易數鈎隱圖》，卷下，頁 789；又《大易象數鈎深圖》，卷上，頁 9。

70　《四庫提要》提到「黃黎獻作《略例隱訣》，吳秘作《通神》，程大昌作《易原》，皆發明牧說」。指出黃、吳二家與程大昌之學，皆源於劉牧。見劉牧：《易數鈎隱圖・提要》（臺北：臺灣商務印書館景印文淵閣四庫全書本第 8 冊，1986 年 3 月），頁 125。黃黎獻為吳秘之師，著《續易數鈎隱圖》一卷；慶曆初（1040 年）吳秘獻《易數鈎隱圖》於朝。吳秘，字君謀，北宋福建建安人，景祐元年（1034 年）進士，著《周易通解》五卷，為朝廷所重，收入內庫，列為珍藏。有關記載，參見黃宗羲：《宋元學案・泰山學案》，卷二，頁 122。又見盧焯等奉修：《福建通志》（臺北：臺灣商務印書館景印文淵閣四庫全書本第 529 冊，1986 年 3 月初版），卷四十七，頁 594。有關劉牧、黃黎獻與吳秘的師承關係，《大易象數鈎深圖》中列〈古今易學傳授圖〉有明確的記載；見後文所列。

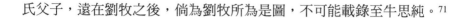

氏父子，遠在劉牧之後，倘為劉牧所為是圖，不可能載錄至牛思純。[71]

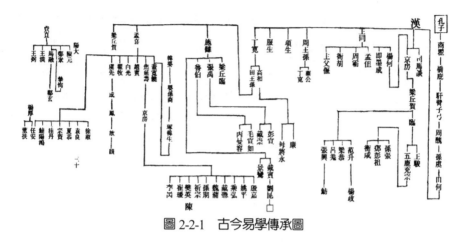

圖 2-2-1 古今易學傳承圖

綜上所述，可以確定《大易象數鈎深圖》與《周易圖》絕非劉牧所著。然而劉牧《易數鈎隱圖》與《大易象數鈎深圖》及《周易圖》多有相近之圖說思想，當為二著輯收《易數鈎隱圖》之圖式，可以作為承繼劉牧思想的重要承傳文獻。

---

71 牛師德作《先天易鈴》二卷，今已亡佚，此人事蹟未見史傳，晁公武《郡齋讀書志》指出《先天易鈴》與《太極寶局》，「皇朝牛師德撰，自云傳邵雍之學於司馬溫公，而其說近於術數」。見晁公武：《郡齋讀書志》（臺北：臺灣商務印書館，1978 年 1 月臺 1 版），卷一上，頁 29。陳振孫《直齋書錄解題》亦指出《先天易鈴》一卷之作者，「序稱牛師德祖仁撰，未詳何人，蓋為邵氏之學，而專手術數者也」。見陳振孫：《直齋書錄解題》（臺北：臺灣商務印書館，1978 年 5 月臺 1 版），卷一，頁 18。清代王梓材、馮雲濠撰《宋元學案補遺》仍根據《大易象數鈎深圖》所列傳授圖式，指出「邵雍傳之司馬光，光傳之牛師德，師德傳子思純。謂其父子相傳則似矣，謂溫公傳之康節，未知所本」。見王梓材、馮雲濠：《宋元學案補遺・百源學案補遺下》（北京：人民出版社，2012 年 6 月 1 版北京 1 刷），卷十，頁 685。《宋史・藝文志》記載牛思純有《太極寶局》一卷，《四庫提要》指出此著多能釋說駁正歷來對邵子學說之理解，尤其在大小運數方面，「皆歸宿於畫圖」，而其斷法不專於卦，「而在四象大旨」。見祝泌：《觀物篇解・提要》（臺北：臺灣商務印書館景印文淵閣四庫全書第 805 冊，1986 年 3 月初版），頁 2。牛氏父子為《大易象數鈎深圖》中記載的古今《易》家的傳承人物中之最末者，此一時間可以視為《大易象數鈎深圖》成書的重要年代參考。

四、與鄭東卿及趙元輔之可能關係

　　元代俞琰（1258-1314）《讀易舉要》明載鄭東卿所學出於丘程（?-?），撰《周易疑難圖解》二十五卷，言之鑿鑿指出永嘉（今浙江溫州）刻作《大易象數鈎深圖》。[72] 似乎認為後刊的《大易象數鈎深圖》，即鄭東卿的《周易疑難圖解》之內容，也就是《大易象數鈎深圖》為鄭東卿所著。今人王鐵《宋代易學》直取此說，認為此著「決不可能是元人張理的作品」，亦非楊甲之著，《大易象數鈎深圖》即《周易疑難圖解》的部分內容。[73] 王氏並無確切之持論文獻可以為證，尤其何以二十五卷最後只刊刻三卷，歷來學者所述與重要經籍書目又何以未予載錄，啟人疑竇者似難有合理之圓說。不過，可以確定的是，核對《周易圖》所記，《大易象數鈎深圖》中之圖式，確實指為鄭東卿所作者，約有六十一幅；其中釋說六十四卦卦義諸圖，《周易圖》直言「六十四卦圖並說，合沙鄭先生撰」，是鄭氏圖式乃其中收錄之重要圖說。[74]

72　參見俞琰《讀易舉要》云：「三山鄭東卿少梅，自號合沙漁父，撰《周易疑難圖解》二十五卷，以六十四卦為圖外，及六經、皇極、先天卦氣等圖，各附以論說，未有〈繫辭解〉。自言其學出於富沙丘先生，以為《易》理皆在於畫中，自是日畫一卦，置座右，周而復始，五期而後有所得。沙隨程迴可久曰：丘程字憲古，嘗有詩云：《易》理分明在畫中。又云：不知畫意空箋註，何異丹青在畫中。永嘉所刻作二冊，題曰《大易象數鈎深圖》，無〈繫辭解〉。」見俞琰：《讀易舉要》（臺北：臺灣商務印書館景印文淵閣四庫全書本第 21 冊，1986 年 3 月初版），卷四，頁 466。丘程，字憲古，為北宋徽宗政和二年（1112）進士，其學傳鄭東卿，鄭氏傳潘冠英（潘氏生卒里籍未詳）。有關記載參見《經義考》卷二十五、《建寧府志・選舉目》，以及清代李清馥《閩中理學淵源考》卷十四。

73　見王鐵：《宋代易學》（上海：上海古籍出版社，2005 年 9 月 1 版 1 刷），頁 184-185。

74　《大易象數鈎深圖》參校於《周易圖》，大致可以確定為鄭東卿之圖說者，約見六十一幅圖式。其中主要圖式為釋說六十四卦的五十六幅圖式，《周易圖》特別言明「六十四卦圖并說，合沙鄭先生撰」（見《周易圖》，卷中，頁 678。），圖式包括〈乾坤易簡之圖〉、〈屯象之圖〉、〈蒙象養正圖〉、〈需須之圖〉、〈訟象之圖〉、〈師比御眾圖〉、〈大小畜吉凶圖〉、〈履虎尾之圖〉、〈否泰往來圖〉、〈同人之圖〉、〈大有守位圖〉、〈謙象之圖〉、〈豫象之圖〉、〈隨卦係失圖〉、〈蠱象之圖〉、〈臨象之

　　黃虞稷（1629-1691）《千頃堂書目》載錄「趙元輔編《大易象數鈎深圖》三卷」,[75] 明指趙元輔編成是書。以趙氏立著為說者，乃少數之孤說，黃氏所言，當簡化吳翬飛（?-?）、黃松年（?-?）與趙氏合編而以趙氏代稱。朱彝尊《經義考》說明牛思純《太極寶局》一卷時，亦提及「見趙元輔所編《象數鈎深圖》」,[76] 同樣肯定《大易象數鈎深圖》為趙氏所編。從相關文獻之記載，楊甲《六經圖》歷經增編，南宋孝宗（1127-1194）時期曾為吳、黃、趙三人增編為五卷，是《大易象數鈎深圖》視為趙氏所編，當源自於此。另外，《千頃堂書目》除了列《大易象數鈎深圖》三卷為趙氏所編外，又列《六經圖》五卷，同為趙氏編作，此五卷當為與吳、黃合編者，但五卷本之易圖是否包含在《大易象數鈎深圖》三卷在內，則不能考實；從今傳《六經圖》所見易學圖式，與《大易象數鈎深圖》之圖式，大多相同，二書必有密切之相關。

圖〉、〈觀國之光圖〉、〈噬嗑身口象圖〉、〈賁天文之圖〉、〈剝為陽氣種圖〉、〈復七日圖〉、〈无妄本中孚圖〉、〈頤靈龜圖〉、〈大過棟隆橈圖〉、〈習坎行險圖〉、〈離繼明圖〉、〈咸朋從圖〉、〈恆久之圖〉、〈遯象之圖〉、〈大壯羊藩圖〉、〈晉康侯之圖〉、〈明夷箕子圖〉、〈家人象圖〉、〈睽卦象圖〉、〈蹇往來之圖〉、〈解出坎險圖〉、〈損益用中圖〉、〈夬決之圖〉、〈姤遇之圖〉、〈萃聚之圖〉、〈升階之圖〉、〈困蒺藜葛藟株木圖〉、〈井鼎水火二用之圖〉、〈革卦爐鞴鼓鑄圖〉、〈震動心迹之圖〉、〈wws 背象之圖〉、〈鴻漸南北圖〉、〈歸妹君娣之袂圖〉、〈豐日見斗之圖〉、〈旅次舍圖〉、〈巽牀下圖〉、〈兌象之圖〉、〈渙躬之圖〉、〈節氣之圖〉、〈中孚小過卵翼生成圖〉、〈既濟未濟合律之圖〉等。其他尚包括〈太極貫一之圖〉、〈方圓相生圖〉、〈六位三極圖〉、〈八卦變六十四卦圖〉、〈說卦配方圖〉等五卦，《周易圖》亦述明為鄭氏之作。（除了〈方圓相生圖〉為《大易象數鈎深圖》所述明為鄭東卿所制外，上列餘四圖則《周易圖》明白指為鄭氏之作；參見《周易圖》，卷上，頁 664、666、672、673。）藉由諸圖之分析詮解，可以勾勒出鄭氏有限的易學觀。

75　見黃虞稷：《千頃堂書目》（臺北：臺灣商務印書館景印文淵閣四庫全書本第 676冊，1986 年 3 月初版），卷一，頁 17。
76　見朱彝尊：《經義考》，卷七十一，頁 393。

第三節　小結

　　《六經圖》、《大易象數鈎深圖》與《周易圖》中所引述的人物，大抵為南宋中期以前的學者。圖說傾向以象數為重，義理成分薄弱，為三著的一貫本色。從引述之圖說思想可以看出，此一系輯說大抵完成於南宋中期以前，而且朱熹理學思想與其易學觀，並未受到此一系作者之青睞，亦即朱子學術主張並未造成影響。

　　楊甲編著《六經圖》刻於郡學，經吳羾飛與毛邦翰等人增補刻版成書，後又經葉仲堪再予增輯者；從陳振孫《直齋書錄解題》所記，此一脈絡當是可以確定的，云：

> 《六經圖》七卷，東嘉葉仲堪思文重編。案《館閣書目》有六卷，昌州布衣楊甲鼎卿所撰，撫州教授毛邦翰復增補之。《易》七十，今百三十；《書》五十五，今六十三；《詩》四十七，今同；《周禮》六十五，今六十一；《禮記》四十三，今六十二；《春秋》二十九，今七十二。然則，仲堪蓋又以舊本增損改定者耶。[77]

考今傳《六經圖》於易圖為七十幅，同於陳氏所載，此蓋原楊甲之原本，至於經毛邦翰增補，以及葉仲堪所增損改定而為一百三十幅者，是否即今傳之《大易象數鈎深圖》或《周易圖》則難以確知，因為從數量而言，二著皆非此數。然而，已如前述，二著與《六經圖》關係密切，尤其應當可以確定《大易象數鈎深圖》為《六經圖》直系之後增者，《六經圖》之易圖與今傳《大易象數鈎深圖》核對，七十幅圖皆收於《大易象數鈎深圖》之中，且次序大略一致，是此《大易象數鈎深圖》應為毛氏、葉氏等諸家之增本；其名稱或許以《六經圖》中之易圖分著

77　見陳振孫：《直齋書錄解題》，卷三，頁78。

而名為《大易象數鉤深圖》。[78] 至於《周易圖》，雖與《六經圖》相同之圖式僅三十幅，然而與《大易象數鉤深圖》同者則高達九十幾幅，且內容性質相近，故可推定為同一系列之易學圖說。三著泛定同為一系，所輯圖說當在毛、葉之時，圖說內容也必為此宋代中期以前的易學圖說思想。

今見《四庫》本《大易象數鉤深圖》，原據《通志堂經解》刻本，而此本又據《道藏》本而來，經《四庫》館臣「詳考舛異之故」，[79] 則相較於《周易圖》相同之圖式，舛誤明顯較少。《大易象數鉤深圖》因為後經改易，與原傳內容或又稍有別異，則《周易圖》雖未過多更易，誤者仍誤，但原本色彩、原始內容尤較為詳實。

《大易象數鉤深圖》與《周易圖》中多有承繼劉牧之說者，如〈河圖〉與〈洛書〉之用數、以太極為元氣之說法等，但諸多圖式仍與劉牧《易數鉤隱圖》不同，並且《周易圖》於圖式說明中皆有述明某家之言，多在劉牧之後。然而，有關之圖說，雖非劉牧原圖，然與劉牧當有承襲衍化之關係；圖學思想的論定，有本於北宋原劉氏等諸家的原始主張，同時可以反映劉氏易學的影響與重要性。

《大易象數鉤深圖》與《周易圖》中收列諸多鄭氏之圖說，可見鄭氏圖說，於宋代易學圖說中有其重要的地位，鄭氏《易》說湮沉未明，得以見其梗概者，猶賴於此，故透過諸圖式之釋說，可以彌補鄭氏學說之闕遺。

《大易象數鉤深圖》與《周易圖》一系圖說，其大宗者即輯制北宋初期陳摶以降周敦頤、劉牧、邵雍諸家之學。開宗明義圖說周氏〈太極

---

78 《續《四庫提要》辨證》中，郭彧考定之案語，亦肯定《大易象數鉤深圖》為上述所言楊甲《六經圖》歷經諸家不斷增輯之結果。參見《續《四庫提要》辨證・經部・易類》郭彧辨證之案語。引自「東里書齋」：www.donglishuzhai.net/mulubu/xutiyaobianzhengyilei/4.html，見郭彧案語之檢索，檢索日期：2014 年 8 月 18 日。

79 見《大易象數鉤深圖・提要》，頁 1。

圖〉之思想，並聯繫八卦生成之說；「河洛」之學，以數論衍化推布宇宙圖式，並同時聯結八卦之生成；先後天之學，以陰陽數值之用，述明八卦與六十四卦的推衍。同時重於申明《易傳》原文大義，透過象數本色進行開展，又好於立制六十四卦卦義圖式，成為今傳六十四卦最早且完整的圖說，也藉此成為認識六十四卦的重要理解取向。有關範疇之主體命題，偏重於象數思想的詮釋，哲學性內涵則相對貧乏，明顯關注者主要為氣化觀、中與心的側重。本論著後面之篇章，主要從圖解六十四卦之詮釋內涵、圖解《易傳》之詮釋內涵、太極圖式相關圖說之探述，以及「河洛」與「先後天」有關圖說之論釋等幾個面向進行開闡。

第三章
鄭東卿圖解六十四卦之詮釋內涵

　　《大易象數鈎深圖》與《周易圖》一系之圖說，成書年代與作者問題，固為學者所關注與難以確解者。從楊甲（約 1110-1184）的《六經圖》，確定增補為《大易象數鈎深圖》，而《周易圖》又與《大易象數鈎深圖》糾結相繫，故可屬同為一系列之輯著。[1]對於《大易象數鈎深圖》或《周易圖》，歷來學者甚至有懷疑為鄭東卿（?-?）之增輯者，[2]主要原因或在於當中收錄諸多鄭氏之圖說。

　　《大易象數鈎深圖》與《周易圖》蓋為匯輯圖說之作，其中可以尋得具體確定的作者與來源者，鄭東卿之圖式為最大宗。鄭東卿生卒不可考，知其於紹興七年（1137）自著作序，[3]「紹興二十七年，特奏名為永嘉簿」。師承丘程（?-?），丘氏曾詩云：「《易》理分明在畫中，誰知《易》道盡難窮，不知畫意空箋註，何異丹青欲畫風」。[4]擅於以畫說

1　成書年代與作者問題，參見第二章所述。

2　有關鄭東卿之生平簡介，參見第二章注文所述。元代俞琰（1258-1314）《讀易舉要》明載鄭東卿所學出於丘程，撰《周易疑難圖解》二十五卷，言之鑿鑿指出永嘉（今浙江溫州）刻作《大易象數鈎深圖》。參見俞琰：《讀易舉要》（臺北：臺灣商務印書館景印文淵閣四庫全書本第 21 冊，1986 年 3 月初版），卷四，頁 466。似乎認為後刊的《大易象數鈎深圖》，即鄭東卿的《周易疑難圖解》之內容，也就是《大易象數鈎深圖》為鄭東卿所著。

3　見馮椅《易輯傳》，指出鄭東卿作《周易疑難圖》三十卷，「紹興丁巳自序」。轉引自朱彝尊：《經義考》（北京：中華書局，1998 年 11 月 1 版 1 刷），卷二十五，頁 149。又見李清馥：《閩中理學淵源考》（臺北：臺灣商務印書館景印文淵閣四庫全書本第 460 冊，1986 年 3 月），卷十四，頁 218。

4　見程迥：《周易章句外編》（臺北：臺灣商務印書館景印文淵閣四庫全書本第 12

理，而鄭氏踵繼發皇，以「《易》理皆在於畫」；[5]不論陰陽所聯繫的卦畫，或是代表易學思想的圖畫，皆可作為詮釋《易》理的依據。《易》理盡在圖式之中，為鄭東卿易學的最主要特色。《大易象數鈎深圖》與《周易圖》同時輯錄其圖約計六十一幅，[6]本章節即以諸圖式作為主體文獻，透過有關圖式內容，檢索與耙梳鄭東卿之易學觀，對其已湮沉的思想主張，重拾可能的輪廓。

　　鄭東卿《易》說，於其時代亦有特聞，朱熹（1130-1200）曾予美刺，稍後之馮椅（?-?）、程迥（?-?）、丁易東（?-?）等諸家之說，尤其在卦象之去取，深受其影響。《大易象數鈎深圖》與《周易圖》所輯圖說，專主象數，尤其釋說六十四卦，著重於以象數觀點進行論釋；重於象說，詮解諸卦，並無意於全般卦爻辭詮解，取卦爻中之具體與具有代表意義的卦爻之象，作為建構之內容。不論在圖式或釋說文字中，皆可

冊，1986 年 3 月），頁 610。

5　見馮椅：《厚齋易學‧附錄一》（臺北：臺灣商務印書館景印文淵閣四庫全書本第16 冊，1986 年 3 月），頁 834。

6　《大易象數鈎深圖》參校於《周易圖》，大致可以確定為鄭東卿之圖說者，約見六十一幅圖式。其中主要圖式為釋說六十四卦的五十六幅圖式，《周易圖》特別言明「六十四卦圖并說，合沙鄭先生撰」；（見佚名：《周易圖》（臺北：新文豐出版公司正統道藏本第 4 冊，1988 年 12 月再版），卷中，頁 678。）圖式包括〈乾坤易簡之圖〉、〈屯象之圖〉、〈蒙象養正圖〉、〈需須之圖〉、〈訟象之圖〉、〈師比御眾圖〉、〈大小畜吉凶圖〉、〈履虎尾之圖〉、〈否泰往來圖〉、〈同人之圖〉、〈大有守位圖〉、〈謙象之圖〉、〈豫象之圖〉、〈隨卦係失圖〉、〈蠱象之圖〉、〈臨象之圖〉、〈觀國之光圖〉、〈噬嗑身口象圖〉、〈賁天文之圖〉、〈剝為陽氣種圖〉、〈復七日圖〉、〈无妄本中孚圖〉、〈頤靈龜圖〉、〈大過棟隆橈圖〉、〈習坎行險圖〉、〈離繼明圖〉、〈咸朋從圖〉、〈恆久之圖〉、〈遯象之圖〉、〈大壯羊藩圖〉、〈晉康侯之圖〉、〈明夷箕子圖〉、〈家人象圖〉、〈睽卦象圖〉、〈蹇往來之圖〉、〈解出坎險圖〉、〈損益用中圖〉、〈夬決之圖〉、〈姤遇之圖〉、〈萃聚之圖〉、〈升階之圖〉、〈困蒺藜葛藟株木圖〉、〈井鼎水火二用之圖〉、〈革卦爐鞴鼓鑄圖〉、〈震動心迹之圖〉、〈艮背象之圖〉、〈鴻漸南北圖〉、〈歸妹君娣之袂圖〉、〈豐日見斗之圖〉、〈旅次舍圖〉、〈巽牀下圖〉、〈兌象之圖〉、〈渙躬之圖〉、〈節氣之圖〉、〈中孚小過卵翼生成圖〉、〈既濟未濟合律之圖〉等。其他尚包括〈太極貫一之圖〉、〈方圓相生圖〉、〈六位三極圖〉、〈八卦變六十四卦圖〉、〈說卦配方圖〉等五卦，《周易圖》亦述明為鄭氏之作。

顯現其因象求義的象數立說之特色，並帶有濃厚的漢《易》氛圍。因此，本章節根據其六十四卦之圖說，分別從氣化消息與中心仁德之思想、好用卦象與效爻為用，以及干支五行與天文律呂之時空布位等幾個方面，於有限的文獻中，進行概括之探述與評論，提供對其易學內涵理解之參照。

第一節　氣化消息與中心仁德之思想

《大易象數鉤深圖》與《周易圖》一系圖說，強調氣化之宇宙生成觀，以太極為氣，著重於陰陽消息變化之說，輯收鄭東卿之六十四卦圖式，亦肯定此一主張；並且以陰陽之變，明之於義理，表彰中心存誠、仁德為政之價值。

一、乾坤易簡，陰陽始生

乾坤為六十四卦之首二，純陽與純陰，代表氣化的元氣本質，象徵天與地，即具有宇宙自然的主體空間概念，歷代易學家普遍賦予其作為宇宙觀的重要主體。鄭東卿根據《繫辭傳》的「易知」、「簡能」之說，作〈乾坤易簡之圖〉（見圖 3-1-1），圖式與說明如下：

圖 3-1-1　乾坤易簡之圖

乾坤者，數之一二也，形之方圓也，氣之清濁也，理之動靜
也。故乾具兩儀之意，而分上下；坤包四象之體，而分南北東
西。兩儀四象，共數有六，並其乾坤之本體，則八卦之數周備
矣。此乾坤所以去太極未遠。內貞外悔，兩儀之理也。元亨利
貞，四象之道也。二三四五以為經，七八九六以為緯，八卦之
方也。所以自一而二，自二而四，自四而八，自八而十六，自
十六而三十二，自三十二而六十四，六十四而天道備矣，歲功
成矣，人事周矣。此《易》故六十四卦而乾坤居首也，學者能
由六十四卦以歸一，由一以悟太極，則伏羲、文王、孔子皆備
於我，成變化，行鬼神，亦是道也。[7]

傳統上，《易傳》已賦予乾元與坤元的「資始」、「資生」與「易知」、
「簡能」之性，二卦不論在八卦或六十四卦的創生系統上，純陰純陽作
為代表陰陽的概念，具創生的根源性意義。鄭東卿於此二卦，透過圖式
與詮釋，可以反映出幾個重要的內涵：

　　1. 陰陽作為宇宙生成的根本元質，以天地之數作為代稱，由一、
二、三、而至於十，乃至推衍百、千、萬到無限的衍數，視之為陰陽的
流行變化，推其源者，以一、二為陰陽之元，乾坤正代為一、二兩數，
此兩數皆表陰陽之氣，為太極分化的已判二氣。二氣已分，四象分列，
陰陽迭進，則成八卦，而十六、三十二至六十四；六十四卦正為自然天
道完備之展現，即歲時之功、人事之周。六十四卦歸之於乾坤，亦即歸
之於一二，二者即太極分判之初，故「去太極未遠」。一二雖分，同為
一元，即一元於「氣」，而有一二之分，乃陰陽已見；鄭氏強調「陽主
氣，陰主形」，人之氣血臟腑，皆陰陽之氣的「一元之氣」氣形而成，

7　圖式與引文，見佚名：《大易象數鈎深圖》（臺北：臺灣商務印書館景印文淵閣四
　　庫全書本第25冊，1986年3月），卷中，頁37-38。《周易圖》之圖文大抵相同；
　　見《周易圖》，卷上，頁678-679。

故「人之生也，本於元氣」，而元氣出於「天一之精」。[8] 因此，萬物之生成，本諸元氣，而太極作為生成之本質，仍為氣化之質。

2. 乾坤表陰陽之一二之數，一先於二，陽尊陰卑，貴賤有別，則陰陽之變始於一，亦即萬化之數歸於一，所謂「能由六十四卦以歸一」。以一為始，若列禦寇所謂「易者，一也。一變而為七，七變而為九，九復變而為一」[9] 之認識，亦即漢代以降所倡「函三為一」之一、天一、大一、泰一等概念，一含本源之義，則可以「由一以悟太極」。由此而言，雖陰陽相即並存方可化生萬物，但推其原始，陽尤先於陰，即乾先於坤；乾始坤生，乾先坤後，乾道更具優位性。

3. 乾坤作為《易》之門，萬物之祖，萬化無窮，皆根於乾坤。從空間或形體言，乾天坤地，天圓而地方；從氣化質性而言，乾陽清輕上揚，坤陰濁重下沈；天地陰陽流行之理，乾天健動，坤地順靜，乾坤有序，動靜有常。

4. 乾具上下兩儀，根源義尤重，兩儀顯其上下往來，循環反復，貞悔殊立；乾卦以「一即六數」，三才生，六極共，乾陽六爻，由潛而終於亢，正為自然萬化之序。「坤包四象」，地布四方為四象，四象已具，元亨利貞之道已足；以「十二即二」，合坤卦六爻斷裂之象，亦自然時序十二辰之周；由履霜待堅冰，終至戰龍之時，正為應時順時之道。乾坤合「二儀四象」，合數為六，六數備則效自然之變，故六十四卦皆主六爻。乾合六數，並乾坤二卦之本體，成其八數，亦正八卦自然物象之俱全，如此吉凶大業由是乃生。

5. 乾坤道廣無邊，不論貴賤、剛柔、吉凶，乃至天地之所有，皆為

8　參見鄭東卿說澳卦與制作〈澳躬之圖〉之述。見《大易象數鈎深圖》，卷下，頁70；又見《周易圖》，卷下，頁699。

9　列禦寇之言，見《列子・天瑞》，惟《列子》並無「易者，一也」，而稱云「易變而為一」。此引自朱震（1072-1138）《漢上易傳・卦圖》取《列子》之言，與《易緯乾鑿度》所述相同，故採此文本。見朱震：《漢上易傳・卦圖》（臺北：臺灣商務印書館景印文淵閣四庫全書本第 11 冊，1986 年 3 月初版），卷上，頁 547。

乾坤所涵括。自然變化之道，即乾坤之道，入於人事，反求於人，亦以乾坤之道為觀照；人事的知行善端，易知簡能，皆為乾坤之道。由貞悔至元亨利貞之德，貫通仁義禮智，直指人倫之理解。乾坤父母以六子之致用，合六十四卦之開成，亦天道與人事之化醇，用天道而行人事。此乾坤者，去太極而未遠，本於一二而悟性太極，此乾坤貼近太極之本源甚至本體之義。

二、氣化用數，陰陽消息

萬化流行，肇端於氣，不論是卜筮系統下的推著之原始思維，或是構成宇宙生成變化之體系，皆本之於氣，並藉數表氣，以天地之數表徵陰陽之氣。同時，以圖式連文釋說卦爻辭，往往好於申明陰陽變化之性，並本諸陰陽爻的布列之位，取定陰陽爻象與其蘊義，作為論釋之根據。

（一）以數表氣

鄭東卿構圖論《易》，釋說卦爻之義，長於用數；主要的用數內容，包括天地之數的衍化運用、函三為一之數、六爻之數、四象之數等等。

以天地之數作為表徵陰陽的數值運用，開端於一、二，而推至四象、八卦乃至六十四卦之生成。鄭東卿釋說乾坤兩卦時，作〈乾坤易簡之圖〉，圖式已如前述。乾坤表徵一二之數，並以乾卦為實線之「一」，六爻為六數，故云「一即六數」，坤卦為斷裂的虛線之「二」，六爻則為十二，故云「十二即二」。乾坤一二推衍立為八卦，指出「二三四五以為經，七八九六以為緯」，經緯數列，即「八卦之方」。由八續推十六、三十二而至六十四，此天道完備，推之以為「成變化，行鬼神之道」。萬化之生成，皆由「一」以推之，即「由一以悟太極」。[10]

10　括弧引文，見《大易象數鈎深圖》，卷中，頁38；又見《周易圖》，卷中，頁679。

　　宇宙萬物的生成衍化，由陰陽的數字作為代稱，鄭東卿並以「一」視為太極的根源性概念，所以在四方之經，立二、三、四、五，而不加用「一」數；同時呼應一卦六爻，初上不以數名，則不見「一」數並納。因此，鄭氏在釋說師䷆卦與比䷇卦時，作〈師比御眾圖〉（見圖3-1-2），特別指出「六爻分二三四五之數」，亦捨一、六之數未言，而於比卦上六爻辭云「後夫凶」，乃上位居於九五君位之後，故云「上居五位後其君者也」。[11] 於此，初、上未立數值之用，六爻僅有二、三、四、五之數，似乎也隱約表述出同於王弼（226-249）「初上無位」之認識，以及結合天一與地六同於北方水行為始之性。

　　釋說復䷗卦，制作〈復七日圖〉（見圖3-1-3），特取「七日來復」而言，云：

圖 3-1-2　師比御眾圖

11　圖式與括弧引文，見《大易象數鈎深圖》，卷中，頁41；又見《周易圖》，卷中，頁 680-681。

圖 3-1-3　復七日圖

爻位者，實數之六也。太極者，虛數之六也。虛數之六，本於
含三之積算，含三之積算，本於圜物之徑一，故天下之數，
十百千萬，莫不出乎六。六數進則為七，退則為五，是五為六
之未盈，六為五之已滿，過則為七矣。六為極矣。一陽生，則
七日來復也。二陽生，則八月有凶也。七為少陽，八為少陰，
日為震，月為兌，臨雖陽長，而實得八，兌之數也。故曰有
凶，於八月也。復卦一陽來復，曰七日者，蓋坤陰極於亥，六
數盡於一，復出於坎，並而得七也。數周六甲，運周三統，而
復為元，亦七日來復之義云耳。12

<hr>

12　圖式與引文，見《大易象數鈎深圖》，卷中，頁 49。又見《周易圖》圖式同，惟
　　說明稍異，云：「六數進則為七，退則為五，……亦七日來復之義云耳。」《大易
　　象數鈎深圖》引文前面諸文：「爻位者，實數之六也。太極者，虛數之六也。虛
　　數之六，本於含三之積算，含三之積算，本於圜物之徑一，故天下之數，十百千
　　萬，莫不出乎六。」為《周易圖》所無。（見《周易圖》，卷中，頁 685-686。）大
　　多數之圖說，《周易圖》較《大易象數鈎深圖》為詳，此圖說例外。

此一卦說，鄭氏長於數值之闡釋。其重要內容包括：

　　1. 確立「六」數的重要性，認為爻位為實有具足，故「六爻」之「六」，為爻位之實數。而此「六」以虛言之，即作為宇宙萬有的根源之太極的本數；因其「虛」而存於萬有之中，六十四卦也因此各立六爻。已如前述，六爻不言「一」、「六」之位，而僅有二、三、四、五者，除了有如王弼「初上無位」之義外，「一」為初始之數，固為「太極」之所代稱，而太極有執中之性，五、六兩數居天地之數之中，而「六」又領六爻之實，故於此用「六」之虛數表徵太極。「六」含天地人三才而為一，為「圜物之徑」，故萬有之數，莫不始於一，莫不出於此虛六之數。

　　2. 以「六」數為本，進則為七，退則為五，以六為中為極，五為六之未盈者，而七為過滿者。數入於七，稱為「七日來復」，得復卦之旨，乃陰陽消息極於亥，終其六數，至七而復出於坎子，坎子為歲時之首，故有「來復」之義。至若二陽生之臨卦，六盈二而實得為八，八為西方兌數，兌秋蕭索，故於「八月有凶」。

　　3. 又從「六」數衍六十甲，甲子以六周備，而運化三才之統，終而復始，復始為元，以元為一，合其六數，亦有「七日來復」之義。

　　鄭東卿論述太極之思想，慣於用數，因數而成理，天地之數由「一」起，同於太極之概念，萬有起於一，一含萬有，故丁易東於《大衍索隱》亦立其數論，所謂「數起於一，中必具函三之理。三引之則六，天地五十五數之中，去六而為四十九，合六為一以成五十」。[13] 萬有之「一」具函三才之道為一之理，萬化統歸於太極於「一」；亦函一、二、三為六之數，即一卦之六爻之數，合六而為一，天地五十五數，去六得四十九，合此六之「一」，則為大衍五十之數。以「六」為函三之合數，作為太極之虛數呈現，為鄭東卿所屢屢倡說者。此外，鄭氏又每

───────

13　見丁易東：《大衍索隱‧稽衍》（臺北：臺灣商務印書館景印文淵閣四庫全書本第806 冊，1986 年 3 月），卷三，頁 362。

以天地之數，結合五行立說，以天一之陽，源於北方一陽生於子，作為陰陽氣化之始、「真精之原」，如論釋井☷☵卦、渙☷☳卦、節☷☵卦皆如是說。[14]

（二）陰陽之摻滲陷入

　　鄭東卿以陰陽彼此的錯綜相雜，陽於陰中，陰於陽中，並合而陷入，甚至陰入於陰，亦見困陷之象。釋說坎☵卦時，作〈習坎行險圖〉（見圖 3-1-4、圖 3-1-5），[15] 特別強調「陰陽者，善惡之端也，動靜之分也」，陰陽作為宇宙萬物流行變化之主體，其性有動靜之別，入於人事，則有善惡之念，是以「陽動而陰靜，陽善而陰惡」，殊異分立。至若坎卦六三，以陰居於陽位，陰靜阻於陽動，「所以為惡之大也」。且坎卦二陰居中，「陷於二陰之中，是染習皆惡也」。又，「二五雖以陽中，然未免陷二陰之黨，染習之氣不能免也」。[16] 以陰陽爻性，立其變化之位，述明卦爻之義。

圖 3-1-4　習坎行險圖（《大易象數鈎深圖》）

14　參見《大易象數鈎深圖》，卷下，頁 63、70、71；同見《周易圖》，卷下，頁 694、698、699。

15　《大易象數鈎深圖》與《周易圖》所見〈習坎行險圖〉之圖式略異。見《大易象數鈎深圖》，卷中，頁 51；又見《周易圖》，卷中，頁 687。

16　見《大易象數鈎深圖》，卷中，頁 52；同見《周易圖》，卷中，頁 687。

圖 3-1-5　習坎行險圖（《周易圖》）

釋說屯䷂卦卦爻義，制作〈屯象之圖〉（見圖 3-1-6），屯卦上坎下震，為二陽四陰之卦，鄭氏本於六三爻所言「即鹿无虞，惟入于林中」，指出「羣陰之中遂有林象，五居陰中，如鹿在林」，以六二、六三、六四、上六等四陰爻為林象，而九五居處此群陰之中，「陽動而陰陷」，此九五「陽陷於中」，[17] 如鹿深陷於茫茫林海，則此一陽爻具有鹿象。以九五一陽陷於群陰之中，說明此卦之主體意義。

釋說蹇䷦卦，制作〈蹇往來之圖〉（見圖 3-1-7），二陽居於四陰之間，認為此「二陽皆陷於陰中」，故卦有蹇難之義；處於蹇中，而患難而行於善處其蹇，而能夠「不終孤立於險中」。[18]

制作〈蒙象養正圖〉（見圖 3-1-8）以釋說蒙䷃卦卦爻義，依六四「困蒙」之辭，指出「陰居陰中，曰困」，[19] 六四爻正在內三陰之中，以陰處陰而有困象。從六爻陰陽處位觀之，六四陰爻陷於三陰之中，而具困陷之義。

17　圖式與說明，參見《大易象數鈎深圖》，卷中，頁 39；同見《周易圖》，卷中，頁 679。

18　圖式與括弧引文，見《大易象數鈎深圖》，卷中，頁 57；同見《周易圖》，卷中，頁 691-692。

19　圖式與括弧引文，參見《大易象數鈎深圖》，卷中，頁 39。《大易象數鈎深圖》稱〈蒙象養正圖〉，《周易圖》名為〈蒙養正圖〉；見《周易圖》，卷中，頁 679。

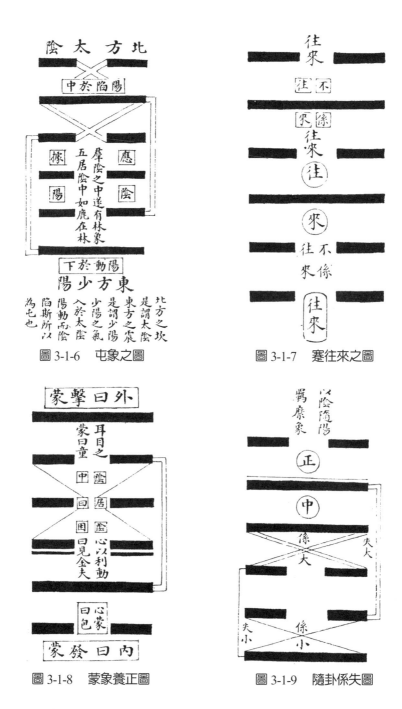

圖 3-1-6　屯象之圖

圖 3-1-7　蹇往來之圖

圖 3-1-8　蒙象養正圖

圖 3-1-9　隨卦係失圖

　　制作〈隨卦係失圖〉（見圖 3-1-9），釋說隨卦䷐以九四、九五兩陽爻為外之陰爻六三與上六所包，「陽自陰中而起，陰隨陽動」，故上六「以陰隨陽」而有「羈縻」之象。[20] 此上六陰爻隨陽而羈限。

　　以上諸例，皆以六爻陰陽之位、陰陽立象而述之，陰陽彼此相互包絡滲陷的關係，說明卦爻之義。

（三）陰陽消息與上下升降

　　以爻位處位之不同，說明陰陽消息與上下升降，以及所傳遞出的卦爻之象義。釋說大畜䷙、小畜䷈卦，作〈大小畜吉凶圖〉，見圖3-1-10。二卦下卦皆為乾卦，小畜卦以乾息升至巳為東南巽位，巽位入於陰，是「以陰生於巽，巽陰之微也，故小」。至於大畜卦，乾息升至寅為東北艮位，艮位為陽，「陽終於艮；艮，陽之究也，故曰大」。同時，進一步指出，就大畜卦而言，「自子至寅，三畫之乾也」，此為以艮畜乾，即以陽畜乾，為「貞」；就小畜卦而言，「自子至巳，六畫之乾也」，此為以巽畜乾，即以陰畜乾，為「悔」。[21] 所畜陰陽之異，而有貞悔之別。

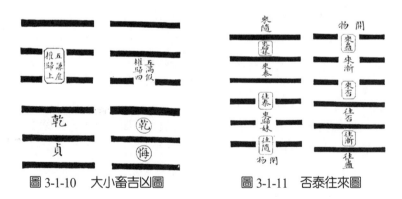

圖 3-1-10　大小畜吉凶圖　　　　圖 3-1-11　否泰往來圖

20　圖式與括弧引文，見《大易象數鈎深圖》，卷中，頁 45。《大易象數鈎深圖》稱〈隨卦係失圖〉，《周易圖》名為〈隨係失圖〉；見《周易圖》，卷中，頁 683。

21　圖式與括弧引文，參見《大易象數鈎深圖》，卷中，頁 42；同見《周易圖》，卷中，頁 681。

釋說否☷☰泰☰☷兩卦，制作〈否泰往來圖〉，見圖 3-1-11 所示。並指出：

> 觀泰之象，則見否之所生；觀否之象，則見泰之所起。是陰陽
> 之氣，上下升降以成象也，故否泰之卦皆曰往來。[22]

強調二卦之成象，為彼此陰陽之氣的上下升降之生成。陰陽之氣化，否泰互通，泰極否來，否極泰來，彼此相互往來。由圖式可見，鄭東卿強調泰卦為「開物」、否卦為「閉物」之性。從陰陽上下的氣化觀之，泰卦初上陰陽之上下往來則成蠱☶☴卦，再進一步以蠱卦二五陰陽之上下往來則成漸☴☶卦，再而漸卦三四陰陽之上下往來則成為否卦，依次上下往來，泰卦則成為否卦。同樣的，否卦初上陰陽之上下往來則成為隨☱☳卦，再而二五上下往來則成歸妹☳☱卦，再而三四上下往來則成泰卦，如此陰陽往來之變，否卦變成泰卦。

釋說觀☴☷卦，並作〈觀國之光圖〉，見圖 3-1-12。觀卦作為四陰二陽之卦，鄭氏以陰陽變化的關係進行說明，云：

> 四陰生，陰侵陽之卦也。比之於陽侵陰，乃大壯之理也。不曰
> 小壯，而曰觀，陰順巽而無侵陽之意也。下既順巽，上必以
> 中正，然後足以使下觀而化焉，下觀而化矣，則安有侵陽之事
> 乎？[23]

觀卦於漢儒的傳統說法，為消息卦中的陰消之卦，鄭氏亦以陰長之性指出為四陰生，為陰侵於陽的卦。相對於大壯☳☰卦，為陽氣長的以陽侵陰之卦。陽侵陰稱「大壯」，而陰侵陽何以言「觀」而不稱「小壯」，就在

22　圖式與引文說明，參見《大易象數鈎深圖》，卷中，頁43；同見《周易圖》，卷中，頁682。

23　圖式與引文說明，參見《大易象數鈎深圖》，卷中，頁47；同見《周易圖》，卷中，頁684。

於此陰陽變化的關係上，為「陰順巽而無侵陽之意」，即「上巽下順，
陰氣賓服」，巽坤同有遜順之性。下陰順從，而上巽之陽五，又能夠持
中守正，使下者能夠得以觀化，下有觀化之心，則無侵陽之事。此卦透
過陰陽之爻性，強調上位者能夠順民之情，體民之俗，並以中正之心下
觀百姓之實，如此之教化，百姓得以賓服，國政得以順治。

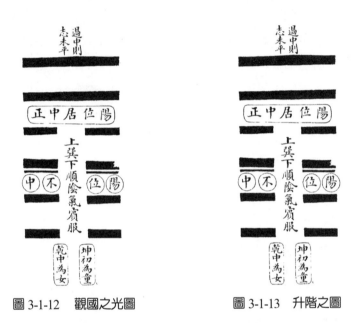

圖 3-1-12　觀國之光圖　　　　圖 3-1-13　升階之圖

　　以陰陽升降之性釋說升☷☴卦，制作〈升階之圖〉，見圖 3-1-13。指
出「巽下之一陰，與坤之三陰」為一體，亦即初、四、五、上同為一體
之陰性。陰陽升降流行之性，為「陰沈滯而陽升騰」，即陰性濁重而下
沈，陽性清輕而上揚；九二與九三二陽，皆能向上升騰。初六能夠依附
於二陽而升，「二陽又與之一體」，故鄭氏認為有「允升」之象。[24]

24　圖式與括弧引文，參見《大易象數鈎深圖》，卷中，頁 61；同見《周易圖》，卷
　　中，頁 693。

（四）陽主氣與陰主形之陰陽氣性

　　鄭東卿肯定陰陽之性同為元氣，陽主氣，陰主形。釋說渙☵☴卦，作〈渙躬之圖〉，見圖 3-1-14。指出「一陽生於子，而六陽亢於巳；子屬坎，而巳屬巽，以巽重坎，所以為渙也。渙者，散也。卦氣當夏至之後，大暑之前也」。陰陽消息變化，重為渙卦，當小暑六月之時。此時「陽氣散於外也，陽雖散於外，而有生生不窮者」；陽元之氣，氣化流行，陰元育形，故云「陽主氣，陰主形」。陽元氣化，主氣以「汗血」而散於外，而陰形於中內，則「分而為四支，群分而為五臟六腑」。雖四肢與臟腑皆陰形所現，然亦為陽氣以其「一元之氣，分散而成」者。因此，渙卦以初六為兩足，中二陰爻為胸腹之象，亦布之以五臟六腑，「耳目口鼻分屬之」；外二陽為「元首會血」，以汗見「周浹」而「不妄出」，血氣流暢，首髮為「血餘」。[25]

圖 3-1-14　渙躬之圖

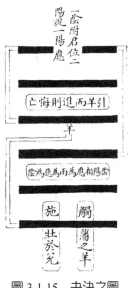

圖 3-1-15　夬決之圖

25　圖式與括弧引文，參見《大易象數鈎深圖》，卷下，頁 70；同見《周易圖》，卷下，頁 698。

（五）陰陽爻性代為乾坤與君子小人之德位

鄭東卿以陰陽爻位與爻性的不同，代表乾與坤的不同概念。〈師比御眾圖〉（見前述圖 3-1-2）中，以師䷆卦與比䷇卦皆為一陽五陰之卦，一陽皆表乾卦；師卦一陽居下卦中位，故有「乾德」，比卦一陽居上卦之中，則為「乾位」。[26]

釋說夬䷪卦，作〈夬決之圖〉，見圖 3-1-15，強調以剛決柔之義。指出「五陽而決一陰」，即「五君子而去一小人」，所決不難。然而，此陰居上，而附於五位，「五與四皆屬之」，乃「挾君子之小人」，猶處君側之小人，害治已甚，又「難決難去」。[27] 此為透過陰陽之位與陰陽之數，說明君子與小人處位之關係。

三、中心存誠，仁德為政

《大易象數鉤深圖》與《周易圖》所見鄭東卿釋說卦爻之義，以濃厚的象數主張為主體，而在義理思想方面的展現，除了重視太極圖式的建立外，在六十四卦圖式的有限文獻之呈現上，特別強調以中為心，以心為誠與仁德存心的思想。

（一）以心為中，以心為誠

由太極入於人極，以心為太極，為北宋周敦頤（1017-1073）、邵雍（1011-1077）諸儒以天道貫通人道之思想。此一思想亦為鄭東卿易學圖說中的重要主張，太極為「心」為「中」，又為「誠」，立為君政，又主之以「仁」，施之以德。

釋說蒙䷃卦時，作〈蒙象養正圖〉（見前述引之圖 3-1-8），指出「耳目所入，雖足以資吾，適足以賊吾之真性」。天道真性，不為情欲所

26　參見《大易象數鉤深圖》，卷中，頁 41；同見《周易圖》，卷中，頁 680。
27　圖式與說明，見《大易象數鉤深圖》，卷中，頁 59。《周易圖》所述尤詳，見卷中，頁 690-691。

發，所發之情欲，多為耳目所傷而不能中節，則真性否閉，難以因勢利導，蒙養正道。故上九「擊蒙」之道，重在格其非心，導入真性，「不利為寇」，不可宥於以惡止惡之擊。同時，「心之所造，貴於幾先，一著於心，便成機械，所以脫桎梏，吝也。利者，吾心之桎梏乎」。[28] 發蒙之初，便在於正其心，察於幽明，主在幾先，制成於一心，去心而行，若脫桎梏而如脫繮之野馬，難以歸於真心，故制之以恆，本之以誠，便為成德化民之利。

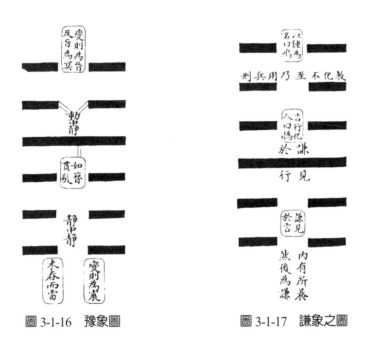

圖 3-1-16　豫象圖　　　　　圖 3-1-17　謙象之圖

　　釋說豫䷏卦，作〈豫象圖〉，見圖 3-1-16。論及復䷗卦，以其乃「震居坤下，是謂一陽之復，天地之心也」。一陽之生，為天地反復規律的動行誠道，故此一陽正表徵天地之心，天地之正道本質。至於豫卦則震居坤上，復見於上為出，「是謂出治之豫，亦天地之心也」。肯定天地

28　參見《大易象數鉤深圖》，卷中，頁 39；同見《周易圖》，卷中，頁 679。

以此順動，天地之正心可見。以中為心，下坤之中，是「坤中之爻，靜中之靜也」；上震之中，即「震中之爻，動中之靜也」。動靜之「中」，皆為天地之心，故能「介于石」，能「恆不死」。[29]

　　釋說謙䷎卦作〈謙象之圖〉，見圖 3-1-17。強調謙卦所展現的德性，「以至誠為本也」，至誠便在「心聲」，得心念之善，就爻位而言，肯定「居中者為至誠」，即六二居中得正之位，涵養心性以得其至誠，謙德自然可顯，故云「內有所養，然後為謙」，養其內者，即養其心，誠其意。六爻之中，五上兩爻居外而未得正心之教化，故「居外者為不情」，以其「不情之言，則不出於誠，非心之本也」。[30] 不情而非誠者，心不得其正。

　　釋說无妄䷘卦，以之同於中孚䷼卦有誠信之義，故作〈无妄本中孚圖〉，見圖 3-1-18。釋云：

> 中孚，信也；而无妄，亦信也。中孚之信，其自然之誠也。无妄之信，是或使之也。故曰剛自外來，而為主於內，誠信之道，本自中出，而中者亦中之為主也。今反自外來，而為內主，安得自然哉！此所以異乎中孚也。[31]

以中孚卦本誠信之義，而无妄卦亦同此義。然而二卦之別，在於中孚之信，為「自然之誠」，同天道之自信，動行有常，不為物遷，則四時行而百物生。天道自然，誠其信實，寒暑濕燥有序，萬物自奉有節，是以天道至誠，能盡物之性，可贊天地之化育。无妄之信，「是或使之」為信者，「上爻反下，則中孚之象成矣」；即其上爻「本中孚之初，往而至

29　圖式與括弧諸引文，見《大易象數鈎深圖》，卷中，頁 45；同見《周易圖》，卷中，頁 683。

30　圖式與括弧引文，見《大易象數鈎深圖》，卷中，頁 44；同見《周易圖》，卷中，頁 682-683。

31　圖式與引文，見《大易象數鈎深圖》，卷中，頁 50；同見《周易圖》，卷中，頁 686。

此」，取其上九「剛自外來，而為主於內」，因此而得「誠信之道」，未若中孚之自然。鄭氏特別於圖式中標明六二與六三兩爻「本於中孚」，取其核中之象，而卦辭有「元、亨、利、貞」之義，若天道自然春、夏、秋、冬之合序，明於人事之仁、義、禮、智，強調以中為主，以中為誠，至誠而能化。然而，无妄卦雖得至誠中道，但仍有其未全者，即「中無病而外疾」，故九五有「无妄之疾」，上九有「行有眚」，也因其「中無病」，「外疾」則能「勿藥，有喜」。因此，誠信中道，為天道之所由，人事之所化。

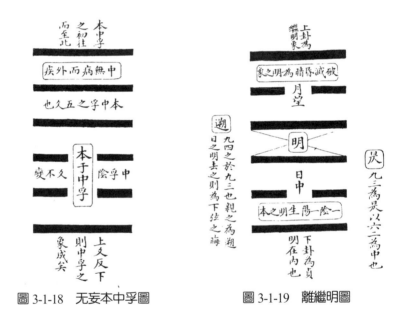

圖 3-1-18　无妄本中孚圖　　　　圖 3-1-19　離繼明圖

　　以「中」為「心」，又以「中」為「誠」，制作〈離繼明圖〉（見圖3-1-19），指出「下卦為貞明」，「上卦為繼明」，圖式尤標明三、四兩爻的重明之象。同時，釋說離☲卦六二時，特別強調該爻「是自中而明也，所謂誠明之性也」，[32] 申明以「中」為「誠」之本質。

32　圖式與括弧引文，見《大易象數鈎深圖》，卷中，頁 52；同見《周易圖》，卷中，頁 687。

心為淳純自然之性，為誠然恆存者，若太極之本然，通於萬化，函於萬有，其質「無善惡之思，無喜怒哀樂之動」，陰陽渾然一體，善惡動靜皆平，當動靜已顯，「心之動則惡萌矣」。人君與臣民者，皆當持心而「復性」「反誠」，不陷於黨私與「染習之氣」，終能「簡率敦樸」，歸於中和。[33]

（二）以仁為政，施德存心

四方與四時，時空合和，天地之道得以彰其宜，通之於人道以仁、義、禮、智，「仁」又為天地之道通於人道之源，以仁行道，固為人道之本。鄭東卿長於結合象數與義理之思想，每立此觀點以申義，結合人君行政而倡說。例如釋說大有䷍卦，作〈大有守位圖〉（見圖 3-1-20），此五陽一陰之卦，對於六五之位，圖式中直接標明「天子以仁守位」，強調君王當以仁為政，指出此卦「眾陽盛時，而五以六居之，人君體元以居正」，以柔居剛，居天子中位，能知守位之仁，故初九遠於君位，「有要荒蠻夷之象，則曰無交害」；九二為「侯牧」，云「大車以載」，得應於五；九三為「三公」，云「公用亨於天子」；九四為侍從，云「匪其旁」；上九能夠「福及宗廟」。諸爻之善，因六五「皆發政施仁之道」，「而永有萬世之業矣」。[34] 上卦五中之位，為人君主位，以中行道，即以心為念，便在淳本天地之「仁」性，以仁行道，柔得尊位，順天休命，天下莫不能盛大而富有者。

天道惟誠，而人主行政之道，必在施德存心。鄭東卿釋說臨䷒卦時，作〈臨象之圖〉（見圖 3-1-21），云：

33　參見〈習坎行險圖〉之釋說。見《大易象數鈎深圖》，卷中，頁 51；同見《周易圖》，卷中，頁 687。

34　圖式與括弧引文，見《大易象數鈎深圖》，卷中，頁 44；同見《周易圖》，卷中，頁 682。

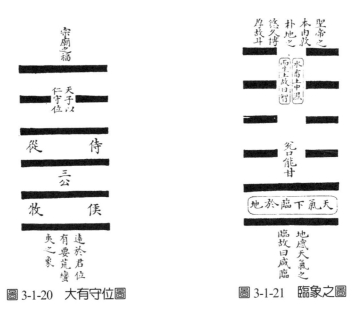

圖 3-1-20　大有守位圖　　　　圖 3-1-21　臨象之圖

圖 3-1-22　晉康侯之圖

臨卦之象,本指為人主者,以臨乎下也。臨下之術,在施德於
下,而存心於上。施德於下,則二陽在下,如天氣感地焉;存
心於上,則行中以智,而敦朴為先,如高明柔克焉。彼兌口之

甘，是區區能言而不能行，如王者空降詔諭丁寧，而仁澤實不
行也，何足以論施德存心之道哉？[35]

臨卦為人主臨下之義，以德臨下，德施於下民，又能存心而澄明於上。
德之普施，若二陽在下，以陽氣感應於大地，萬有化醇。存其澄明之心
於上者，若五爻中位，合中行道而智生於心，必在敦厚誠樸，若居高位
而覺明，持柔而能克眾。然而，臨下若僅似執悅言之甘，卻不能行之得
宜，則如王者驟降詔諭，急切告示，仁澤之道固不能行。惟施德存心，
體恤下民，行中取智，德政方可臨見。

　　天子乃至諸侯，皆為南面之君，如晉䷢卦所立〈晉康侯之圖〉（見
圖 3-1-22），圖式標明「離象明德」，以上離南面，下坤王土眾民，為人
君者，若五爻居中之位，存心立道，「必有明德以安民，民安則位安矣」
之功。[36] 昭德向民，照臨百姓，至德之顯，撫養萬邦。

第二節　好用卦象與效爻為用

　　《易》以象為用，為建立易學系統之最基本元素，漢代以來宗主象
數，廣取卦象，用象成為卦爻釋義所不能免者。除了卦象之外，爻位爻
象亦為卦爻述義之重要認識，縱為標立義理之法者，亦難以免除。鄭東
卿制作六十四卦圖式以述義，尤展現出卦爻用象之特色，為其象數之用
的主要內涵之一。

35　圖式與引文，見《大易象數鈎深圖》，卷中，頁 46；同見《周易圖》，卷中，頁
　　684。
36　圖式與括弧引文，見《大易象數鈎深圖》，卷中，頁 55；同見《周易圖》，卷中，
　　頁 689。

一、好用卦象，主於傳統

　　易學系統之建立，《繫辭傳》言聖人仰觀俯察於天下之賾，八卦擬諸形容以象其八物，作為《易》義詮解之重要方法，也為漢《易》之主要特色。宋代易學之發展，升揚義理之主流價值，以及陳摶以降之另類象數之說。鄭東卿圖說六十四卦，在有限圖文中仍可見其廣泛依恃用象之特色。然而，雖重八卦之象，卻沒有繁富衍象，主要根據卦爻辭之所見，以《說卦傳》所指八卦卦象為根據，且取象之來源，最重要的仍以上下卦的本象為主，亦間有以互體取象、爻變取象，乃至以陰陽爻代乾坤之性以取乾坤之象，又有以上下卦別立其屬象者。

（一）上下卦本象為大宗

　　在六十四卦卦象釋義中，主要以上下卦之本象作為用象之主體。例如釋說噬嗑䷔卦，作〈噬嗑身口象圖〉（見圖 3-2-1），圖式中標明「以口為象」，「口」作為噬嗑卦整卦之大象，強調口象為主體，並繫之以「趾鼻耳目」，並分出左耳、右耳、左趾、右趾諸象；「一身賴口以為養」，以口養之道為義。禍福之所由，往往由口養起，所以說「養之有道，噬嗑之福；養不以道，噬嗑之禍」。口養之欲，不能得其宜，過度的貪求而不自制，往往帶來身心之害，故「禍多福少，小人貪嗜者多也」。鄭氏進一步從上下卦象申說，上離為電，下震為雷，「先電而後雷，電揚而雷震」，若「舌動而齒咀」之狀，此雷電之自然，若人口中舌齒連動之實。[37]

37　圖式與括弧引文，見《大易象數鈎深圖》，卷中，頁 47；同見《周易圖》，卷中，頁 684。

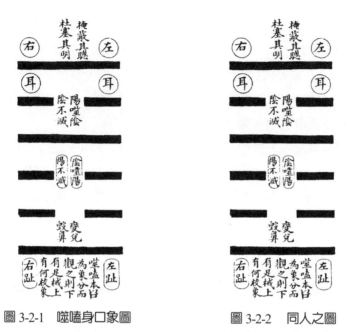

圖 3-2-1　噬嗑身口象圖　　　　　　圖 3-2-2　同人之圖

　　制作〈師比御眾圖〉（已如前引圖 3-1-2 所見），師☷☵、比☵☷二卦皆含坤卦為眾之象，尤其特別針對師卦言，指出「坤為眾，而師亦為眾者，統眾之義也」。[38] 取其上坤為眾之象。

　　釋說同人☰☲卦，作〈同人之圖〉（見圖 3-2-2），取上卦乾天、下卦離火之象，說明「天用下濟」而「火用上炎」之性，上下合性，若「二人同心」之義。其中，三、四兩爻，正為天火「交爭」之處，[39] 則此兩爻有伏戎升陵與乘墉攻克之爭象。

　　釋說夬☱☰卦時，制作〈夬決之圖〉（已如前述圖 3-1-15 所見），以大壯☳☰卦與夬卦皆有兌羊之象，圖式初九標明「觸藩之羊，施壯於兌」，認為「大壯之羊，施壯於震」，而「夬之羊施於兌」；同時於九四與九五

38　見《大易象數鈎深圖》，卷中，頁 41；同見《周易圖》，卷中，頁 680。
39　圖式與括弧引文，見《大易象數鈎深圖》，卷中，頁 43；同見《周易圖》，卷中，頁 682。

爻之間，標明「引羊而進」的牽羊之象，此牽羊而進則「悔亡」。[40]

釋說晉䷢卦，作〈晉康侯之圖〉（已如前述圖 3-1-22 所見），說明晉卦具顯諸侯之象，明白指出晉卦乃「明出地上」，為諸侯之象，而「火在天上為大有」，則為天子之象。[41] 取晉卦上離為火為明，下坤為地，而大有䷍卦則取上火下天之象，用以分別諸侯與天子。

釋說歸妹䷵卦，制作〈歸妹君娣之袂圖〉（見圖 3-2-3），上震下兌，取其上震有「蒼莨竹」之象，則圖式標明「震為竹筐」，以竹為物，「下實而上虛」，若器皿開口向上之狀，而有「筐」象，[42] 則上六爻辭云「女承筐无實」。

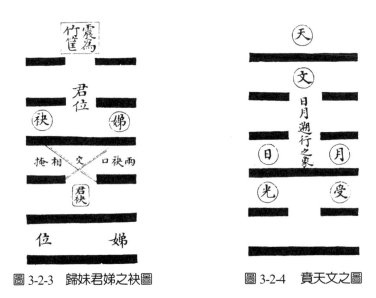

圖 3-2-3　歸妹君娣之袂圖　　　　　　圖 3-2-4　賁天文之圖

40　括弧引文，見《大易象數鈎深圖》，卷中，頁 59；同見《周易圖》，卷中，頁 690-691。

41　括弧引文，見《大易象數鈎深圖》，卷中，頁 55；同見《周易圖》，卷中，頁 689。

42　圖式與括弧引文，見《大易象數鈎深圖》，卷下，頁 66；同見《周易圖》，卷下，頁 696。

（二）本卦不足而兼取互體之象

取得上下卦之本象外，亦取其互體為象者，例如釋說賁☲☶卦，作〈賁天文之圖〉，見圖 3-2-4。取其上艮下離與二至四之坎象，認為「柔文剛以成離」，而「剛文柔以成艮」，陽卦皆為以柔文剛，而陰卦以剛柔文，皆陰陽變化的自然之道。此自然之文，特別表現在天文者，乃卦象之所顯，故鄭氏認為「孔子皆謂之天文，而不及地者，蓋觀象以作象也」。卦爻辭之所見，因自然物象而立之，故辭皆由象生。此卦下離為日，「日運於天」，日麗普及，故卦辭云「亨」。上艮為山為止，中爻互坎為雲為雨，互震為出，故云「山不動而雲出為雨」。此初至四，離日坎月相繫，有「日月遡明之象」，日月之遡明，即天文之實然；日月相循相迭，則「四時成矣」，乃「天文之要道」。[43]此一卦說「天文」，鄭氏於艮、離、坎、震諸卦象，用日、月、山、止（不動）、雲、雨、出等象。

（三）以變爻取象之變例

除了上下卦之本象與互體（中爻）取象外，亦有採取變爻之法進行取象，例如釋說大壯☳☰卦，作〈大壯羊藩圖〉，見圖 3-2-5。上震下乾，取其卦象，「震為蒼筤竹，故有藩象」，則圖式標明「藩象」。又，九三爻變則入於兌，故取其羊象。又，兌西震東，對立而為「正衡」，故有「羊觸藩」之象。又，初九為下兌之初，則有「羊之足趾」之象；趾用其力，則趾困其中。又，九四為上震之初，有「大塗」之象，能夠「容羊進而羸之」。[44]原本三至五爻互兌即可得羊象，但鄭東卿於此卻採九三爻變陽為陰而得下兌羊象，除了確立東西方位的對應外，最重要的是為初九「羊趾」尋得取象之來源。

43　圖式與括弧引文，見《大易象數鈎深圖》，卷中，頁 48；同見《周易圖》，卷中，頁 685。

44　圖式與括弧引文，見《大易象數鈎深圖》，卷中，頁 55；同見《周易圖》，卷中，頁 689。

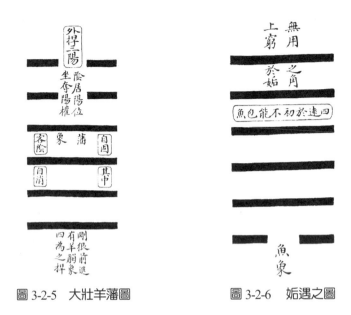

圖 3-2-5　大壯羊藩圖　　　圖 3-2-6　姤遇之圖

　　釋說姤☰☴卦時，制作〈姤遇之圖〉，見圖 3-2-6。以其爻辭有「魚」之象，認為姤卦本主於魚象，則圖式標明「魚象」，而魚象本於乾龍；指出「姤本乾也，一陰變，其初有龍，反化魚象」。藉初六變而為陽，使重卦為乾龍，初陰則化龍為魚。[45]

（四）以陰陽爻代乾坤卦性取象

　　乾陽坤陰經三索而生六子，六子卦皆以其一陽或一陰本於乾坤之索，故可以代乾坤之身分，而得乾坤之象。典型的例子為釋說剝☶☷卦，制作〈剝為陽氣種圖〉，見圖 3-2-7。以上一陽連五陰，取坤地之象，為上陽「落於地」，因此上九有「碩果不食」之象而云之。鄭氏著重於此卦上九之論述，以上九一陽為乾陽，艮為乾父之子，則圖式標明為「陽氣之種」，進一步取乾為木果之象，「而生木於亥也」，亥屬西北乾位，木可以有生，為眾陰剝時，則「木有生而未芽」，此未芽之果，若剝上

45　圖式與括弧引文，見《大易象數鈎深圖》，卷中，頁 60；同見《周易圖》，卷中，頁 692。

之陽，「果在木末」。[46] 乾為木果之象，為《說卦傳》所記者。

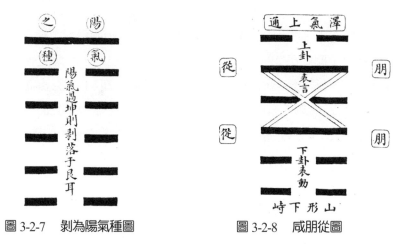

圖 3-2-7　剝為陽氣種圖　　　　圖 3-2-8　咸朋從圖

（五）上下卦別以立其屬象

　　重卦分上下單卦，「上」「下」確立其屬象，例如釋說咸䷞卦作〈咸朋從圖〉，見圖 3-2-8。指出「澤之雲蒸於山，而山之泉入於澤，是山澤之相感也」。上卦兌澤、下卦艮山，山澤上下相感，上下位別，象形因其上下屬性而立，故於上卦言「澤氣上通」，下卦言「山形下峙」，「上通」、「下峙」，皆因上下卦別而言。[47]

　　上下卦以內外卦之別，進行取象述義，例如釋說蒙䷃卦養正之義，制作〈蒙象養正〉（圖式已如前述圖 3-1-8 所示）。認為「童蒙在五，擊之在上，是外學也」；「包蒙在二，發之在初，是內學也」。[48] 二、上陽爻為師，九五「童蒙」，而上九治蒙以剛擊，此上卦在外，為養其正的「捍其外誘以全其真純」之「外學」之道。下卦在內，九二為師以「包

46　圖式與括弧引文，見《大易象數鈎深圖》，卷中，頁48；同見《周易圖》，卷中，頁 685。

47　圖式與括弧引文，見《大易象數鈎深圖》，卷中，頁53；同見《周易圖》，卷中，頁 687-688。

48　見《大易象數鈎深圖》，卷中，頁39；同見《周易圖》，卷中，頁 679。

蒙」,蒙發其性以初,包容本循循善誘,著其本心真性,為養正的「內學」之道。

　　又有以上下卦的貞悔之別,以立其象說者,例如釋說離☲卦,制作〈離繼明圖〉(圖式已如前述圖 3-1-19 所示)。指出「下卦離之貞也,上卦離之悔也。是下卦為貞明,而上卦為繼明也」。取下卦為貞而明,故六二「黃離」,能夠「自中而明」;上卦為悔而明,雖繼下卦而重明,然既有「悔」象,則六五有「哀悲之象」,上卦之終,亦有「明極而晦生」者。[49]

二、爻位著象,效爻為用

　　爻位作為具體的符號意象思維,以簡單的形象,涵攝抽象的概念,作為立象表意的要式。爻位著象,從《易傳》以降,至兩漢時期的繁瑣龐雜,發展到了高峰。歷來《易》家持重有別,而鄭東卿之用,可以視為宋代的典型代表。

(一)以爻位之別異而立象

　　因爻位位置之不同,確立不同的爻象,如釋說困☵卦,制作〈困蒺藜葛藟株木圖〉(見圖 3-2-9),取其初六在下,為「木株在下」之象;又取六三為蒺藜,標明「蒺藜柔而剛也」;又取上六為「葛藟在上」。[50]

　　又如井☵卦,制作〈井鼎水火二用之圖〉(見圖 3-2-10),初六在下,故為「井底」;既為井底,類推而有沉泥之「泥」象,故圖式標明「井底曰泥」。六四居於卦爻之中(非上下卦之中),故稱「井中」,標明「井中曰甃」。上六居於卦爻之上,於井則有開口之象,故標明「井口曰

49　引文說明參見《大易象數鈞深圖》,卷中,頁 52;同見《周易圖》,卷中,頁 687。

50　圖式與括弧引文,見《大易象數鈞深圖》,卷下,頁 62;同見《周易圖》,卷下,頁 694。

幕」。[51] 同圖所見鼎䷱卦，初六在下，故稱「鼎足居下」；六五居上卦之中，有「左耳」、「右耳」之象。[52]

圖 3-2-9　困蒺藜葛藟株木圖

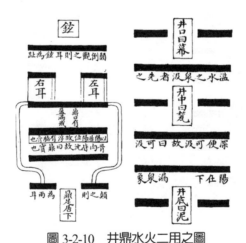

圖 3-2-10　井鼎水火二用之圖

51　圖式與括弧引文，見《大易象數鈎深圖》，卷下，頁 63；同見《周易圖》，卷下，頁 694。

52　見《大易象數鈎深圖》，卷下，頁 63；同見《周易圖》，卷下，頁 694。

　　釋說艮☶卦作〈艮背象之圖〉，見圖 3-2-11。初六居下為趾；六二稍上為左右腓；九三再上為左右脅象；六四居通卦之中，又陰虛，則「中虛有心腹象」；六五再上有左右手象，又含左右頰之象；上九在上為「元首」之象。[53] 六爻處位不同，則有不同之擬象。

　　釋說旅☲卦作〈旅次舍圖〉，見圖 3-2-12。以其上九居上，故圖式標明「上高巢居」之象；居上而擁權，「寄一身於炎炎之上」，卻不知道有「焚巢之禍」，此所以上九言「喪牛」之義。[54]

　　釋說巽☴卦作〈巽牀下圖〉，見圖 3-2-13。初六居下為陰，為「牀下有足」之象，故圖式標明「牀足」；六四亦陰，居上卦之下，又標明為「牀足」。此上卦與下卦之下的二陰，為牀之四足。[55]

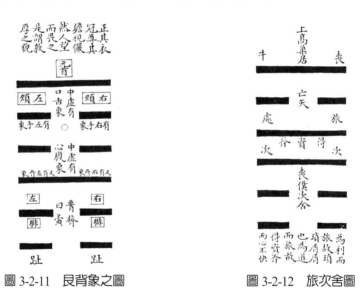

圖 3-2-11　艮背象之圖　　　　　圖 3-2-12　旅次舍圖

53　圖式與括弧引文，見《大易象數鈎深圖》，卷下，頁 65；同見《周易圖》，卷下，頁 695。

54　圖式與括弧引文，見《大易象數鈎深圖》，卷下，頁 68；同見《周易圖》，卷下，頁 697。

55　圖式與括弧引文，見《大易象數鈎深圖》，卷下，頁 69；同見《周易圖》，卷下，頁 697-698。

釋說渙☷☴卦作〈渙躬之圖〉，圖式已如前述圖 3-1-14 所示。初六下在，有左右足之象，故圖式標明「左足」、「右足」；二至五爻居其中，有胸腹之象，標明「渙人有　腹之象也」；上九在上，有髮象，標云「髮為血餘」，則上居元首，故稱「元首會血」。[56]

處位不同作為立象之依據，本於六爻之位，由初而上，即始而終、底而首，若人之身以初示趾，而後足、腹、手至頭之部位，由下而往上，合之以近取諸身之物象。此類爻位立象方式，為鄭東卿《易》說所常用者。

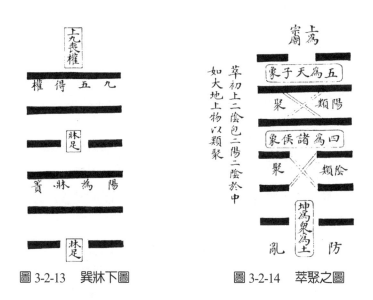

圖 3-2-13　巽牀下圖　　　　　　圖 3-2-14　萃聚之圖

此外，不同的爻位，也配以爵位之象，釋說大有☲☰卦，制作〈大有守位圖〉，已如前述圖 3-1-20 所示。以上為宗廟、五為人君、四為侍從、三為三公、二為侯牧之象，至於初九，遠於君位，所以為「要荒蠻夷」之象。[57] 又如釋說萃☱☷卦，制作〈萃聚之圖〉，見圖 3-2-14；以上為

56　見《大易象數鈎深圖》，卷下，頁 70；同見《周易圖》，卷下，頁 698。
57　見《大易象數鈎深圖》，卷中，頁 44；同見《周易圖》，卷中，頁 682。

宗廟、五位天子、四位諸侯、三為三公、二為大夫、初為元士。[58] 歸妹
☳☱卦之述義，制作〈歸妹君娣之袂圖〉，圖式已如前述圖 3-2-3 所示；亦
以五為君位，初九居一卦之初，故標明「娣位」。[59] 又釋說晉☲☷卦，制作
〈晉康侯之圖〉，圖式如前述圖 3-1-22 所示；以六五為「康侯」之象，
並且指出「天子與諸侯皆南面之君」。[60] 天子與諸侯爵位有別，鄭氏此
用與前例相扞格。以爵位立象，大致同於漢說，但仍有別例之見，不符
合用象之一致性原則。

（二）正應據諸爻例之用

　　陰陽爻位的關係，正、應、承、乘、比、據等諸爻例之用，為《易
傳》以來歷代所應用不墜者。諸例之用，鄭東卿普遍使用「正」、「應」
的爻位概念，單例用「據」，至於「承」、「乘」、「比」諸法，所用則
無。同時，「正」、「應」之法，不以正位或相應為必然之吉，同樣的，
不正與不相應，亦同樣非必然為凶。

　　正、應之例，如釋說巽☴☴卦，作〈巽牀下圖〉（已如前述圖 3-2-13
所示），指出此卦上九過剛非正，「喪權」而為「喪斧」；九二「剛中而
未得位」，而為「用史巫」。[61] 以爻位之不正，說明爻義。釋說遯☰☶卦，
作〈遯象之圖〉，見圖 3-2-15；強調六二「二以中順之德」，中而「所以
能負重者」。九三「以剛居外」，處下卦之外，而有六二「黃牛之革」的
「革」象。至於九四，「四陰以九居之，下應於初六」，陰位由陽居之，
與初六相應，「陰位下交於陰爻」而能得其「交好」。至於九五，「五陽
以九居之，下應於六二」，即「陽位之陽爻，下妃於陰位之陰爻」，「陰

58　圖式與論述，見《大易象數鈎深圖》，卷中，頁 60；同見《周易圖》，卷中，頁
　　692。
59　見《大易象數鈎深圖》，卷下，頁 66；同見《周易圖》，卷下，頁 696。
60　見《大易象數鈎深圖》，卷中，頁 55；同見《周易圖》，卷中，頁 689。
61　見《大易象數鈎深圖》，卷下，頁 69；同見《周易圖》，卷下，頁 697-698。

妃於我」，可得「嘉妃」的伉儷之情、室家之義。[62] 陽位陽爻、陰位陰
爻，雖未刻意強調「正（得、當）」位，但其意在此。此二組爻位之相
應，皆能反映其正面意義。

　　相應未必皆得正吉之義，如釋睽䷥卦制作〈睽卦象圖〉（見圖
3-2-16），指出「睽之為卦，六爻相疑者，陰陽相疑也。陽居陰位，是
以位相疑。二應五，而五連於上；上應三，而三連於二，是以應相疑。
疑則睽，而不合矣」。[63] 此卦之所以為乖睽，乃在於陰陽彼此的相疑；
爻位的關係上，所睽所疑者，在於其一為陰陽爻位的不正，六爻中僅初
九為正，餘五爻皆以陽居陰或以陰居陽的處位相疑。其二為九二與六五
的相應，並連於上九，以及上九與六三的相應並連於九二，此應連之關
係，造成以應相疑。因為不正，因為相應，致使相疑乖睽而不合。於
此，相應不以吉為義，而為相疑不合之凶。應與不應，並非鄭氏判定吉
凶之定型化依據。

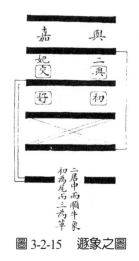

圖 3-2-15　遯象之圖

圖 3-2-16　睽卦象圖

62　圖式與論述，見《大易象數鉤深圖》，卷中，頁 54；同見《周易圖》，卷中，頁
　　688。

63　圖式與括弧引文，見《大易象數鉤深圖》，卷中，頁 57；同見《周易圖》，卷中，
　　頁 690。

「據」例之用，僅屯☳☵卦釋義一例，〈屯象之圖〉（已如前述圖 3-1-6 所示）中標明初、五二陽皆為「應陰」，而中三陰皆為「據陽」之屬。[64]

（三）偏重於以「中」論位

爻位殊異，鄭東卿特別偏重於「中」闡述卦爻義。釋說恆☳☴卦，作〈恒久之圖〉，見圖 3-2-17 所示。皆以「中」言六爻之位，云：

> 六爻惟取九二一爻，得一剛一柔之道而居中，孔子與之以能久
> 中之象。六五雖一剛一柔而居中，然與共天位者亦柔也，故有
> 婦人之貞，從一之象，所以異於二矣。九三以剛居剛，動而過
> 中，不恆之象，固不待言也。初上二爻，一浚以趨下，一振而
> 向上，皆迷塗之甚者，不得其中，故凶。[65]

九二為「剛居柔中」的居中之位，處於初三一剛一柔之中，所以認為九二《象辭傳》以之能夠「久中」，能久其中，則若日月之運行不息，朗朗久照，四時變化亦能夠有序不窮，聖人也能體察天地萬物之情，變通其道，恆久其化。至若六五，亦處一剛一柔之中，與之同處天位的上爻亦處柔位，故展現其「婦人之貞」，如《象辭傳》所言「婦人貞吉，從一而終也」；以婦德而言，恆以一德，終始如一，故與九二之中稍異。至於九三，以陽剛居剛，剛動而過中，過中不協，故有「不恆」之象。至於初上兩爻，一浚而低於趨下之位，一振而向上迎展，此皆誤入迷途而不合中道，故此二爻皆凶。

釋說蹇☶☵卦，作〈蹇往來之圖〉（圖式已如前述圖 3-1-7 所示），亦專以「中」論義。指出此卦二陽四陰之卦，其「二陽皆陷於陰中」，故以之為蹇難。其中六二得中，正為「得中道以自養」，則雖處於蹇中，

64　見《大易象數鈎深圖》，卷中，頁 39；同見《周易圖》，卷中，頁 679。

65　圖式與引文，見《大易象數鈎深圖》，卷中，頁 53；同見《周易圖》，卷中，頁 688。

仍能素行患難，自任其責而無過尤。九五「在上位之中，是得中而居上者也」，以其居於天子中正之位，「善處蹇而不陵下，使人樂歸之，此所以致朋來，而不終孤立於險中」。又九三雖「失中」，勸之反身修德以安處；六四雖「失中」，能勸之「連接乎二陽」，故爻辭云「來連」。[66] 全卦以「中」論爻位與陰陽之性的關係，並不刻意確立「中」或「不中」可能存在的吉凶標準。

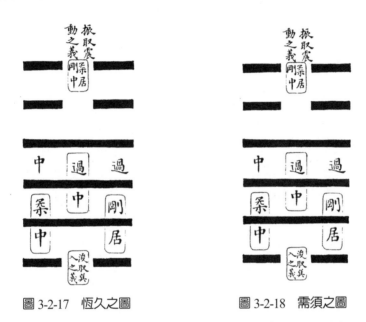

圖 3-2-17　恆久之圖　　　　　　圖 3-2-18　需須之圖

　　中正之位，為理想之位，鄭氏特重視此一觀點。需☲卦釋義，作〈需須之圖〉，見圖 3-2-18。述明需卦卦辭與九五皆言「貞吉」，認為「貞者，中正之義。內中正則外固，外固則不陷矣」。[67] 釋說隨☳卦，作〈隨卦係失圖〉（圖式已如前述圖 3-1-9 所示），特別標明九五之位為「正

66　參見《大易象數鈎深圖》，卷中，頁 57-58；同見《周易圖》，卷中，頁 691-692。
67　圖式與括弧引文，見《大易象數鈎深圖》，卷中，頁 40；同見《周易圖》，卷中，頁 680。

中」之位，[68]即其剛中得正，故能夠得其吉。釋說巽☴卦，作〈巽牀下圖〉（圖式已如前述圖 3-2-13 所示），指出九二「剛中」，九三「頻巽」，在於「失中」。強調此卦「得權」者為九五爻，此爻「權以有位，而得中者行矣」，[69]所以爻辭云「貞吉，悔亡，无不利」，以其居中得正之故。

圖 3-2-19　訟象之圖

（四）爻變成卦以述義

　　鄭東卿好用一卦某爻之變，而成新卦，以釋說該卦之此某一爻義。如其制作〈訟象之圖〉（見圖 3-2-19），圖式中述明訟☵卦九四與上九各變以成新卦，指出「上九變為困卦，成訟者之戒也」；訟卦上九變而為陰，則為上兌下坎之困☱卦，訟難有利，期之無訟，困陷於訟，或能夠賜之「鞶帶」，恐「終朝三褫之」，故當戒之。又指出「九四變為渙，有

68　見《大易象數鈎深圖》，卷中，頁 45；同見《周易圖》，卷中，頁 683。
69　參見《大易象數鈎深圖》，卷下，頁 69；同見《周易圖》，卷下，頁 697-698。

難散之理」;「變成巽位,卦成渙」。[70] 訟卦九四變而為陰,則為上巽下坎之渙☵卦,理據離披解散,所訟不克。

　　某卦入於某卦,以其爻變而得其義,〈師比御眾圖〉(圖式已如前述圖 3-1-2 所示)中,於師☷卦認為「統眾者,非德則不可,故以乾之九二入於坤為師,以乾德在二也」。乾之九二入於坤之六二,即坤陰六二變而為陽,師卦因之而成,九二則具乾德,為統眾之表。同樣的,乾九五入於坤五則為比☵卦,比卦九五則為「乾位」。[71]

　　鄭東卿又有取爻策之變而言者,釋說同人☲卦,作〈同人之圖〉(圖式已如前述圖 3-2-2 所示),上乾下離,以變爻成卦,說明上下卦之同,云:

> 乾居上,三十六策變其中爻,則同乎離;離居下,二十四策變其中爻,則同乎乾。是謂二人同心,言外貌不同而心同也。[72]

上乾居中之位,即卦之「心」,以三十六策為變占,則上乾變而為離,此同於下離。下離陰居其中,以二十四策為變,則離變為乾,同於上乾。二卦之中爻取變占之法,使上下皆同,故稱「二人同心」;因其變而同者,即「外貌不同而心同」。

(五)取單卦之主爻為象

　　卦主思想的確立,可以追溯至《易傳》,描繪卦主的思想雛形;《繫辭傳》提出「陽卦多陰,陰卦多陽」的概念,以乾卦為純陽之卦,生震、坎、艮三陽卦,而坤卦為純陰之卦,生巽、離、兌三陰卦,體現以「少」反映出所屬的陰、陽之卦,一種以少為重的爻位思想。這種思想成為易學家建立卦主的理論思想之重要依據。西漢京房(前 77- 前

70　圖示與引文,見《大易象數鈎深圖》,卷中,頁 40;同見《周易圖》,卷中,頁 680。

71　見《大易象數鈎深圖》,卷中,頁 41;同見《周易圖》,卷中,頁 680-681。

72　見《大易象數鈎深圖》,卷中,頁 43;同見《周易圖》,卷中,頁 682。

37）的八宮卦說，建立以世爻為核心，確認一卦之主爻，以此說明卦義、判定吉凶。[73] 東漢鄭玄重視某卦的關鍵某爻，藉以反映該卦的卦象與卦義，這些爻儼然成為這些卦的卦主。至魏正始時期的王弼，有體系的確立卦主之說，立義於寡與眾、一與多的思想關係上，重視「一」、「寡」的主導意義，此「一」此「寡」即落實在一卦的卦主之中。[74] 卦主之說，為歷代學者所慣用，南宋朱震可以視為典型的代表，在此前後，鄭東卿以圖式釋義，亦採以單卦為主體的卦主之說。

　　例如釋說萃䷬卦時，作〈萃聚之圖〉（圖式已如前述圖 3-2-14 所示），強調此卦上兌下坤，尤其就上卦而言，「秋本主於兌」，所以「萃者，物之秋成而後萃也」。同時認為兌卦以「上爻為主」，為坤氣由西南運至西方，本以此主統眾，但又為二陽主於下陰，故「上爻失眾」。[75]

　　又如釋說艮䷳卦時，作〈艮背象之圖〉（圖式已如前述圖 3-2-11 所

73　在《京氏易傳》中，京房往往以某世爻作為主爻，例如解釋損䷨卦時指出「成高之義，在於六三」。（見京房：《京氏易傳》，卷上。引自郭彧：《京氏易傳導讀》（濟南：齊魯書社，2002 年 10 月 1 版 1 刷），頁 92。按：疑「高」字或作「卦」。）損居艮宮三世卦，六三世爻最能體現損卦的卦義。又如在一陰五陽或五陰一陽的卦中，往往以其一陰或一陽作為卦主，如解釋師䷆卦時指出，九二「處下卦之中，為陰之主，利於行師」；「眾陰而宗於一，一陽得其貞正也」；「九二貞正能為眾之主，不瀆於眾」。（見京房：《京氏易傳》，卷上。引自郭彧：《京氏易傳導讀》，頁 88。）肯定獨陽為主。又如姤䷫卦之論釋亦如是，以初六獨陰作為主爻，除了強調世爻之外，也同樣肯定以少為貴的概念。（參見見京房：《京氏易傳》，卷上。引自郭彧：《京氏易傳導讀》，頁 66-67。）京房推定吉凶之兆，側重於以某爻作為吉凶判定之依準，並為該卦的主要卦義。

74　王弼提出寡與眾、一與多的思想主張，指出：「夫眾不能治眾，治眾者，至寡者也。夫動不能制動，制天下之動者，貞夫一者也。故眾之所以得咸存者，主必致一也；動之所以得咸運者，原必无二也。」（見王弼：《周易略例・明象》。引自王弼、韓康伯著：《周易王韓注》（臺北：大安出版社，1999 年 6 月 1 版 1 刷），頁 250。）一切的存在都在「一」在「寡」下形成，由「一」由「寡」主導一切的存在，強調「一卦之體，必由一爻為主，則指明一爻之美，以統一卦之義」；「六爻相錯，可舉一明也；剛柔相乘，可立主以定也」。（揭前書，頁 266-267、250。）由最具主導作用的某一爻來表徵一卦的卦義，所以稱作卦主。

75　參見《大易象數鈎深圖》，卷中，頁 60；同見《周易圖》，卷中，頁 692-693。

示），指出「艮之九三，艮之主也」，以此爻為艮之主爻，而此爻又「以陽居陽，其性躁動，譬之於腰焉」。此爻處位重要，「俯仰磬折，起居行，莫不因之」；以初六象左右趾，六二象左右腓，九三為艮主，處「腰脊」之位故曰「夤」，爻辭便言「列其夤」。[76] 確立卦主，以說明主爻之重要性。鄭氏取用卦主之法，並未建立原則，未用重卦之主，僅採單卦之主，且用例不普遍。

第三節　干支五行與天文律呂之時空布位

天干、地支，以及五行等元素之用，並與天文律呂進行結合，為漢代以降象數之學推定時空概念的重要元素，入宋以來，亦為易學家者所好，惟所用者，與傳統之系統已有殊別，其意義仍著重於時空之內涵。

一、干支五行，卦位時布

時空的變化，確立存在的意義。方位乃空間之所顯，方位空間之不同，亦表徵不同時間的流轉；時空相即變化，為宇宙存在之必要因子，更為表現自然規律之重要概念。八卦作為自然存在的象類內容，以八卦合方位與時序，廣用方位與時序變化之象進行卦爻大義之論釋，則為應然之理。《大易象數鈎深圖》與《周易圖》所見鄭東卿以八卦合方位之象的釋義之法，高度肯定與確立方位與時序作為體現存在的重要性。

（一）方位四象之說

八卦的方位之象，乃至結合老陽、太陰、少陰、少陽的四象之說，為鄭東卿構圖論釋卦爻辭義所重視的卦象運用。所用方位之象本於《說卦》所謂「帝出乎震，齊乎巽，相見乎離，致役乎坤，說言乎兌，戰乎

76　參見《大易象數鈎深圖》，卷下，頁65；同見《周易圖》，卷下，頁695。

乾，勞乎坎，成言乎艮」之說，[77] 以萬物皆出乎東，即帝出之位，出而潔齊於東南巽位，相見於南方離卦，見而致養於西南坤卦，養而後物息以相說於西方兌卦，相說而以其陰盛疑以戰於西北乾卦，戰而後相勞於北方坎卦，勞力而後終得其成於東北艮卦。此八卦方位，即漢儒以來所慣用的傳統八卦方位，亦即邵雍所言之後天八卦方位。

　　舉例言之，建構〈屯象之圖〉（圖式已如前述圖 3-1-6 所示），釋說屯䷂卦之性，上坎下震，指出上坎為北方太陰之位，而下震為東方少陽之位，並進一步說明，「北方之坎，是謂太陰；東方之震，是謂少陽。少陽之氣，入於太陰，陽動而陰陷，斯所以為屯也」。[78] 屯卦上下卦之組合，為震東少陰入於坎北太陰之位，少陽氣動而入於陰陷之中，此動在險陷之中，猶鹿之陷於林中，處境屯難。

　　釋說師䷆卦與比䷇卦，作〈師比御眾圖〉（圖式已如前述圖 3-1-2 所示）。師卦下卦為坎，坎屬北方，相對於其他陰爻，則為兵眾之象，呈現出「北向有征伐之象」；比卦上卦為坎，同於北方，對應的眾陰，為「南方有朝諸侯之象」。[79]

　　釋說隨䷐卦，作〈隨卦係失圖〉（圖式已如前述圖 3-1-9 所示），上兌下震，強調「自震達兌，由東徂西，春作秋成之義」。震東為春，兌西為秋，陽動於春，陰悅來迎，故云「陽自陰中而起，陰隨陽動也。陰來迎陽而說之」。[80] 肯定隨卦之義，以陰隨迎於陽，以西能隨於東。

　　釋說井䷯卦，制〈井鼎水火二用之圖〉（圖式已如前述圖 3-2-10 所示），於井卦強調「水」之用。指出「井以陽為泉者，水因天一之陽而生也。坎中之陽，出於北方，寒泉也，所謂北方生寒，寒生水之義

77　見《說卦傳》。引自王弼、韓康伯著：《周易王韓注》，頁 236。

78　圖式與說明，參見《大易象數鈎深圖》，卷中，頁 39；同見《周易圖》，卷中，頁 679。

79　見《大易象數鈎深圖》，卷中，頁 41；同見《周易圖》，卷中，頁 680-681。

80　見《大易象數鈎深圖》，卷中，頁 45；同見《周易圖》，卷中，頁 683。

也」。[81] 鄭氏以井卦之三陽皆作「泉」象，坎之一陽，為坎之主象；坎象為水，天一之陽生水於北方，水之生同泉之出，北方又冬寒之時，所出之泉為「寒泉」，故井卦九五云「井洌，寒泉食」，即在此由。

　　釋說豐䷶卦作〈豐日見斗圖〉，見圖 3-3-1。認為「伏羲畫震於東，而置離於南方者，表少陽之氣動於東方，太陽之明盛於南方也」。說明伏羲畫卦，以少陽氣動於震東，太陽明盛於離南，為傳統的八卦方位，非邵雍之「伏羲先天八卦方位」之說。進一步指出文王演《易》，「以震重離，遂名曰豐，言少陽之震運至於南方，合太陽之離明而為豐盛耳」；且能夠體察豐盛的「盛極必衰之理」，故卦辭云「宜日中」，求中以合其豐盛之宜。[82]

圖 3-3-1　豐日見斗圖

81　參見《大易象數鈎深圖》，卷下，頁 63。「坎中之陽，出於坎方」，「坎方」當以「北方」為正。又《周易圖》改作「北方」；見《周易圖》，卷下，頁 694。

82　圖式與括弧引文，見《大易象數鈎深圖》，卷下，頁 67；同見《周易圖》，卷下，頁 696-697。

　　從這些卦例可以看出，鄭東卿對於方位與八卦配應關係，特別強調四象方位的卦位之說，也就是著重於東、西、南、北四正方位，亦即坎、離、震、兌的四正卦，對於四隅之卦位，則偏重於從干支五行之配位進行論說。

（二）干支五行之配位

　　干支聯繫五行配卦，為漢代以降所開展的論《易》新路線，尤其合五行與《易》卦，論災祥進退之兆，如京房所言，「陰陽運行，一寒一暑，五行互用，一吉一凶，以通神明之德，以類萬物之情」，如此入《易》而論，「《易》者包備有無，有吉則有凶，有凶則有吉；生吉凶之義，始於五行，終於八卦」。[83] 鄭東卿之釋《易》，長於干支、五行與八卦之相配，可以視為漢《易》本色之再現。

　　以傳統的八卦方位配地支屬性，坎、離、震、兌配四方，乾、坤、艮、巽配四隅；始於子，卦位屬坎卦，子午列位，則午位南方為離卦，乾卦為西北之卦，地支之配為終於亥時，故鄭東卿制〈訟象之圖〉（圖式已如前述圖 3-2-19 所示），釋說訟䷅卦之義，云：

> 乾居亥位，坎起子方，亥子皆北，皆屬於水，始無所爭也。一
> 離於形則天西傾，水東注，天上蟠，水下潤，於是而訟矣。[84]

訟卦上乾下坎，明白指出乾位亥方，坎位子方，一西北、一北方，皆概屬北方水行之位，北列天一之位，為萬物初始之時，起始順化，猶老子道論之自然，故「始無所爭」。方位立說，乾卦為北方水行，乾卦之五行屬性為金，二說之五行別異。乾天坎水雖皆屬北方，然「離形」之後，天西傾而上行，水東注而下潤，二者相悖則訟。

　　釋說大畜䷙、小畜䷈卦，作〈大小畜吉凶圖〉，見圖 3-3-2。指出小

83　見京房：《京氏易傳》，卷下。引自郭彧：《京氏易傳導讀》，頁 135。
84　見《大易象數鈎深圖》，卷中，頁 40；同見《周易圖》，卷中，頁 680。

畜卦上巽下乾，「巽居東南之方，乾氣自子至於巳，入於巽方，為巽所畜，名曰小畜」。乾坤陰陽消息，乾陽之氣自子而長於巳，由是而入於陰，巳正位於東南，同於傳統八卦方位的巽卦東南之位，故乾氣升於巳而入於巽卦之位，而由巽所畜，因此名為「小畜」。至於大畜卦，上艮小乾，「艮居東北方，乾氣自子至寅，入於艮方，為艮所畜」。[85] 乾陽之氣升至寅位，為東北之位，也正為艮卦所處之位，故入於艮而為艮所畜養，稱之為「大畜」。此取傳統的八卦方位，結合乾坤陰陽消息的配支之位，論釋二卦之來由。此乾坤消息配支之法，不同於漢說如《易緯》或鄭玄之爻辰配位之法。

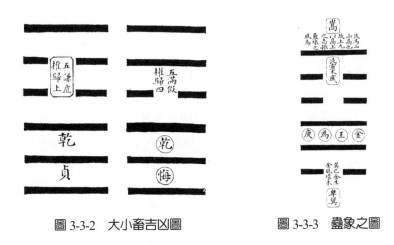

圖 3-3-2　大小畜吉凶圖　　　　圖 3-3-3　蠱象之圖

釋說蠱☶☴卦，上艮下巽，作〈蠱象之圖〉，見圖 3-3-3。取卦位配支、五行之法，云：

> 巽居巳位，金之所生也。至酉金王而巽之功成矣，故巽五爻言庚。今在艮下，猶居寅位，木之鄉也，故言甲。甲庚分子午之位，循環無窮，行權之道也。金剋於木，今居於木下，是蠱生

85　圖式與括弧諸引文，見《大易象數鈎深圖》，卷中，頁 42；同見《周易圖》，卷中，頁 681。

於木中也。有蠱，自然之象。[86]

下巽處東南巳位，認為是「金之所生」，然令人疑惑者，巽以四月巳位言，五行屬火，若以八卦之五行屬性，巽卦又為木；以巽火而言，火與金為相剋的關係，何來為金所生？若以巽木而言，金又剋木，亦無從為金所生。巽陰始於巳，至酉金正為巽卦功成之時，由巽巳初爻至酉歷五爻，且天干金屬庚辛，故「巽五爻言庚」，即巽卦九五爻辭有所謂「先庚三日，後庚三日」之說。又下艮居寅，寅位屬木，於天干配甲，故以「甲」言說，則卦辭有所謂「先甲三日，後甲三日」。甲庚分列東西對立之位，即其所謂「甲庚分子午之位」，東西分判，循環不已，此乃君王行權之道。巽金艮木，巽金為艮木所剋，且居艮木之下，則蠱生於木中，此之所生，為自然之道。鄭氏結合卦位與干支、五行的生剋關係，述明巽卦與蠱卦「先庚」「後庚」、「先甲」「後甲」之說。

　　釋說謙☷☶卦，作〈謙象之圖〉（圖式已如前述圖 3-1-17 所示），以其上坤下艮，「艮居寅屬木，仁也；坤居申屬金，義也」。艮位東北寅位，坤位西南申位，雖合仁義之性，但五行以金克木，「故五上有殺伐之象」，則「教化不至，乃用兵刑」。[87]

　　釋說歸妹☳☱卦，上震下兌，作〈歸妹君娣之袂圖〉（圖式已如前述圖 3-2-3 所示），指出「其卦乃遷東方之陽，以就西方之陰，是震氣入於兌，木為金之剋制也」。震東陽氣木行，兌西陰氣金行，木為金所剋，故六五云「月幾望」，此「月望則陰敵陽，有少陵長、賤易貴之變」，故卦辭云「征凶，无攸利」。陰陽之變，相剋而陵易，為「行不以正者，非聖人之事也」。[88]

86　圖式與引文，見《大易象數鈎深圖》，卷中，頁 46；同見《周易圖》，卷中，頁 683-684。
87　見《大易象數鈎深圖》，卷中，頁 44；同見《周易圖》，卷中，頁 683。
88　見《大易象數鈎深圖》，卷下，頁 66；同見《周易圖》，卷下，頁 696。

（三）卦配節氣之卦氣說

漢代從孟喜（?-?）以降，卦配節氣為普遍的《易》說，也代表漢代主流易學的主要特徵。鄭東卿根本漢說，好以節氣配卦以詮義。釋說困䷮卦，以此卦主要反映在「蔓草葉脫而刺存焉」的「蒺藜之困」，此時植物之所存，僅株木而已，故作〈困蒺藜葛藟株木圖〉（圖式已如前述圖 3-2-9 所示）。取漢代孟喜乃至《易緯》的卦氣之說，認為困卦「屬乎九月，兌氣用事，而臨於戌土，澤水為土所壅」。困卦卦配節候，屬兌卦六三之位，九月霜降之時；兌氣主西方，九月戌辰，五行屬土，卦象上澤下水，澤水為土所壅掩，如同《象傳》所言「澤無水」之困。兌事正秋之時，初爻為秋氣已至，此時「蔓草未殺」，而有葛藟之困，入於六三爻之時，正為秋冬之交的困卦主位，蔓草已葉枯而僅存其刺，蒺藜之困由是已現，而後霜寒之漸臨，「蔓草為霜，而靡有孑遺」，所見者僅株木而已，是以困象於此卦氣而其顯。[89]

釋說漸䷴卦作〈鴻漸南北圖〉，見圖 3-3-4。指出此卦「下艮而上巽，時當正月立春之後，鴻漸來之候矣，故六爻皆係以鴻也」。認為六十卦配候，漸卦正為正月立春之後的雨水之節，此鴻漸來之候，正為孟喜配候所云雁北之候，於四正卦坎卦九五之時。此卦節候如斯，故漸卦六爻皆繫之以「鴻」象。[90]

釋說兌䷹卦作〈兌象之圖〉，見圖 3-3-5。取四正卦氣之說，指出「坎之初六主於冬至，離之初九主於夏至，震兌之初則主於春秋之分

89　參見《大易象數鉤深圖》，卷下，頁 62；同見《周易圖》，卷下，頁 694。有關孟喜之卦氣說，參見李溉所傳錄孟喜的七十二候卦氣圖，指出孟喜以六十卦配四正卦、二十四節氣與七十二候。清代惠棟（1697-1758）於《易漢學》中制〈卦氣七十二候圖〉，並針對唐一行《開元大衍曆經》所述，詳述孟氏七十二候的以卦配曆之法。參見惠棟：《易漢學》（臺北：新文豐出版公司叢書集成新編第 17 冊，1985 年 1 月初版），卷一，頁 43。另外，《易緯》方面，《稽覽圖》述明四正二十四氣配候與八風之說，《乾元序制記》亦有以二十四節氣配四正卦之說。

90　圖式與括弧引文，見《大易象數鉤深圖》，卷下，頁 66；同見《周易圖》，卷下，頁 696。

也」；四正卦之初爻各主冬至、夏至、春分、秋分。鄭氏進一步說明兌卦六爻所主，「兌之下二爻陽氣猶盛，為七月之象；中二爻陰陽中分，為八月之象；上二爻陰過於陽，為九月之象」。認為兌卦初二兩爻為七月之時，三四兩爻為八月之時，五上兩爻為九月之時。然據孟氏之說，兌初秋分，為八月中；兌二寒露，為九月節；兌三霜降，為九月中；兌四立冬，為十月節；兌五小雪，為十月中；兌上大雪，為十一月節。[91]因此，鄭東卿所述，於此爻位配月，當為誤說。

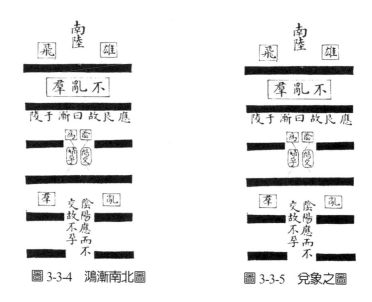

圖 3-3-4　鴻漸南北圖　　　　　圖 3-3-5　兌象之圖

二、天文律呂，時空律則

天文與律呂等知識系統，融入於易學體系，為漢代象數易學的普遍認識與重要特色。《禮記・月令》、《史記・律書》即提出律呂配支之法，如言「陽氣踔黃泉而出」，黃鍾為律，處建子之位，其他各個律

91　圖式與括弧引文，見《大易象數鈎深圖》，卷下，頁 69；同見《周易圖》，卷下，頁 698。

呂亦列其位。[92] 其他如《淮南子・天文》，乃至揚雄《太玄》、《周易參同契》與漢代易學家，亦應用律呂立說，彰顯神聖而定型化的律呂知識。[93] 有關的知識元素之運用，也成為鄭東卿闡述《易》義之重要來源，融入強烈的漢《易》本色。

（一）天文星宿之用

　　鄭東卿釋說豐☲☳卦，以氣動東方而盛明於南方，顯其豐盛之狀，體其盛極必衰之道，故卦辭特言「宜日中」，並又於六二爻辭云「日中見斗」；作〈豐日見斗之圖〉（圖式已如前述圖 3-3-1 所示），說明「明極必昏之理」。何以見斗？鄭東卿以豐卦於卦氣處離卦六二小暑六月之時，即其所謂「五六月之交」，此時「日在柳宿之度」，即小暑正為柳宿之位，「而斗指午未之分」，「實通三辰，故有見斗之理」。[94] 此鄭氏聯結星宿立說者。又師☷☵卦之述義，作〈師比御眾圖〉（圖式已如前述圖 3-1-2 所示），認為「天北望，惟見斗樞辰，極辰曰北辰，斗曰北斗，雖名曰北，實中天也」。[95] 坎北之位，即北方初始之時，於星宿即北斗處位。以北為始，同於中天之位，天文定位，作為萬化之律則。

　　釋說履☰☱卦，作〈履虎尾之圖〉，見圖 3-3-6。指出：

> 乾亥位，初爻本室壁，二爻方起奎，奎繫之者也，見其履虎尾也。坤居申位，參本坤之初爻，以參繫兌者，見虎尾之咥人也。……以乾乘兌，所以履虎之象明也。[96]

92　參見《禮記・月令》；引自孫希旦：《禮記集解》（臺北：文史哲出版社，1990 年 8 月文 1 版），頁 399-438。又見司馬遷：《史記・律書》（北京：中華書局，1997 年 11 月 1 版），卷二十五，頁 1243。

93　律呂配支，作為漢代以來普遍之理解，以子配黃鍾、丑配大呂、寅配太簇、卯配夾鍾、辰配姑洗、巳配中呂、午配蕤賓、未配林鍾、申配夷則、酉配南呂、戌配無射、亥配應鍾。

94　參見《大易象數鈎深圖》，卷下，頁 67；同見《周易圖》，卷下，頁 696-697。

95　見《大易象數鈎深圖》，卷中，頁 41；同見《周易圖》，卷中，頁 680。

96　圖式與引文，見《大易象數鈎深圖》，卷中，頁 42；同見《周易圖》，卷中，頁

履卦上乾下兌，以乾乘兌，為西方白虎之位。乾卦西北為亥位，兌卦西方為戌酉之位，二卦處位與十二辰配二十八宿觀之，正為西方白虎七宿之位，故鄭東卿以履卦六爻配此七宿，初九配昴、九二配畢、六三配參觜、九四配奎、九五配婁、上九配胃。乾亥之位由奎宿繫之，合九四「履虎尾」之象。又坤卦居西南申位，合其初爻為參宿，六三又為坤陰初位，此又同繫於西方兌位，合爻辭「履虎尾，咥人」之象。鄭東卿之以辰配位之說，與傳統的十二辰配宿略異。[97]

圖 3-3-6　履虎尾之圖

（二）律呂音聲之用

卦合五音以釋義，如作〈兌象之圖〉（見前述圖 3-3-5 所示）釋說兌☱卦，指出兌卦何以四爻言「商兌」，以兌西五音為商，又「見震角、

681-682。

97　傳統的十二辰配二十八宿，如《呂氏春秋・十二紀》、《禮記・月令》、《淮南子・天文》等，乃至東漢鄭玄的爻辰值宿，皆以子辰值女虛危，丑辰值斗牛，寅辰值箕尾，卯辰值心房氏，辰辰值亢角，巳辰值軫翼，午辰值張星柳，未辰值鬼井，申辰值參觜，酉辰值畢昴胃，戌辰值婁奎，亥辰值壁室。惠棟考索鄭玄爻辰說，作〈爻辰所值二十八宿圖〉。參見惠棟：《易漢學》，卷六，頁 66。

離徵、坎羽之音」；此八卦配五聲，《易緯・乾元序制記》有詳細之記載，以八卦聯結五行、五聲與五色，除前此諸卦所配，坤配宮、乾配商、巽配角、艮配宮。[98] 音律之以「商」，認為「律過夷則曰商，夷，戮也」，音律之過，以商為名。[99]

　　制〈師比御眾圖〉（見前述圖 3-1-2 所示），釋說師☷☵、比☵☷二卦，指出「律因數起，數自中出，黃鍾之律，起為度量衡，差之毫釐，則不可也。北方之坎，黃鍾之本也，故繇言丈人。爻言律，丈與律，法度之出，非有德者乎，北主幽陰，殺伐之象」。氣化有其源，律數亦有其始，黃鍾用度即為始，同於北方坎位為陰陽變化之始。師卦作為統眾之道，必以有德者而率之，率眾行師，若同於北方殺伐幽陰之事，而行師有德，必以律先，故強調「先出之律」。[100]

　　釋說既濟☵☲卦與未濟☲☵卦，作〈既濟未濟合律之圖〉（見圖 3-3-7），指出「黃帝之律呂，分為乾坤，配為坎離。[101] 乾坤即分六陰六陽，坎離則成既濟未濟」。說明律呂合於陰陽，即本諸乾坤，而乾坤二五相交而成坎離，坎離並合，亦成既濟卦與未濟卦。這種陰陽變化，重視乾坤與坎離合構並繫之既濟與未濟卦的概念，為漢代《周易參同契》乃至鄭玄（127-200）、虞翻（164-233）以來的重要主張。因此，乾坤合律呂，既濟未濟亦合律呂。

98　參見《易緯・乾元序制記》。引自鍾謙鈞：《古經解彙函・易緯八種》（日本：京都市影印自光緒戊子年武英殿聚珍版，1998 年初版），頁 553。

99　見《大易象數鈎深圖》，卷下，頁 69；同見《周易圖》，卷下，頁 698。

100　諸括弧引文，見《大易象數鈎深圖》，卷中，頁 41；同見《周易圖》，卷中，頁 680-681。

101　圖式與括弧引文，見《大易象數鈎深圖》，卷下，頁 72-73；同見《周易圖》，卷下，頁 700。引文中「配為坎離」，原作「妃為坎離」，《周易圖》作「配」字，依文意當以「配」為洽，據改。

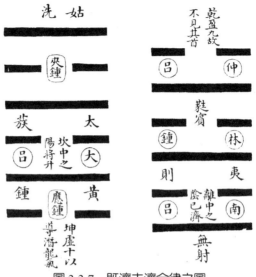

圖 3-3-7　既濟未濟合律之圖

傳統上乾坤合律呂，乾卦初九合黃鍾、九二合太簇、九三合姑洗、九四合蕤賓、九五合夷則、上九合無射；坤卦初六合林鍾、六二合南呂、六三合應鍾、六四合大呂、六五合夾鍾、上六合中呂。[102] 至於既濟與未濟卦所配，因其坎離的陰陽變化，坎中陽升至於仲呂為乾盈之位，離內陰降於坤虛應鍾，陰陽首尾相續，而形成既濟卦由初而上，分別繫無射、南呂、夷則、林鍾、蕤賓、仲呂；未濟卦由初而上，繫之以應鍾、黃鍾、大呂、太簇、夾鍾、姑洗。十二律呂之次序，由未濟卦九二起於黃鍾，並依序至上九姑洗，又次於既濟卦上六仲呂，再而依序九五蕤賓、六四林鍾、九三夷則、六二南呂，至初九無射，最終為未濟卦初六應鍾。[103] 傳統上普遍強調陽律陰呂，其陽聲為黃鍾、太簇、姑洗、蕤

102　朱震《漢上易傳》，根據鄭玄注《周禮‧大師》作〈律呂起於冬至之氣圖〉與〈十二律相生圖〉，以乾坤結合律呂配支。參見朱震：《漢上易傳‧卦圖》，卷中，頁 329、331。鄭玄以乾坤配爻，並繫之以律呂；然而其爻辰之說，乃對《易緯‧乾鑿度》之誤說，因此，若以《易緯》所配，乾坤配繫律呂，自當不同於鄭玄。此論非本文所關注者，故於此不作贅述。

103　參見《大易象數鈎深圖》，卷下，頁 72-73；同見《周易圖》，卷下，頁 700。

賓、夷則、無射；其陰聲為大呂、應鍾、南呂、林鍾、小呂、夾鍾。[104]
陽律下生陰呂，陰呂上生陽律，並為漢代卦氣配律的原則。然而，鄭東
卿所述，並未依準於此一原則與規律。律呂之用，本於陰陽變化的規
範，天道有序，人倫律呂亦有其當然之軌矩，但鄭氏之用，並未合於傳
統的普遍常態。

第四節　小結

　　《大易象數鈎深圖》與《周易圖》所輯圖說，提供後人對鄭東卿易
學的可能認識，使後人能夠理解其在南宋時期所反映出不同於一般的特
殊易學性格；制圖立說六十四卦，同於朱震一般重視漢說卻又別異的獨
特創說特質。

　　運用漢《易》元素，諸多主張卻又稍異於漢說。卦氣、爻辰、八卦
方位部列與干支五行的配用，將不同之系統，進行糾結並合，成為屬於
具有個人特色的新的主張；但是，不免有過度錯綜混置，而不能完全合
於傳統知識的規範。

　　鄭氏強調「六十四卦皆一理也，一理皆本於吾之一心。心外則無
理，理外則無心，心理混融，與象數體用冥而為一。言乎天地之大，蚊
之細，皆不出於吾之心內焉，聖人豈欺我哉」？[105] 氣化成卦，陰陽之
理具，則六十四卦皆太極氣化之理，通徹氣化之一理，則一理皆在吾
心；心與理相合，一理明覺於吾心，故人人物物，至大與幽微，無不為
心所曉、為心所知。「心」與「中」、「誠」、「德」相繫，順天昭德，撫
邦合道。鄭氏理解「心」的認識地位與價值，同於宇宙生成的一氣，同

104　參見《周禮‧春官‧大師》所配。見孫詒讓：《周禮正義‧春官‧大師》（北京：
　　中華書局，2000 年 3 月 1 版北京 2 刷），卷四十五，頁 1832。
105　見馬端臨：《文獻通考》（臺北：臺灣商務印書館文淵閣四庫全書本第 614 冊，
　　1986 年 3 月），卷一百七十六，頁 55。

於具有本體意識的太極，蓋為周敦頤與邵雍等人思想的承繼。

　　以「一」為陰陽之始，氣化之源。數值之布列，正為陰陽運動與屬性之展現。陰陽之變化關係，彼此常因為相互陷入而失其變化之正。陰陽的消息升降，特別強調陽性清揚、陰性濁沉之質。陰陽元氣殊別，陽氣主氣，陰氣主形；陰陽氣形而通於人身，會通於血氣臟腑。陰陽立位，彰明於人事，君子與小人固顯。鄭氏之《易》說特色，尤見於透過象數之用，說明陰陽的錯綜變化與特性。

　　朱熹曾對鄭東卿易學作評論，有褒有貶，指其「專取象」，「亦有義理，其他更有好處，亦有杜撰處」。[106]《大易象數鈎深圖》一系所見鄭氏《易》說，確實展現出以象數之用為最重要的特色，並在象數的理解中，也透顯出宇宙生成觀的義理思想，尤其圍繞在太極氣化為主體的認識主張。朱熹所言杜撰之處，亦即以己意推之，未合《易》之本然，尤其在部分的用象解說上。雷思齊（1231-1303）《易圖通變》強烈批評其圖說，指出鄭氏制說〈河圖〉與〈洛書〉，「尋迹依傍，一意誕謾，廣增圖說，皆非實指，徒使後之人失其真是」。[107] 圖象符號未必不能作為詮解辭義、彰明懿旨之方式，重點在於是否能夠表全其意；然不可泥於圖象、一意執著於圖式之建構，而扭曲背離《易》義。雷氏之斥辭，指出述義非實，雖未能知其所非之具體為何，但在其圖式論述中，確實可以見其強作曲解者。如以別卦具某一大象之說：以鼎䷱卦有「鼎」象，革䷰卦有「爐」象，小過䷽卦有「飛鳥」象，中孚䷼卦有卵象等等。此等依卦附會得象，或有不合《易》之本然，所以朱熹以之強烈批判有杜撰衍說、疑惑後人之嫌。不過於此，仍必須為鄭氏作平允之申說，雖不免於用象附會之失，然亦有所本，諸象多為歷來《易》家有言者，以「杜

106　見黎靖德編：《朱子語類》（北京：中華書局，1999 年 1 版北京 4 刷），卷六十六，頁 1643。

107　見雷思齊：《易圖通變》（臺北：臺灣商務印書館景印文淵閣四庫全書本第 21 冊，1986 年 3 月），卷五，頁 820。

撰」評之，或有厚誣。

　　取象之用，仍又有牽強者，如釋說晉☷☲卦，上離下坤，卦辭有「錫馬」之言，鄭氏明白指出「八卦之象，乾實為馬」，但此卦並不見乾象，故認為「以坤之貞，而陰爻居五位」，明出地上，天子南面於眾民，故有「乾錫之馬」者。[108] 如此立說，理據未洽。另外，又從天地之數合五行以取八卦之象者，如釋說明夷☷☲卦，上坤下離，並無坎水之象，然而鄭氏卻言「初九與上六同乎坎水」，[109] 乃本於天一生水與地六生水之觀點，北方水行，正為坎卦之位，故以之認為初九與上六皆同為坎水之象。錯綜天地之數與爻位的關係，一卦六爻僅六數，則七至十數未見，此合理性不足，而雜會綜取有餘。

　　鄭氏《易》說以象數見長，尤擅於干支五行之配用，作為探析自然變化的基本元素，但仍著重於漢《易》之正宗與《易傳》之學的認識及融通思維，故曾批評魏伯陽《周易參同契》，指「《參同契》意在鍛鍊，而入於術，於聖人之道為異端」。[110] 雖依賴象數，卻不入於丹道數術。例如，卦位的運用上，始終以《說卦傳》所述的傳統卦位為主；又，主要的象數內容，即《易傳》與漢代象數的本色。

　　陰陽的變化，正為四時推移與天文運動的結果，也是時間與空間的存在意義之推顯，落於人倫規範，合用律呂以展現其具體的效能。鄭東卿之圖象釋義，廣以天文、律呂諸元素之配用，為漢代卦氣《易》說之再現，也為《易》義詮解的創發運用之新論者。

108　參見《大易象數鉤深圖》，卷中，頁55；同見《周易圖》，卷中，頁689。
109　參見《大易象數鉤深圖》，卷中，頁56；同見《周易圖》，卷中，頁689。
110　見朱彝尊：《經義考》，卷九，頁59。

第四章
圖解《易傳》之詮釋內涵

　　《周易》經傳分合互映，雖彼此有聯繫，但實必區別而不同，《易傳》作為輔翼解釋《易經》，為對原典詮釋之作，未必與原典完全同義。《易經》作為原始的占筮性質之典籍，《易傳》進行理解上之改造，走向更為義理化、政治教化的路線，同帛書《易傳》、《二三子》等諸出土文獻一般，為孔門一系對《易經》認識所留下之文獻內容。《易傳》繼承占筮系統下的象數觀，成為後代象數與圖書建構的重要理論依據，包括卦象、卦序、筮法與用數、爻位、卦之生成等等。同時，宇宙生成、陰陽變化與性質、政治與人事等諸多思想理論的新立，為易學史與中國歷代思想，提供義理與哲學觀的養料與重要來源。歷代易學家或思想家，於詮釋與思想建構的過程，很難捨棄《易傳》而不論，尤其在易學的範疇，經傳相合、以傳解經，已成為常態。同時，易學家建立易學的認識主張，《易傳》的文字語言或實質的思想內容，往往成為依循的金科玉律、提高論證價值與權威性的主體。

　　兩宋之間，圖學之說如雨後春筍般湧現，《大易象數鈎深圖》同《周易圖》與《六經圖》（《易經》方面之圖式），作為相近或相關聯一系的圖書之學的集成之著，[1] 當中不乏有諸多借用《易傳》語言文字或思想所建構的圖式，或是試圖以其理解中的《易傳》思想，希望透過圖式

1　圖說論述，《周易圖》明顯較《大易象數鈎深圖》與《六經圖》更為詳細，尤其在引述易學家之說，《周易圖》大致明確的標明姓氏，而《大易象數鈎深圖》與《六經圖》則無。

建構之方式，重新體現或確立有關的《易傳》思想內涵，展現出屬於
《易傳》再理解的饒富興味之多元認識觀。

　　認識到《大易象數鈎深圖》與《周易圖》一系，大規模透過圖式
釋說《易傳》，故從龐博宏富的圖式中，歸納掌握針對《易傳》辭義理
解所建構之圖式，探賾索隱，分析圖文中所含攝的詮釋《易傳》辭義之
具體內涵，主要從八卦方位布列之說、乾坤之詮義、天地之數與蓍數蓍
法、十三卦取象與三陳九卦之象德旨義、《序卦》與《雜卦》之六十四
卦布列等幾個面向，洞徹陳說有關圖式之奧蘊，分析有關圖說詮解《易
傳》之實質取向，以及在圖書之學發展中的可能意義。

第一節　八卦方位布列之說

　　八卦之方位，為歷代易學家所關注的易學論題，不論象數或義理
之視域，皆以八卦方位結構，作為宇宙生成變化之圖式。八卦方位之確
立，以《易傳》特別是《繫辭傳》與《說卦傳》所述，作為易學家構說
方位的主要文獻依據，並且以方位聯繫時間的觀念，進一步結合天文曆
法與干支五行，形成一個陰陽變化、多元龐富的有機組合。在漢代象數
之說盛行的年代已普遍存在，至宋代圖書與數值化理解的高度發展下，
更分別出先天與後天之說，八卦方位之思想主張，越加發皇。《大易象
數鈎深圖》透過圖文陳列的方式，以八卦方位的面向，對《易傳》諸文
義進行詮釋，形成屬於宋代圖書之學的重要內容。

一、《說卦》之八卦方位

　　《說卦》提出「帝出乎震，齊乎巽，相見乎離，致役乎坤，說言乎
兌，戰乎乾，勞乎坎，成言乎艮」，確定八卦的方位，即以震為東方，
是萬物之所出者；巽為東南，為萬物潔齊之所；離為南方，乃萬物相見
之明者；坤為西南方，為萬物致養之處；兌為西方，即萬物之所悅者；

乾為西北方，為陰陽相薄而戰者；坎為北方，為萬物之所歸者；艮為東北方，為萬物終始之居。[2]《說卦》確立此八卦方位，為宋代以前所普遍依循的傳統四正四隅的八卦方位，也是邵雍所言之「後天八卦方位」。《大易象數鈎深圖》藉《說卦》八卦方位制說之圖式，主要包括〈說卦八方之圖〉、〈說卦配方圖〉，以及〈帝出震圖〉等三圖。

（一）〈說卦八方之圖〉

　　《大易象數鈎深圖》根據《說卦》方位之說，即傳統的四正四隅之說，作〈說卦八方之圖〉（見圖4-1-1），並詳細申明：

> 乾三畫而為天者，以一含三也。坤六畫而為地者，耦三而為六也。天一地二之本數，天奇地耦之本畫，不待較而可知。然妙理在乎一含三、二含六耳。乾一含三，故索為三男而皆奇；坤二含六，故索為三女而皆耦，此天地生成之理，豈不妙哉。震為雷，雷出於地下，故一陽在下；坎為水，水畜於地中，故一陽在中；艮為山，山形於上，故一陽在上。然陽動陰靜，以動為基者，故動震是也；以靜為基者，故止艮是也。動者在中，非內非外，故或流或止，或動或靜焉，此坎所以為水。巽為木，木發生於地下，故一陰亦在下；離為火，火出於水中，故一陰在中；兌為澤，澤鍾於地上，故一陰在上。然陰柔而陽剛，故木也；始弱而終強，陽在末也；陽明而陰晦，故火也；外明而內晦，陽在外也；陽燥而陰潤，故澤也；外潤而內燥，陽在內也；或問澤內燥何也？愚曰：內燥則能生金，外潤則能鍾水，金所以能生水，土所以能生金者，即澤而知之也。聖人豈苟之哉！[3]

2　見《說卦》。引自王弼、韓康伯著：《周易王韓注》（臺北：大安出版社，1999年6月1版1刷），頁236。

3　圖式與引文，見佚名：《大易象數鈎深圖》（臺北：臺灣商務印書館景印文淵閣四

　　此圖說有幾個重要觀點：

　　1.圖式中心，以「一」作為萬化之元，即「太極」之所。太極化生陰陽，即天一地二之陰陽本數，內含三才之道；乾元、坤元，即天一、地二之數，則乾以一而含三才為三，坤以二而含三才為六，故以乾卦三陽云「含三」，以坤卦三陰云「引六」。一含三，二含六，天地之妙理盡在其中。

　　2.強調八卦配位與陽動陰靜之屬性，並聯繫五行之觀念。乾一含三，乃乾陽含三子，各以一陽合為三男之三陽奇數。本諸陽動陰靜之性，震東為雷，一陽在下而為雷出於地，初陽以動，故雷動於下。坎北為水，一陽居中，或動或靜，所以為水者。艮山一陽在上，居上而有山形，陰居下以靜而為止。坤二含六，以其陰二各含於三女，合為六耦。巽木以陰發生於下，柔而剛，弱而強。離南外剛內柔，陽明陰晦而為火。兌西為澤，內陽為燥，外陰為潤，此所以生金。八卦序列，陰陽變化，五行分屬，布互其中。

圖 4-1-1　說卦八方之圖

圖 4-1-2　說卦配方圖

（二）〈說卦配方圖〉

　　《大易象數鈎深圖》輯制〈說卦配方圖〉（見圖 4-1-2），建構傳統

庫全書本第 25 冊，1986 年 3 月），卷上，頁 4-5。

《說卦傳》所言八卦列位之圖說，即邵雍之後天八卦方位，其說明如下：

> 造化之一氣，即聖人之一心也。造化之氣，本於發生，而聖人
> 之心，亦將以濟世也。故不免由靜以之動，自無而入有，使
> 萬物得以遂其生，安其業。天下之人，終不見其迹者，其故何
> 哉？蓋造化之氣，與聖人之心，雖動而不離靜，雖有而不捨
> 無，彼萬物與萬民已齊，見役說戰，勞於其間，而不自覺知
> 耳。此八卦之序，所以出乎震，成乎艮也。謂之帝者，豈非造
> 化之氣與聖人之心一乎！[4]

〈說卦配方圖〉，《周易圖》作〈卦配方圖〉；圖中文字說明，《周易圖》
明載「鄭合沙曰」，[5]即鄭東卿（?-?）[6]之釋述，而《大易象數鈎深圖》則
未明指鄭氏之說。章潢（1527-1608）《圖書編》錄說〈卦配方圖〉，與
《周易圖》圖名同，引述中亦指明鄭氏之說，除了同《大易象數鈎深圖》
與《周易圖》之原文外，並增言：

> 八卦配八方，莫非帝之所主矣。又曰神妙萬物，豈帝自帝、神
> 自神乎？蓋帝以主宰言，神以流行言。帝主宰不動，故有以統

4　圖式與引文，見《大易象數鈎深圖》，卷下，頁95。《大易象數鈎深圖》原作「彼
　　萬物與萬物已齊」，《周易圖》作「彼萬物與萬民也」（見佚名：《周易圖》〔臺北：
　　新文豐出版公司正統道藏本第4冊，1988年12月再版〕，卷上，頁674。）；章潢
　　《圖書編》作「比萬物與萬民也」。見章潢：《圖書編》（臺北：臺灣商務印書館景
　　印文淵閣四庫全書本第968冊，1986年3月），卷五，頁137。趙撝謙〈造化經綸
　　圖〉作「彼萬物與萬民齊」。轉引自黃宗羲：《明儒學案・諸儒學案》（臺北：里仁
　　書局，1987年4月初版），卷四十三，頁1503。因此，宜作「彼萬物與萬民已齊」
　　為當，據改。
5　參見《周易圖》，卷上，頁673。
6　《大易象數鈎深圖》蓋為匯輯圖說之作，其中可以尋得具體確定的作者與來源者，
　　鄭東卿之圖式為最大宗，約計有61幅。有關鄭東卿之生平，參見前面章節所述。

　　萬物；神流行不拘，故有以運萬物。帝也，神也，一也。[7]

　　此段文字雖未必為鄭氏之言，但可以視為圖式思想的述明。另外，明代趙撝謙（1351-1395）作〈造化經綸圖〉，援引通段文章，並作增文闡論，[8]此蓋趙氏抄引鄭氏之說而未註明者。

　　此一圖說反映出以下幾個重要意涵：

　　1. 造化一氣，即說明宇宙自然之生成本源為「氣」，一切存在皆為氣化的歷程。氣化的根本在於「發生」，即氣化流行、運動生成的根本源頭，亦即以「太極」或「一陰一陽」之道為氣化根荄。鄭東卿釋說六十四卦爻之義，常言氣化之道，肯定「一元之氣」，為萬化之原，人之生亦「本於元氣」，而此元氣又以「天一之水，是為真精之原」。陽動陰隨，陽氣陰形，萬化生生不息。[9]

　　2. 聖人體察氣化生成的自然運化，通之於心，誠孚覺明，法天地氣行造化之道，由之效於人事之圓滿，故「造化之一氣，即聖人之一心」。此聖人法道任心之持重，本於北宋邵雍、周敦頤諸家之說，持其理而意相契。

　　3. 周敦頤「無極而太極」，太極流行以陽動陰靜，順布五行，動行四時的自然之道，化生萬物，變化無窮，而人為萬物化生中最為靈秀者，聖人又是人中之最美善者，聖人以「中正仁義」且「主靜」的人生修養功夫，確立為「人極」的價值導向，完整為人道內容與規範。[10]從無極而太極，直推人極的終極期待，從鄭氏的立場言，即是一種順應與把握自然氣化——「造化一氣」的本然之道，而能入於「聖人之一心」

7　見章潢：《圖書編》，卷五，頁137。

8　趙撝謙之〈造化經綸圖〉圖說，見其著：《趙考古文集》，卷二。又黃宗羲：《明儒學案‧諸儒學案‧瓊山趙考古先生謙》，卷四十三，亦有相同內容之載錄。

9　參見鄭東卿釋說渙卦與節卦所述。見《大易象數鈎深圖》，卷下，頁70-71。

10　參見周敦頤：《太極圖說》。引自周敦頤著、陳克明點校：《周敦頤集‧太極圖說》（北京：中華書局，2009年2月2版北京2刷），頁3-8。

以之濟世者，也正是自然天道的映現；將氣化的自然天道，入於具有道德意涵與人事治世的理想作為的聖人形象與聖人之心，將人與天聯繫為一體，也正是周氏太極同人極的天人之道。

4. 本諸邵雍「心為太極」的重要觀點。邵雍易學思想的建構，哲學命題上重視「心」的核心價值。他的先天圖說以四正四隅布列相生，構成環繞有序的時空圖式，他說「〈先天圖〉者，環中也」，以「環中」的布列結構，展現陰陽的自然運化，強調先天之學為傳遞心法的方法與思想，所以他說「先天之學，心法也。故圖皆自中起。萬化萬物生乎心也。圖雖無文，吾終日言而未嘗離乎是。蓋天地萬物之理，盡在其中矣」。[11] 太極為陰陽運化之中，亦為八卦與六十四卦分布之中，此中為心，則宇宙萬物生自太極，亦生自於中於心，萬物之理皆備於此中此心。聖人澄心體察宇宙自然陰陽之道、太極之道，則自然氣化，同聖人之一心。此「心」同空間的四方之中，同天地之數之中數，同卦布之中。邵雍由是之，鄭東卿之易學觀，亦若是。

5. 太極以其氣化動靜有常，無有有序，變化有道，並以變化為性，萬物因之以各遂其生、各安其業。聖人體太極之化而入於己心，太極一氣同聖人一心，則天道入於人道，治亂盛衰亦在聖人之心；秉受太極氣化、八卦生成布列的動靜有無的神妙之性，聖人亦能馳神於遂生安業，天下之人，雖不見其迹，卻聖人心在。太極造化之氣，與聖人之心合而同一，故聖人為「帝也，神也，一也」可明。

6. 圖式之八卦布列結構，為傳統的八卦方位圖式，坎、離、震、兌列四正之位，乾、坤、艮、巽列四隅之位，配之以地支、節氣，以及元、亨、利、貞四德。「元」列東方震卦之位，象徵春分之時，氣行造化之始，於消息布列正為陽氣升中的「陽中」之時；「亨」列南方離卦之位，象徵夏至消息氣化的「陰生」之時，草木繁衍，亨通壯盛；「利」

11　括弧相關引文，見邵雍：《皇極經世書・觀物外篇上》（臺北：臺灣商務印書館景印文淵閣四庫全書本第 803 冊，1986 年 3 月初版），卷十三，頁 1069。

列西方兌卦之位，為秋分消息氣化的「陰中」之時；「貞」列北方坎卦之位，為冬至消息氣化的陽氣始生的「陽生」之時。此一圖說將漢代的卦氣之說結合《說卦傳》的八卦布列，指出「此八卦之序，所以出乎震，成乎艮也」，強調震東的氣行造化之出；融合卦氣（地支消息與節氣）與「帝出乎震」的造化流行思想，卻形成兩套不同的氣化流行觀，衍生出內在實質上的不協與扞格之情形。

　　7. 圖式結構特別以《說卦傳》「帝出乎震……」的概念作開展，以造化之一氣，同於聖人之心，天人相合，天道下濟人道，並終於人事濟世之用，使萬物皆能各遂其生、各安其業。氣化流行自有其神妙自性的理想律則，而聖人本心合此氣行，動靜有無有序，此聖人同於天帝與人間帝王之所主。一氣合八方之氣，同於聖帝之主八方。聖人之心，心居中位，則帝若造化之主，亦居中五中央之位，則八卦為其所主，震東為帝之所出，而巽風齊平萬物萬民，進而「見役說戰，勞於其間」，終成於艮。此亦帝所以神妙萬物者。所以章潢針對此圖，進一步指出「八卦配八方，莫非帝之所主矣」，「帝也，神也，一也」。其義即在此。

（三）〈帝出震圖〉

　　由一氣流行、聖人之心、帝與神，貫通《說卦傳》的八卦布列的思想，同於《大易象數鈎深圖》中所輯的〈帝出震圖〉（圖4-1-3所示），《周易圖》亦有輯收，並具體引陳摶之說：

> 希夷曰：正位稱方，故震東、離南、兌西、坎北；四維言位，故艮東北、巽東南、乾西北；坤獨稱地者，蓋八方皆統於地也。兌言正秋，亦不言方位者，舉正秋則四方之主時四正類可見矣。離稱相見，以萬物皆見于此也。兌稱說言者，以正秋非萬物所說之時，惟以兌體為澤，澤者物之所說，而不取其時正。艮稱成言者，以艮之體終止萬物，無生成之義，今以生成初言者，以艮連於寅也，故特言之。坤加「致」字者，以其致

用於乾也，觸類皆然。[12]

圖 4-1-3 帝出震圖

此一圖說反映的重要概念：

1. 以陳摶之言，取《說卦》所言傳統八卦方位，四正為方，四隅為位。認為八卦惟坤卦獨稱「地」者，乃方位皆統於地。至於兌卦言「正秋」而不言方位，乃舉正秋則四時可類見。離卦言「相見」，乃夏至之時，文明之地，萬物繁庶，皆見於此。艮以「成言」為稱，為終始萬物之處，然其體為終止萬物，而無生成之義，以生成之初言之。至於坤言「致養」、「致役」之「致」者，為本其柔順生養之性，而致用於乾，猶臣之致其君者。

2. 帝居中央天五之位，帝作為「上天之尊稱」，亦即自然之主宰，自然萬物之所成，因氣而生，則一氣主宰，同於帝，亦同於聖人；一氣主宰，位處於中，即天五之氣、居中帝位，亦即聖人之一心。

12　圖式與引文，見《大易象數鈎深圖》，卷上，頁 23；又見《周易圖》，卷上，頁 673。

二、仰觀天文與俯察地理

　　《繫辭傳》指出「《易》與天地準，故能彌綸天地之道。仰以觀於天文，俯以察於地理，是故知幽明之故」。[13] 聖人立著《易》說，擬準天地之道，神妙之性與天地相似，而能範圍天地之化。從仰觀俯察之中，能夠原始反終，觀象驗物而通其變化之狀，知其天道廣遠而幽邃，地道卑近而朗明，遠幽近明，皆能專驗窮理，知其所故。《大易象數鈎深圖》同《六經圖》，制〈仰觀天文圖〉與〈俯察地理圖〉，以解《繫辭傳》之義，肯定伏羲「仰者觀象於天，俯者觀法於地」，而制為八卦，結合天圓地方之觀念，統天地自然之象，見天地自然之理。

（一）〈仰觀天文圖〉

　　《大易象數鈎深圖》制〈仰觀天文圖〉，見圖 4-1-4 所示。並云：

　　伏羲仰觀天文，以畫八卦，故日月星辰之行度運數，十日四時之屬，凡麗於天之文者，八卦無不統之。[14]

　　自然天象，自然之理，以其仰觀天象天文，而得其象理，此天象天文，即日月星辰之運行，確立空間方位與時序轉變；其最基本者為二十八星宿之布列，聯繫二十四節氣的四時之變，並結合傳統的八卦方位，形成共構的有機關係，則天文天象莫不由此八卦統之。

13　見《繫辭上》。引自王弼、韓康伯：《周易王韓注》，頁 205。
14　圖式與引文，見《大易象數鈎深圖》，卷上，頁 18。

圖 4-1-4　仰觀天文圖

圖 4-1-5　天文圖

　　此一圖說結構與內容，同於朱震（1072-1138）所輯制之〈天文圖〉（如圖 4-1-5 所見），亦即《大易象數鈎深圖》所輯此圖說，在朱震時已

明確存在。朱震以〈賁卦〉之卦義,尤其是《彖傳》所言那種剛柔交錯成文的「觀乎天文以察時變」的「天文」作為理解所制圖說,這種合天文立說的易學觀,已為漢魏時期學者所倡,例如虞翻(164-233)強調「離、艮為星,離日坎月」;王弼(226-249)亦言「剛柔交錯,天之文也」。八卦所含攝的天文圖式,即星體展現的陰陽剛柔的交錯運化,則八卦與星體之布列,能夠彼此相互統合。朱震進一步說明指出,「日為陽,月為陰;歲熒惑鎮為陽,太白辰為陰;斗魁為陽,尾為陰;天南為陽,北為陰;東為陽,西為陰。日月東行,天西轉。日自牽牛至東井,分剛上而文柔也;月自角至壁,柔來而文剛也。五星東行,有遲有速,北斗西行,昏明迭建,二十八宿分配五行,各有陰陽,四時隱見,至於中外之宮,無名之星,河漢之精,皆發乎陰陽者也」。[15] 天文的行度運數之實象,即陰陽二氣的剛柔交錯變化所致,天南離日為陽而天北坎月為陰、東震為陽與西兌為陰、緯星之分陰陽、北方斗宿為陽而相隔之東方尾宿為陰等等,則陰陽變化所推衍的八卦布列與天文星象所共構的時空圖式,展現出時間與空間意義的自然存在的具體認識。由是而推,日月星辰的天文空間變化,正是呼應「十日四時」等節氣的時間流轉,有其恆常之律則,此亦一陰一陽之道的八卦之統,周乎萬物,道濟天下,而為人倫之準據。

　　天圓以二十八星宿周圍分布,即陰陽交錯的結果,以茲推定時間之變化,早在《周禮‧春官》、《禮記‧月令》、《爾雅‧釋天》、《史記‧律書》、《淮南子‧天文》等諸典籍已有詳記。《大易象數鈎深圖》所示之圖式結構,以傳統八卦方位配二十八宿,本為漢儒所慣用者,如京房(前77-前37)以八宮六十四卦聯結干支,範圍黃道運序,作為占筮與釋說陰陽災異。[16] 四正四隅的八卦方位,即《說卦》所言之傳統方位,

15　朱震〈天文圖〉與有關引文,見朱震:《漢上易傳‧卦圖》(臺北:臺灣商務印書館景印文淵閣四庫全書本第 11 冊,1986 年 3 月),卷中,頁 335。

16　參見陳睿宏(伯适):《惠棟易學研究》(臺北:花木蘭文化出版社,2009 年 9 月初

八卦處位契合二十八宿，坎北即危、虛宿位，離南即星、張之位，震東即心、房之位，兌西即畢、昴之位。此卦配天文之說，同於漢《易》配用之元素，亦為《繫辭傳》思想之釋說的具體展現。

（二）〈俯察地理圖〉

　　《大易象數鉤深圖》輯〈俯察地理圖〉，如圖 4-1-6 所示，並云：

> 伏羲俯察地理，以畫八卦，故四方九州、鳥獸草木，十二支之
> 屬，凡麗於地之理者，八卦無不統之。[17]

伏羲俯察於地理，審度於陰陽之化，立坎、離、震、兌四正、乾、坤、艮、巽四隅的八卦布列，則四方九州、鳥獸草木、近身遠物，莫不由是而立；合干支之用，附麗於地理者，八卦決然統之。

圖 4-1-6　俯察地理圖

版），頁 190-194。
17　圖式與引文，見《大易象數鉤深圖》，卷上，頁 19。

圖 4-1-7　日之出入圖

　　朱震制〈日之出入圖〉（如圖 4-1-7 示）[18] 與此〈俯察地理圖〉之圖
式結構內容相近，可知《大易象數鈎深圖》輯此圖說，朱震時期已見
用。朱震圖說主要在於述明太陽的運動變化，而自然存在的時空概念，
太陽正是其主體的依據之一；這種以太陽變化的方位布列理解，同於八
卦的分立，結合干支之展現，彼此之冥合亦同。

　　干支五行與八卦之配用，甲乙屬震卯東方之位，五行屬木；丙丁屬
離午南方之位，五行屬火；庚辛屬兌酉西方之位，五行屬金；壬癸屬坎
子北方之位，五行屬水，戊己居中，五行屬土。

　　朱震圖說所見，四時干支與日行之配屬的時空衍化，春分之時，且
出於甲，秋分之時，暮入於庚。日出於甲而入於庚，即日之升降軌道，
與赤道軸線相差二十三度半，由甲至卯之高度，與庚至酉之高度，皆為
二十三度半；於甲庚可見日之升降，此二點所構成的立體空間方位，即
日體運動之黃道線。[19] 朱震將甲標示為春分，庚標示為秋分，即黃道線

18　圖式見朱震：《漢上易傳・卦圖》，卷下，頁 344。
19　黃道即由地球觀察太陽一年的視運動之路徑，事實上是地球繞太陽公轉的路徑，
　　而從地球的角度觀之，假設地球為不動的星體為參照，即太陽繞地球轉動的天球

與天赤道相交的兩點，也就是一般天文學所稱說的春分點與秋分點之二分點。〈日之出入圖〉反映出地球與太陽運轉間的實際運動概況，透過此八卦與干支的排比，簡易架構出具有科學意義的時空圖式。同樣的元素與布列，〈俯察地理圖〉則不強調日行出入，而純言八卦合干支的地理分布，坎子北方合壬癸，地屬冀州；艮丑東北方，地屬兗州；震卯東方合甲乙，地屬青州；巽巳東南方，地屬徐州；離午南方合丙丁，地屬揚州；坤未西南方，地屬荊州；兌酉西方合庚辛，地屬梁州；乾亥西北方，地屬雍州。八卦之「中」，雖未明示，是為中央戊己之位，地屬豫州。九州布列，同四時、方位與干支之分屬。天文星宿之投影，合地理九州之所居，時間與空間相與，正為傳統八卦之統理，表徵一切存在之意義。

三、剛柔八卦之摩盪與類聚群分

　　《繫辭傳》開宗明義針對宇宙自然的陰陽剛柔變化之規律與實況，提出「方以類聚，物以群分，吉凶生矣」。「是故剛柔相摩，八卦相盪，鼓之以雷霆，潤之以風雨，日月運行，一寒一暑」。[20] 人人物物的類聚群分，乃至雷電、風雨、日月、寒暑並作於天地之間，此陰陽之所化，八卦之布顯。《大易象數鈎深圖》同《六經圖》，輯制〈剛柔相摩圖〉（見圖 4-1-8）、〈八卦相盪圖〉（見圖 4-1-9）與〈類聚群分圖〉（見圖 4-1-10）三圖，用以述明《繫辭傳》此文之大義。

　　路徑的軌道平之投影。黃道的路徑與赤道形成一個 23°26′（一般概說為二十三度半）的黃赤交角之夾角，亦即地軸之傾角。

20　見《繫辭上》。引自王弼、韓康伯：《周易王韓注》，頁 203。

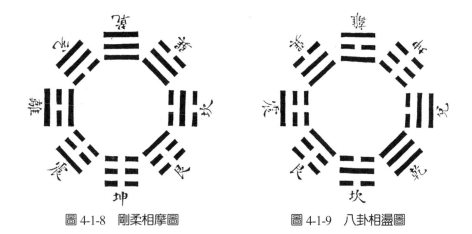

圖 4-1-8　剛柔相摩圖　　　　圖 4-1-9　八卦相盪圖

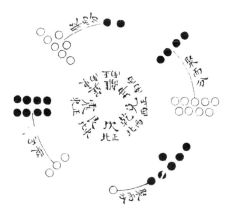

圖 4-1-10　類聚群分圖

（一）〈剛柔相摩圖〉

《大易象數鈞深圖》輯〈剛柔相摩圖〉（見圖 4-1-8），並云：

> 乾陽居上，坤陰居下，乾自震而左行，坤自巽而右行。天左地右，故曰剛柔相摩。[21]

《易》道變化，陰陽剛柔流行變化，相互伏陵，是剛盛則柔伏，柔盛則

21　圖式與引文，見《大易象數鈞深圖》，卷上，頁 21。

剛陵，使乾坤所引領的八卦之布列與運行，形成固定有序之常則。乾坤
分列上下，乾天左行，自震而離而兌而至乾；坤地右轉，自巽而坎而艮
而至坤。此所以為天左地右的剛柔相摩之運動律則。由是而立說之八卦
布列，乾、坤、坎、離分列四方，餘四卦布居四隅，此即邵雍分說先天
與後天的先天八卦方位，或稱伏羲八卦方位。

（二）〈八卦相盪圖〉

《大易象數鈎深圖》輯〈八卦相盪圖〉（見圖 4-1-9），並云：

> 震盪艮，兌盪坤，離盪巽，坎盪乾。八卦往來，迭相推盪。京
> 房曰：盪陰入陽，盪陽入陰。[22]

陰陽的相互摩盪，則八卦分列，坎、離、震、兌立四方，餘四卦處四
隅，此《說卦》所言傳統之方位，亦即邵雍所名之後天（文王）八卦方
位，有別於〈剛柔相摩圖〉的先天之位。由陰陽剛柔的相互摩盪，分出
兩個不同的八卦分布圖式，如此分說，非漢魏《易》家之存說，乃宋儒
始言，《大易象數鈎深圖》輯收二圖，藉由圖式以展現出宋儒觀點之特
殊性。八卦之相盪，以四正卦位盪四隅卦位，即東方震卦盪東北艮卦，
西方兌卦盪西南坤卦，北方坎卦盪西北乾卦，南方離卦盪東南巽卦。八
卦之盪行，《大易象數鈎深圖》特別舉京房所云「盪陰入陽，盪陽入陰」
進行申明。萬物之所成，獨陽獨陰不能盡，必陰陽交感方可盪為萬物；
八卦之形成亦然，陰陽相盪相攝，八卦布行，萬物類成，盈乎天地。

（三）〈類聚群分圖〉

《大易象數鈎深圖》根據《繫辭傳》「方以類聚，物以群分」作
〈類聚群分圖〉（見圖 4-1-10），云：

> 坎北、震東、乾西北、艮東北，四卦皆陽也；離南、兌西、巽

---

22 圖式與引文，見《大易象數鈎深圖》，卷上，頁 22。

東南、坤西南，四卦皆陰也。故曰「方以類聚」。一聚於六而
分乾坎，四聚於九而分坤兌，二聚於七而分離巽，三聚於八而
分震艮，故曰「物以羣分」。得朋則吉，乖類則凶，此吉凶所
以生也。[23]

八卦布列八方，乾、坎、艮、震居東北之區，兌、坤、離、巽居西南之
域，陰陽八卦之分布，判然有別，此所謂「方以類聚」。陰陽之會聚，
即天地之數的聚合與分成，《大易象數鈎深圖》不以宋代邵雍所言的先
天或後天之用數進行釋說，而是取用天一、地二、天三、地四、天五、
地六、天七、地八、天九、地十的生成數之五行方位布列作說明，即：
天一與地六聚合於北方生水，分而為乾坎；地二與天七聚合於南方生
火，分而為離巽；天三與地八聚合於東方生木，分而為震艮；地四與
天九聚合於西方生金，分而為坤兌。八卦陰陽布列，得朋的同類相感
則吉，非朋乖類則凶，若坤卦所言「西南得朋，東北喪朋」，得朋、喪
朋，吉凶所由見知。

　　林栗（1120-1190）《周易經傳集解》中指出：

震、坎、艮本乎天，故從乾而居；巽、離、兌本乎地，故從坤
而位，是謂「方以類聚」也。乾、震、坎、艮，陽物也，非陰
則不配；坤、巽、離、兌，陰物也，非陽則不合，是謂「物以
羣分」也。聚以其類，分以其羣，則相得而為吉。聚不以其
類，分不以其羣，則不相得而為凶，吉凶之所以生也。[24]

林栗之說，同取傳統的八卦布列方式，說明類聚群分與吉凶之所由生之
情形，所述內容與此圖說相近；知《大易象數鈎深圖》有關圖式觀點，

23　圖式與引文，見《大易象數鈎深圖》，卷下，頁 83-84。
24　見林栗：《周易經傳集解》（臺北：臺灣商務印書館景印文淵閣四庫全書本第 12
　　冊，1986 年 3 月），卷三十三，頁 441-442。

當為南宋前期之普遍主張。相較於漢儒象數立說，論釋類聚群分，好言
升降消息，很少直接從八卦方位布列作解，如「方以類聚」，《九家易》
謂此乃姤卦「陽爻聚于午也」，「謂陽道施生，萬物各聚其所也」。「物以
羣分」，《九家易》則謂此復卦「陰爻聚于子也」，「陰主成物」，「至于萬
物一成，分散天下也」。[25]

　　與《大易象數鉤深圖》相近的《周易圖》，另輯作〈方以類聚圖〉，
如圖 4-1-11 所示，其圖式結構內容與〈類聚羣分圖〉相似，並且指出：

> 坎北方也，乾以水之成數，類聚於西北；震東方也，艮以木之
> 成數，類聚於東北；離正南也，巽以火之生數，類聚於東南；
> 兌正西也，坤以金之生數，類聚於西南。故八卦各以其方而類
> 聚。[26]

八卦與天地之數的布列，與《大易象數鉤深圖》相同，但特別明示五行
的方位，同時以四方的圖式呈現，反映出「方以類聚」的地方之性；地
方生物，物生以類聚。

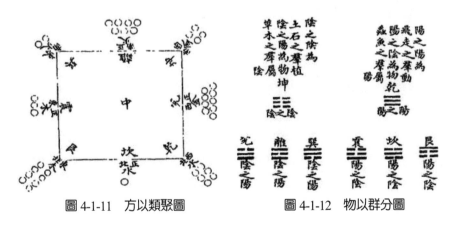

　圖 4-1-11　方以類聚圖　　　　　圖 4-1-12　物以群分圖

25　參見李道平：《周易集解纂疏》（北京：中華書局，1998 年 12 月 1 版北京 2 刷），
　　卷八，頁 542。
26　圖式與引文，見《周易圖》，卷下，頁 700。

《周易圖》同時輯作〈物以群分圖〉，如圖 4-1-12 所示，其說明云：

> 天下之動者，不能直偏於陽也；天下之植者，不能動偏於陰也。陰陽之物，以是而群分，惟人為能動而直，能植而動，所以得陰陽之全，固能於物而為之羣分也。27

說明萬物群分的具體實況，從八卦的大範疇而言，乾、艮、坎、震為陽卦，坤、兌、離、巽為陰卦；進一步的細分，乾卦為陽之陽，艮、坎、震為陽之陰，坤卦為陰之陰，兌、離、巽為陰之陽。類比於萬物，動物屬陽，即乾、艮、坎、震之屬，而飛走之群為陽之陽的乾卦，蟲魚之群為陽之陰的艮、坎、震；植物屬陰，即坤、兌、離、巽之屬，而草木之群為陰之陰的坤卦，土石之群為陰之陽的兌、離、巽。人為陰陽合物，具動物與植物之性，故能得陰陽之全。八卦群分萬有，體現陰陽分化的本質，流行變化，分別俱定。《大易象數鈎深圖》與《周易圖》圖說雖稍有不同，尤其《周易圖》特顯詳細具體，然而表述之觀念皆同。

　　陰陽相交以生物群分的思想，邵雍《皇極經世》已有明述，指出「陽交於陰而生蹄角之類也，剛交於柔而生根荄之類也，陰交於陽而生羽翼之類也，柔交於剛而生支幹之類也。天交於地，地交於天，故有羽而走者，足而騰者，草中有木，木中有草也。各以類而推之，則生物之類不過是矣。走者便於下，飛者利於上，從其類也」。28 說明天地萬物的一切存在，其情性緣於天地、陰陽、剛柔之交而殊別，其陽交於陰而為蹄角之獸，陰交於陽而為禽鳥，剛交於柔而為根草葉瓣之屬，柔交於剛為枝幹大木。其群分之別，說法與《大易象數鈎深圖》與《周易圖》有明顯的差異，非同一論述系統。

27　圖式與引文，見《周易圖》，卷下，頁 700-701。
28　見邵雍：《皇極經世書‧觀物外篇下》，卷十四，頁 1081。

第二節　乾坤之詮義

　　乾、坤純陽純陰之卦，在易學體系中的地位，從《易傳》以來即特別的關注，不論是《文言》專就二者立論，或《繫辭傳》、《彖傳》等諸傳之申說，乃至漢代《易緯》有《乾鑿度》、《乾坤鑿度》等著，歷來易學家延續其要，踵事增華，強化其重要性。《易傳》肯定〈乾〉、〈坤〉為《易》之門戶，甚至視之為與陰陽同義而異名，為八卦乃至六十四卦之所由生者。《大易象數鈎深圖》以圖式立說，基本概念大體根準於《易傳》，並著重於以象數觀點進一步闡發。

一、乾知大始與坤作成物

　　《繫辭傳》首段文字強調「乾知大始，坤作成物。乾以易知，坤以簡能。易則易知，簡則易從」。「易簡而天下之理得矣」。[29] 乾、坤作為萬化生成之本，乾陽知其始，坤陰化其成，此陰陽變化之道不失其所；萬化之始，雖廣遠茫昧，然亦易知之，乃純陽之乾為萬物之元始。坤陰化成萬物，以簡能致之而不繁。乾、坤陰陽相參，易知簡從，天地自然之理得而知之。乾、坤作為宇宙根源的意義，與《彖傳》所言「大哉乾元！萬物資始，乃統天」；「至哉坤元！萬物資生，乃順承天」[30] 之概念相同。萬物之初始，以乾元統天，而萬物具體形象、實然之物的創造，則由坤元來開展；「資始」與「資生」，作為乾、坤創生的主要表現。此等生成觀，《大易象數鈎深圖》藉由圖式聯繫十二地支來呈現。

（一）〈乾知大始〉

　　《大易象數鈎深圖》同《六經圖》，輯制〈乾知大始〉，如圖 4-2-1 所示。說明云：

29　見《繫辭傳》。引自王弼、韓康伯：《周易王韓注》，頁 203。
30　參見《彖傳》釋說乾坤兩卦所言。引自王弼、韓康伯：《周易王韓注》，頁 3、9。

　　一陽生於子，二陽在丑，三陽在寅，四陽在卯，五陽在辰，六
　　陽在巳，而乾位在西北，居子之前，故曰「乾知大始」。言乾
　　以父道，始天地也。[31]

以十二消息配支之概念，說明陽息之一陽生於子，依次丑、寅、卯、
辰，至六陽在巳。同時聯繫傳統的八卦方位，以乾卦位居西北，正在戌
亥之位，居於子位之前，故言「乾知大始」。透過消息變化的思想，強
調乾陽的父道之性，作為創生天地之開端，乾陽為一切的根源。將消息
卦之觀點與卦位相配，為兩個不同的方位觀的結合，藉以說明「乾知大
始」，雜會立論，似顯牽強。

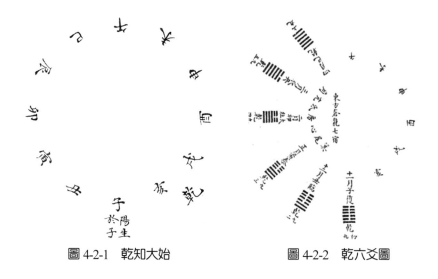

　　　圖 4-2-1　乾知大始　　　　　　圖 4-2-2　乾六爻圖

　　乾、坤陰陽消息變化，確立乾、坤之陰陽變化與消息卦復、臨等十
卦之關係，並配之以地干，確立時空的概念，乃至建構六十四卦變化系
統，為歷代學者所普遍慣用之思想。然而，這種以配支立說乾德之思想
主張，宋代以前並不多見，但宋代時期與此圖說相近之圖式，文獻可及
較早見者，如朱震制〈乾六爻圖〉，如圖 4-2-2 所示，強調乾陽之息始

31　圖式與引文，見《大易象數鈎深圖》，卷上，頁 5。

於子而成於巳，一陽復卦生於子，亦震之象，震得乾之一陽為長子，同承雲龍之父性，其餘各辰位亦因乾陽之變，而有其不同之屬性。[32] 乾卦六爻之不同位置，代表陽氣運化下不同時間之轉變，也對應出空間變化之不同，為一種簡易的時空衍化之宇宙圖式，此等思想在朱震圖說中每多見用，又如其〈天之運行圖〉[33] 亦是。因此，《大易象數鈎深圖》此藉由《繫辭傳》辭義所構〈乾知大始〉之圖說，與朱震圖說為同屬一系之思想。

（二）〈坤作成物〉

《大易象數鈎深圖》亦同《六經圖》，輯制〈坤作成物〉，如圖4-2-3 所示。說明云：

> 一陰生於午，二陰在未，三陰在申，四陰在酉，五陰在戌，六陰在亥，而坤位在西南，蓋西南方申也。物成於正秋，酉也，坤作於申，成於酉，故曰「坤作成物」。[34]

同樣建立十二消息配支的主張，肯定陰消之一陰生於午，依次為未、申、酉、戌，至六陰生於亥。又依傳統的八卦方位，坤卦居西南申位，而萬物成長完成於正秋酉位，而坤作於申，六陰又終成於酉，故稱「坤作成物」。若從漢儒以來的乾、坤配支之傳統說法，如京房、《易緯》的配支之說，乃至鄭玄（127-200）的爻辰思想，「午」屬陽支，不宜為坤卦一陰之位，顯然《大易象數鈎深圖》此說並非依循漢說；漢說雖以消息配辰，但在乾、坤十二爻單純配辰方面，顧及與納支上可能的衝突，故少取上說。

32　圖式與說明，參見朱震：《漢上易圖・卦圖》，卷下，頁345。
33　見朱震：《漢上易圖・卦圖》，卷下，頁344。
34　圖式與引文，見《大易象數鈎深圖》，卷上，頁6。

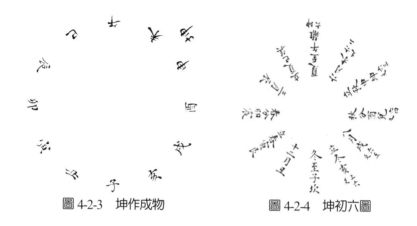

圖 4-2-3　坤作成物　　　　　圖 4-2-4　坤初六圖

　　已如前〈乾知大始〉圖說所述，配支立說乾、坤，宋代時期相近之圖說思想，朱震易學每可多見，其〈坤初六圖〉與此〈坤作成物〉圖說相近，如圖 4-2-4 所示，以坤卦六爻納六支為六月，結合節候消息闡明坤卦六爻之大義；[35] 錯綜爻辰、消息、節候之並用，與漢代純粹從爻辰之法論說乾坤的觀點決然有別。〈坤作成物〉，與朱震圖說亦同屬一系之思想，為糾結漢說的創新組合之主張。

二、天尊地卑

　　《大易象數鈎深圖》同《六經圖》，制〈天尊地卑〉（見圖 4-2-5）以釋說《繫辭傳》「天尊地卑」之大義，云：

> 自一至十，天尊於上，地卑於下。尊者乾之位，故乾為君、為父、為夫；卑者坤之位，故坤為臣、為母、為婦。皆出於天尊地卑之義也，故曰「天尊地卑，乾坤定矣」。[36]

天地作為陰陽形氣之實體，乾坤則作為《易》之純陽純陰之卦，表徵陰

35　圖式與說明，參見朱震：《漢上易圖・卦圖》，卷下，頁 345-346。
36　圖式與引文，見《大易象數鈎深圖》，卷上，頁 6。

陽，立為天地，故聖人立乾坤之象，「崇效天，卑法地」，[37] 取天尊地卑為用。陰陽運化，以數為名，天地之數自一至十的三角形數列布狀，同於天地尊卑上下之別；本於陰陽氣化輕清在上、重濁在下之性，所以天一、地二、天三、地四……，貴賤分殊，立位判定，此即《繫辭傳》所言「天尊地卑，乾坤定矣」之義。乾天為尊，則有為君、為父、為夫諸尊貴者之象；坤地為卑，則有為臣、為母、為婦之象。藉由乾坤可以類推出天尊地卑之性的諸象。此一圖說具體的透過象與數的概念，確立天尊地卑而述明乾坤與陰陽之本質，寓圖式符號與象數於義理之中。

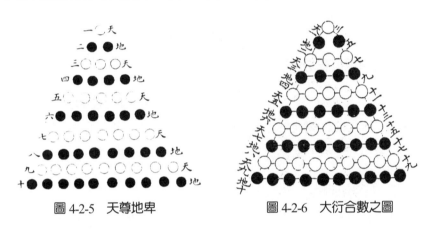

圖 4-2-5　天尊地卑　　　　圖 4-2-6　大衍合數之圖

　　《大易象數鉤深圖》此一圖說，與發展至宋末丁易東（?-?）《大衍索隱》所制〈大衍合數之圖〉（見圖 4-2-6），[38] 圖式結構完全相同，或是直接或間接之影響，或是普遍之認識，形構天地之數的陰陽變化之黑子白布列方式，然而丁易東進一步以之推衍大衍之數。以天地之數由天一到地十之陰陽變化進行推布，圖式右側標明陰陽之合數，即天一與地二合為三，地二與天三合為五，依序推出七、九、十一、十三、十五、十七、十九諸數。陰陽合數包括一、三、五、七……至十九等數，總合

37　見《繫辭上傳》。引自王弼、韓康伯：《周易王韓注》，頁 208。

38　圖式見丁易東《大衍索隱》（臺北：臺灣商務印書館景印文淵閣四庫全書本第 806 冊，1986 年 3 月），卷一，頁 328。

為一百，與用蓍為百莖之數相合。陰陽合數皆以陽數呈現，即天地奇偶相合皆為奇數，並以規則有序的方式遞增。十個天地之合數，其奇數之合為一、三、五、七、九、一、三、五、七、九等十數之合，即大衍五十，其始「一」未因陰陽而合，故不入其合數，故合四十九之用數。其耦數者，乃五個十數而合為五十，正為大衍五十之數。丁易東藉此陰陽數列變化，說明天地之數推定大衍之數的邏輯理路，亦內蘊著「天尊地卑」之屬性，數始於「一」陽，合數皆以奇顯即是。推筮用數，本在展現陰陽變化之結果，但必須根本於以乾坤為表象的天尊地卑的陰陽變化之定象。

三、參天兩地與乾坤策數

　　《說卦傳》所言「參天兩地」，以及《繫辭》申說的乾坤策數，皆藉由數值表述陰陽變化的概念，而乾坤純陽純陰，正可以象徵陰陽，反映為宇宙自然生成的初始意義。

（一）〈參天兩地圖〉

　　《說卦傳》云「昔者聖人之作《易》也，幽贊於神明而生蓍，參天兩地而倚數，觀變於陰陽而立卦……」，[39] 聖人肯定神明能夠知吉凶，透過生蓍以通神明之德；生蓍之法，在於推數衍數，「參天兩地而倚數」，則在言推蓍用數，進一步以衍數以表徵陰陽變化實狀之所得，即得其所衍之卦，卦立則吉凶已明。「參天兩地」之概念，為歷來學者所好論者，《大易象數鈎深圖》亦立〈參天兩地圖〉（如圖 4-2-7）以釋說，圖說涉言著重於乾元與坤元。云：

　　乾元用九，參天也；坤元用六，兩地也，故曰「參天兩地而倚

39　見《說卦傳》。引自王弼、韓康伯：《周易王韓注》，頁 235。

數」。九、六者，止用生數也。[40]

《周易圖》與《六經圖》同有此圖，惟《周易圖》明白指出耿南仲（?-1129）之言，並作較為詳細之說明：

> 耿南仲曰：參天則天一、天三、天五總而為九，兩地則地二、地四合為六。方其揲蓍，七、九、八、六皆以為用，及其成卦，舍七而取九，舍八而取六，倚於一偏，是為倚數。[41]

天地之數一、二、三、四、五為生數，六、七、八、九、十為成數。取生數之用，參天者，天一、天三、天五合而為九；兩地者，地二、地四合而為六。揲蓍得七、九、八、六陰陽爻數，即老陽、老陰、少陽、少陰等四象之數，成卦則捨七、八而用九、六，是倚九、六此生數之用，此所以乾陽之爻用九，坤陰之爻用六，「乾元用九」，「坤元用六」之義。

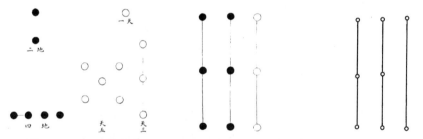

圖 4-2-7　參天兩地圖　圖 4-2-8　乾元用九坤元用六圖　圖 4-2-9　　用九用六圖

（二）〈乾元用九坤元用六圖〉

　　《大易象數鈎深圖》延續「參天兩地」，進一步制作〈乾元用九坤元用六圖〉（見圖 4-2-8 所示），並云：

40　圖式與引文，見《大易象數鈎深圖》，卷上，頁 7。
41　見《周易圖》，卷下，頁 701-702。

乾陽之位共十二畫，謂乾三爻，震、坎、艮各一爻，巽、離、兌各二爻，共十二畫也。坤陰之位共二十四畫，謂坤六畫，巽、離、兌各二畫，震、坎、艮各四畫，[42]計二十四畫也。陽爻君道也，故得兼之，計有三十六畫，所以四九三十六畫，陽爻則稱九也。坤臣道也，不得僭上，故四六二十四畫，所以陰爻則稱六也。故乾三畫兼坤之六畫，成陽之九也，陽進而乾元用九矣，陰退而坤元用六矣。合此餘九六者，蓋天地剛柔之性也。[43]

強化陰陽以乾坤代稱的重要觀點，八卦之中，乾陽之位共十二畫：乾有三畫，震、坎、艮各一，巽、離、兌各二；坤陰之位共二十四畫：坤有六畫，巽、離、兌各二，震、坎、艮各四。「九」為成數之陽極之數，蓍數四九三十六，九數為陽爻，以尊貴君道為象。「六」為成數之陰極之數，蓍數四六二十四，六數為陰爻，以卑順臣道為象。九、六為乾坤所用，正表現出天地剛柔之性。

　　《周易圖》另有〈用九用六圖〉（見圖4-2-9所示），圖式相近，惟《周易圖》無黑白子之分判，且指明鄭厚（1100-1161）之說，文字釋說內容亦與《大易象數鉤深圖》有別，云：

鄭氏厚曰：一、三、五、七、九皆陽數，而陽爻獨用九；二、四、六、八、十皆陰數，而陰爻[44]獨用六。何也？九，陽數之窮，窮則能變，陽主變，故乾用九。六乃陰數之中，中則守常，陰主常，故坤惟用六。又一、三、五為九，天之生數；二、四為六，地之生數。生生之謂易，故乾坤用此也。[45]

42　原作「巽、離、兌各一畫，震、坎、艮各二畫」，其「一」、「二」為誤，當為「巽、離、兌各二畫，震、坎、艮各四畫」，據改。

43　圖式與引文，見《大易象數鉤深圖》，卷上，頁11。

44　「陰爻」原作「陰數」，依文意推之，以「陰爻」為宜，故改之。

45　圖式與引文，見《周易圖》，卷下，頁703。

取鄭氏之說，認為陽爻取陽數之極「九」數為用，剛健能動，窮極能變，此乾陽之所主。陰爻取陰數之中「六」數為用，柔順守常，普載萬有，此坤陰之所主。又，一、三、五生數合而為九，乾陽之所用；二、四生數合而為六，坤陰之所用。九、六為陰陽流行變化之用，正為乾坤所以生生之道。

（三）〈乾坤之策〉

　　《大易象數鈎深圖》同《六經圖》輯制〈乾坤之策〉（見圖 4-2-10），[46] 惟二著皆無文字說明。乾陽爻數三十六策為九數（四九三十六），坤陰爻數二十四策為六數（四六二十四），則乾卦六爻合為 216 策（36×6=216），坤卦六爻合為 144 策（24×6=144），合乾坤二卦之策數為三百六十，正當期之日。

　　此一圖說，正說明《繫辭傳》所謂「乾之策，二百一十有六；坤之策，百四十有四；凡三百有六十，當期之日」。同時《繫辭傳》進一步推衍，指出「二篇之策，萬有一千五百二十，當萬物之數也」。[47] 由陽九三十六策、陰六二十四策進一步推衍，六十四卦三百八十四爻，乾陽一九二，坤陰一九二，合其乾陽策數六千九百一十二策與坤陰策數四千六百零八策，共為一萬一千五百二十之策數（192×36+192×24=6912+4608=11520），表徵萬物之總數。同樣的，若從陽七（即少陽二十八策）與陰八（即少陰三十二策）言，則得六十四卦陽策五千三百七十六策（192×28=5376）、陰策六千一百四十四策（192×32=6144），亦合為一萬一千五百二十策數（5376+6144=11520）。乾坤作為萬化之源，其陰陽策數正為其變化之數值化運用，就二卦而言，三百六十策數，反映為一年的完整之時間序列；六十四卦合一萬一千五百二十之總策數，亦乾坤變化所表徵之宇宙萬有之全般實況，宇

46　圖式見《大易象數鈎深圖》，卷上，頁 12。
47　見《繫辭上》。引自王弼、韓康伯：《周易王韓注》，頁 212。

宙自然的一切存在，包絡於乾坤策數之中而開顯，故不論太極之一，兩儀之二，三才之三，四時之四，五行之五，乃至老少陰陽之六、七、八、九，直至萬物之數，莫不由天地之數由乾坤策數所具。〈乾坤之策〉即以簡易之圖式，概括此一意涵。

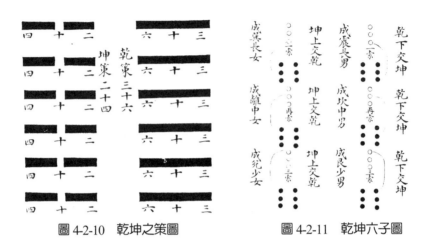

圖 4-2-10　乾坤之策圖　　　　　圖 4-2-11　乾坤六子圖

四、乾坤生六子

　　《說卦傳》云「乾，天也，故稱乎父；坤，地也，故稱乎母；震，一索而得男，故謂之長男；巽，一索而得女，故謂之長女；坎，再索而得男，故謂之中男；離，再索而得女，故謂之中女；艮，三索而得男，故謂之少男；兌，三索而得女，故謂之少女」。[48]《大易象數鈎深圖》輯〈乾坤六子圖〉，即以乾坤為本，說明《說卦》所言八卦之形成。

　　〈乾坤六子圖〉，《六經圖》稱〈六子圖〉，《周易圖》圖式相近，無黑白子之分判。三著皆無文字之說明，圖式如圖 4-2-11 所示。[49]

　　《尚書》言「惟天地萬物父母，惟人萬物之靈」，[50] 以天地為父母，

48　見《說卦傳》。引自王弼、韓康伯：《周易王韓注》，頁 237。
49　圖式見《大易象數鈎深圖》，卷上，頁 14。
50　見孔穎達：《尚書正義・泰誓上》（臺北：藝文印書館，1997 年 8 月初版 13 刷），

萬物皆為天地為父母所生，人為萬物之靈者，勢必為父母所生養。萬物生成由乾陽坤陰之交感而成，獨陽專陰不能成物，八卦之形成亦然。乾天為父，坤地為母。乾陽一索下交於坤陰，則成震卦為長男，乾陽再索下交於坤陰，則成坎卦中男，三索則成艮卦少男；坤陰一索上交於乾陽，則成巽卦為長女，再索成離卦中女，三索成兌卦少女。乾父坤母，生三男三女，其男女之辨者，以剛柔先後變化而成之。

　　乾陽為天在上，坤陰為地在下，陰陽交感生物，乾陽必下交於坤陰，坤陰必上交於乾陽，其行有別有則，使生成有序而不紊。邵雍《皇極經世書·觀物外篇》云：

> 太極既分，兩儀立矣。陽下交於陰，陰上交於陽，四象生矣。陽交于陰、陰交于陽而生天之四象；剛交於柔、柔交於剛而生地之四象，于是八卦成矣。八卦相錯，然後萬物生焉。是故一分為二，二分為四，四分為八，八分為十六，十六分為三十二，三十二分為六十四。故曰「分陰分陽，迭用柔剛，故易六位而成章」也。十分為百，百分為千，千分為萬，猶根之有幹，幹之有枝，枝之有葉，愈大則愈少，愈細則愈繁，合之斯為一，衍之斯為萬。是故乾以分之，坤以翕之，震以長之，巽以消之，長則分，分則消，消則翕也。[51]

太極分判，以乾坤為表徵的兩儀（陰陽、天地）確立，本於「陽下交於陰，陰上交於陽」的原則，陰陽交感，剛柔迭用，四象、八卦、十六、三十二、六十四卦因而生成。透過加一倍法推衍，八卦、六十四卦，乃至萬物因之以生。萬物一太極，合而為一，分而為百千萬，以至於一切萬有。此一太極始分於二，即陰陽即乾坤，八卦之形成，亦在此間流行消長的變化形成，《說卦傳》以八卦代表八類物象或八個不同符號的

卷十一，頁 152。

51　見邵雍：《皇極經世書·觀物外篇上》，卷十三，頁 1064。

概念，簡要的演繹推說，〈乾坤六子圖〉亦藉由圖式結構的敷成，說明萬有形成的基本概念，以乾坤為本，推成六子，並可進一步函貫所有，百千萬蔓衍紛紜，猶幹而枝而葉，由細而繁，是乾、坤分翕，震、巽等六子消長生成，萬物萬理莫不可見。

第三節　天地之數與蓍數蓍法

　　《繫辭傳》云「天一，地二；天三，地四；天五，地六；天七，地八；天九，地十」。此數表陰陽之化，可以「開物成務，冒天下之道」，進而通志定業，斷疑辨惑，此顯諸「蓍之德圓而神，卦之德方以知」。[52]《大易象數鉤深圖》一系圖說，輯制〈天地之數〉、〈五位相合〉、〈蓍卦之德〉諸圖，以其數值思想之體現，闡釋《易傳》此文之意蘊。

一、天地之數

　　《繫辭傳》述明天地之數，由天一至地十，「天數二十有五，地數三十，凡天地之數，五十有五，此所以成變化而行鬼神也」。[53]《大易象數鉤深圖》與《六經圖》同輯立〈天地之數〉，但無文字說明。圖式如圖4-3-1 所示。[54] 另外，章潢《圖書編》中亦輯列天地之數之圖式，[55] 圖式結構亦與《大易象數鉤深圖》、《六經圖》所列相近，但更具體的示列陽者輕清的天陽在上、陰者重濁的地陰在下之天地之數上下分判之實情。

　　圖式所示，即表述《繫辭傳》所言天地之數之大義。陰陽之變化，以天地之數為用，由一至十，分判天數與地數，天數一、三、五、七、九合而為二十五，地數二、四、六、八、十合而為三十，天地之數總為

52　見《繫辭上》。引自王弼、韓康伯著：《周易王韓注》，頁 214。
53　見《繫辭上》。引自王弼、韓康伯著：《周易王韓注》，頁 212。
54　圖式見《大易象數鉤深圖》，卷上，頁 11。
55　圖式內容，參見章潢：《圖書編》，卷七，頁 194。

五十五，亦即陰陽變化之合數，用以反映宇宙自然的變化，而行諸天地鬼神之間。天地之數，分陰分陽，數值依次分列，循環無端，合於造化自然之妙。

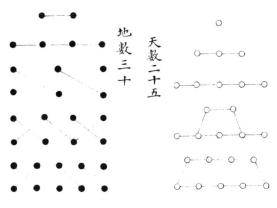

圖 4-3-1　天地之數

二、五位相合各有得

　　《繫辭傳》論述大衍之數，言及「天數五，地數五，五位相得而各有合」。[56] 天地之數的相得有合之陰陽衍化，作為宇宙圖式建構的基本面貌。《大易象數鈎深圖》同《六經圖》，輯〈五位相合〉，如圖 4-3-2 所見。[57] 二著未有文字之說明，但可見知為釋說《繫辭傳》此天地之數的圖式理解。

56　見《繫辭上》。引自王弼、韓康伯著：《周易王韓注》，頁 212。
57　見《大易象數鈎深圖》，卷上，頁 23。

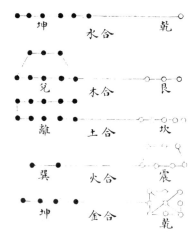

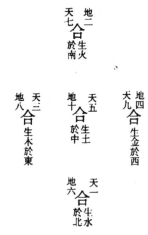

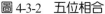
圖 4-3-2　五位相合　　　　　圖 4-3-3　五位相得各有合圖

　　另外，《周易圖》作〈五位相得各有合圖〉，如圖 4-3-3 所見，指明
聶麟（?-?）之說，云：

> 聶氏曰：一、三、五、七、九，陽之奇也；二、四、六、八、
> 十，陰之耦也。五位以陰陽相得而各有所合，以陽生者成以
> 陰，以陰生者成以陽，是天數二十有五，地數三十，所以成變
> 化而行鬼神也。[58]

兩圖雖形式表示不同，但基本的內涵相近，皆以天地之數聯繫五行而
論，不同者在於前圖配以八卦，後圖則布列方位。併合兩圖所示，可以
反映出幾個重要意涵：

　　（一）天地成象成形之變化，乃至在天明而神、在地幽而鬼，皆以
數為用，數之本者為天地之數，擴而為大衍之數、乾坤策數，乃至推衍
森羅萬象的數論，而最根本的仍在天地之數作為陰陽的生成元素。

　　（二）天數五，乃一、三、五、七、九等五奇數；地數五，為二、

58　圖式與引文，見《周易圖》，卷下，頁 705。

四、六、八、十五偶數;「五位相得而各有合」,即天地之數布列五方,
相合以生成五行。天一下降與地六合而生水於北方,地二上升與天七合
而生火於南方,天三左旋與地八合而生木於東方,地四右轉與天九合而
生金於西方,天五與地十居中相合而生土。天地(陰陽)交感和合,相
互並包,生成分處於五位,確定其陰陽五行之屬性。

　　(三)以奇生者,合成者為偶,亦即以陽生者,所合成者為陰,如
天一為生,合成者為地六;同樣的,以偶以陰生者,合成者為奇為陽,
如地二為生,合成者為天七。布列五位,成其五行,每一行皆含陰陽。

　　(四)天地之數合為五十五,大衍之數五十,其差數為五,「五」
數乃五行之用,以天五居中土之位,於陰陽列位變化過程中,氣生而氣
成,散於五行之位,則天一合五為地六,成數為六為老陰;地二合五為
天七,成數為七為少陽;天三合五為地八,成數為八為少陰;地四合五
為天九,成數為九為老陽;如此四象已形,八卦將顯。

　　(五)天地之數配用八卦之相合布列:天一之乾,與地六之坤,相
合為水;天三之艮,與地八之兌,相合為木;天五之坎,與地十之離,
相合為土;天七之震,與地二之巽,相合為火;天九之乾,與地四之
坤,相合為金。此一布列,八卦分居,陰陽相判;始於乾坤,亦終於乾
坤;坎離居中土之位,凸顯坎離的重要性。然而,八卦配屬五行,乃至
從五行推位,顯現出八卦的五行屬性與方位,與傳統的普遍觀念不同,
更非《易傳》所有,其依據與理路仍有商榷之處。

三、蓍卦之德以圓方

　　《繫辭傳》言天地之數的推衍,「以通天下之志,以定天下之業,
以斷天下之疑」,透過蓍數之用,以得其卦,進而指出「蓍之德圓而
神,卦之德方以知」。[59]《大易象數鈎深圖》同《六經圖》,輯制〈蓍卦

59　參見《繫辭上》。引自王弼、韓康伯著:《周易王韓注》,頁214。

之德〉，如圖 4-3-4 所見。主要述說大衍推筮之得數，以明蓍卦之性。
圖說指出：

> 蓍之數七也，七而七之，其用四十九，故其德圓；卦之數八
> 也，八而八之，為別六十四，故其德方。圓者運而不窮，可以
> 逆知來物，方者其體有定，可以識乎既往，故圓象神，方象
> 知。[60]

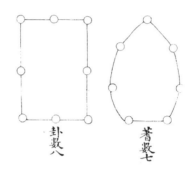

圖 4-3-4　蓍卦之德

圖說反映的重要內涵：

（一）此一說明，同於邵雍《皇極經世・觀物外篇》所言，「蓍德
圓以況天之數，故七七四十九也。五十者，存一而言之也。卦德方以況
地之數，故八八六十四也」。[61] 知此圖說，但本於邵氏之主張，天數象
天以圓，地數象地以方，故蓍德為圓，卦德為方。

（二）大衍五十之數，虛其一而為四十九，其虛一象徵太極混成、
陰陽未分之時，所用四十九，萬化所由而生；一即四十九，四十九即
一，以一為體，以四十九為用，此體用一源，道器相即。宋元之際，張

60　圖式與文字說明，見《大易象數鈞深圖》，卷上，頁 24。
61　見邵雍：《皇極經世書・觀物外篇上》，卷十三，頁 1060。

理（?-?）《易象圖說》制〈明蓍策〉，以四十九策為一束，以法太極全體之象。認為陰陽儀之畫各七，「因而七之，七七而四十有九」，「以七圓聚而簇之，則有自然之圓」，說明蓍數之德圓而神。[62] 圓者以天，天為萬化之源，推蓍四十九，為天道運化之體現，亦陰陽融合之全貌。

（三）卦數以八，八卦顯其四正四隅之八方，八而比疊為六十四，其德為方，乃自然之方、卦德之方，亦即天道落實於人事的具體展現，人人物物、萬事萬象之存在，由是而具顯。

（四）蓍之德圓而神，健運而不窮，蓍運而無涯，可以知來物而告人以吉凶，聖人以之通天下之志，其主體若得天之數。卦之德方而知，若八卦四方，體象有其定，可以知其既往之實，聖人亦以之定天下之業，斷天下之疑，其主體又若得地之數。蓍德以圓，卦德以方，展現出天圓地方之性。[63]

四、參伍以變

《繫辭傳》指出「參伍以變，錯綜其數。通其變，遂成天地之文；極其數，遂定天下之象」。[64] 強調藉由陰陽之數的參伍錯綜，極數通變，可以體現陰陽大義與四時之化，一切的變化，無所不包，無所不徧。《大易象數鈎深圖》同《六經圖》輯〈參伍以變圖〉，如圖 4-3-5 所見。以具體的數值變化，釋說《繫辭傳》此文之大義。其說明云：

參，合也；配，偶也。天地之數，各相參配，錯綜往來而相

62　參見張理：《易象圖說・內篇》（臺北：臺灣商務印書館景印文淵閣四庫全書本第806 冊，1986 年 3 月），卷下，頁 399。

63　林栗於其《周易經傳集解》指出：「蓍之德圓而神者，得天之數也；《易》以此開物，聖人以此通天下之志也。卦之德方以知者，得地之數也；《易》以此成務，聖人以此定天下之業也。」（見林栗：《周易經傳集解》，卷三十三，頁 458。）以蓍德象天之數，以卦德象地之數。蓍卦之德，象數天地之數，隱含天圓地方之形象。故《大易象數鈎深圖》之圖說思想，林氏處時尚已存在。

64　見《繫辭上》。引自王弼、韓康伯著：《周易王韓注》，頁 213。

生，故生成之數大備，而天地之文生焉。《繫辭》曰：「參伍
以變，錯綜其數，通其變，遂成天地之文。」此之謂也。[65]

此一圖說，反映出幾個重要的概念：

（一）天地之數的彼此參合配偶，「錯綜往來而相生」，從圖式所
顯，為四象分列，透過《繫辭傳》所謂「天數五，地數五，五位相得而
各有合」的觀念，最終確立六、七、八、九成數等陰陽四數的顯用。

（二）成數之用，皆為生數布列衍化而成。一、二、三、四分列四
方，五居其中，強調五數居中的重要地位；天一合五而下生地六，列居
地二陰屬之方，則天一與地六五行同為水性而陰陽殊分。同樣的，地二
合五上生天七，居陽屬之方，五行同為火性；天三合五而左生地八，居
陰屬之方，五行同為木性；地四合五而右生天九，居陽屬之方，五行同
為金性。六、七、八、九作為創生萬有的陰陽由生而成的萬化可能，由
是成焉。

（三）生成數的參伍錯綜的陰陽通變之道，說明天地之間，日月星
辰得其序，鳥獸草木亦皆能得其宜，故云「遂成天地之文」。

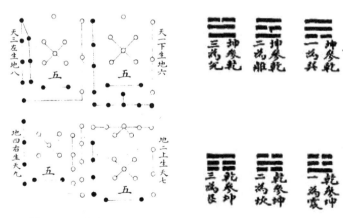

圖 4-3-5　參伍以變圖　　　　圖 4-3-6　參伍以變圖（《周易圖》）

65　圖式與文字說明，見《大易象數鈎深圖》，卷下，頁76。

另外，《周易圖》同樣輯收〈參伍以變圖〉（圖 4-3-6 所見），但圖式
與文字說明，與《大易象數鈎深圖》相異。云：

> 王氏大寶曰：三，相參為參；五，相伍為伍。以乾之畫參坤之
> 畫，變之為震、坎、艮；以坤之畫參乾之畫，變之為巽、離、
> 兌；所謂參以變也，象天地合德，陰陽交感也。一與九相伍，
> 二與八相伍，三與七相伍，四與六相伍，五與五相伍，謂為行
> 伍，合為大衍之數五十，所謂伍以變也。[66]

與前圖之最大差異，在於此圖直接藉由八卦說明參伍變化的意義，而前
一圖說則否。乾坤純陽純陰，相參相伍，剛柔合德，交感變化，則乾卦
爻畫相參於坤卦爻畫，陰陽參伍則變化為震、坎、艮三子卦；坤卦爻畫
相參於乾卦爻畫，則變化形成巽、離、兌三女卦。依圖說所示，此三子
三女的參伍形成，即《說卦傳》所言乾坤三索成卦的觀點。同時，天地
之數的配用上，並不採前圖所述「五位相得而各有合」的主張，而取一
與九相伍、二與八、三與七、四與六，乃至五與五相伍，十數兩兩相伍
而為五十之數，其重要目的在於整合天地之數與大衍之數的具體聯結關
係。

「參伍以變」，強調變化之性的自然生成的運動本質，天地之數作
為陰陽的代稱，數值的本身，即陰陽的流行變化。所以章潢《圖書編》
指出「曰參、曰兩、曰參伍者，通其數之所變以用也。參也者，一二之
所以變也，由一自分，其一以為二起，自為之對，則見其二而不見其一
矣。其一又自參，出於二之中，故三也。於參之法是即，為一小成，是
三畫之立，見人參於天地之中以生也。積三小成，參其三而合於乾元用
九，是參之始制，即陽奇之謂，天者所由然也」。「參」、「兩」乃至「參
伍」，乃數之變化運用者。由一二合而為三，積「參」（一、三、五）而

為九，此陽奇所由自然之變化生成者。同樣的，「兩也者，由一生二，起而對並以立，兩其二以象四」，「三其二以成六，即合坤元用六」，此「六」數「始制兼三才而兩之」，則「六畫成卦，六位成章，即陰耦之謂，地者亦由以然也」。[67] 天地參兩得其天地自然的九六用數。陰陽的參伍變化，亦是天地之數彼此參伍，其可能的結果，不論是乾坤生成六子卦，或是天地之數含生五行與衍發的生數，進一步貫生成數的思想，根本觀念仍在陰陽的變化與變化之原則。

五、大衍五十與四十九之數

大衍之數首見於《繫辭傳》所記「大衍之數五十，其用四十有九」；[68] 歷來學者雖有少數取五十五為說者，但大都肯定衍數為五十，並確立五十衍數以四十九為用的數值推衍概念。以圖式結構呈現，最早出現者為劉牧《易數鈎隱圖》，而《大易象數鈎深圖》同《六經圖》與《周易圖》，在劉氏之基礎下，輯製〈大衍之數圖〉與〈其用四十有九圖〉。

（一）〈大衍之數圖〉

五十衍數所表徵的意涵，為歷代學者所泛論，《大易象數鈎深圖》同《六經圖》與《周易圖》，輯收〈大衍之數圖〉，圖式如圖 4-3-7 所見，說明大衍之數之推衍實況。

《周易圖》之說明，指出：

> 韓康伯曰：大衍之數，其用四十有九，則其一不用也。不用而用以之通，非數而數以之成，斯《易》之太極也。四十九總而為一，散而為四十九，即太極在其中矣。

---

67 參見章潢：《圖書編》，卷五，頁 145-146。
68 見《繫辭上》。引自王弼、韓康伯著：《周易王韓注》，頁 212。

　　劉氏曰：動靜一源，顯微无間，知四十九為一之用，即知一為
四十九之體。或以干、支、辰、宿、八卦、陰陽，求合五十之
數，恐非。[69]

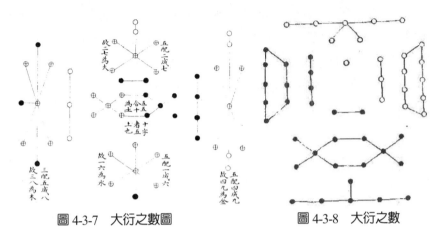

圖 4-3-7　大衍之數圖　　　　　　　　　圖 4-3-8　大衍之數

　　另外，劉牧《易數鈎隱圖》亦制〈大衍之數〉圖說，見圖 4-3-8 所
示。[70]《大易象數鈎深圖》與《周易圖》為同一系之圖說，則此圖說，
二家當同義。二家之圖說，又當源自劉牧之說。圖說傳達幾個重要觀
點：

　　1. 取韓康伯（332-380）與劉牧之言，亦即於五十衍數之思想上，
肯定二家之說。

　　2. 以韓康伯之說，認為五十所用四十九，其一不同為太極，太極為
體，總而為一，散為四十九，四十九皆含其一，亦即太極皆在其中，萬
物皆含一太極。又取劉牧之言，強調陰陽動靜同為一源，即源於太極、
源於「一」，此體用又同為一源，顯微而無間，以一為體，以四十九為
用，以太極為體，為陰陽變化流行為用。

69　圖式見《大易象數鈎深圖》，卷下，頁 81。引文見《周易圖》，卷下，頁
　　708-709。
70　劉牧圖說，參見劉牧：《易數鈎隱圖》（臺北：新文豐出版公司正統道藏本第 4
　　冊，1988 年 12 月再版），卷上，頁 775。

　　3.以劉牧之說，否定五十之數合天干、地支、辰、宿、八卦、陰陽而致，亦即否定京房、馬融（79-166）、鄭玄、姚信（?-?）、董遇（?-?）、顧懽（?-?）等歷來諸家之說。[71]劉牧以天地之數聯繫大衍之數，認為「五十有五，天地之極數也；大衍之數，天地之用數也。蓋由天五不用，所以大衍之數少天地之數五也」。[72]由圖式所見，亦以天地之數論大衍之數，知圖說與劉牧義同。

　　4.大衍之數，即衍天地之數而成者。天地之數之生數，天一居北，地二居南，天三居東，地四居西，五數在中；五為天地之數衍數之核心，並推配於五位之中，所以「五配一成六，故一六為水」，「五配二成七，故二七為火」，「五配三成八，故三八為木」，「五配四成九，故四九為金」，得六、七、八、九成數之用；居中之五，各執陰陽，故「五五合十為土，十字者五土也」。「五」得其常，萬物皆含其中，故以「五」配用於萬有。

（二）〈其用四十有九圖〉

　　《大易象數鈎深圖》輯制〈其用四十有九圖〉，見圖4-3-9所示；《周易圖》與《六經圖》則無。在此之前，劉牧亦制〈其用四十有九〉，見圖4-3-10。

71　劉牧於《易數鈎隱圖》中，對京房、馬融、鄭玄、姚信、董遇、顧懽諸家之說提出批評，其中京房提出「五十者，謂十日、十二辰、二十八宿也」；馬融提出「《易》有太極，謂北辰，北辰生兩儀，兩儀生日月，日月生四時，四時生五行，五行生十二月，十二月生二十四炁」；鄭玄提出「天地之數五十有五者，以五行炁通於萬物，故減五，大衍又減一，故用四十九」；姚信、董遇提出「天地之數五十有五者，其六以象六□之數，故減而用四十九也」；顧懽提出「立此五十數以數神，神雖非數，因數而顯，故虛其一數，以明不可言之義也」。劉牧認為「諸家所釋，義有多端，雖各執其說，而理則未允」。諸家多有以胸臆論之，「採摭天地名數，強配其義」。參見劉牧：《易數鈎隱圖》，卷上，頁775-776。
72　見劉牧：《易數鈎隱圖》，卷上，頁755。

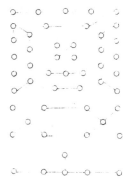 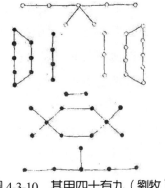

圖4-3-9　其用四十有九圖　　　圖4-3-10　其用四十有九（劉牧）

《大易象數鈎深圖》說明云：

> 天一下降與地六合而生水於北，地二上駕與天七合而生火於
> 南，天三左旋與地八合而生木於東，地四右轉與天九合而生金
> 於西，天五冥運與地十合而生土於中，以奇生者成而耦，以耦
> 生者成而奇。天陽也，故其數奇；地陰也，故其數耦。奇耦相
> 合，而五十有五之數備；大衍之數減其五者，五行之用也；虛
> 其一者，元氣之本也。蓋天五為變化之始，散在五行之位，故
> 中無定象。天始生一，肇其有數也，而後生四象，五行之數令
> 焉；虛而不用，是明元氣為造化之宗，居尊不動也。[73]

從圖說所見，有幾個重要之概念：

1.《大易象數鈎深圖》之圖說，當源自劉牧之說，即劉氏圖說之再
詮釋。

2. 陰陽變化之數值布列，天一降合地六生水於北方，地二升合天七
生火於南方，天三左旋而與地八合生木於東方，地四右轉而與天九合生
金於西方，天五廣合四方，並冥運地十而生土於中。以天地之數的天地
定位與天左旋及地右轉之概念，透過數值衍化作聯繫。

---

[73]　圖式與引文，見《大易象數鈎深圖》，卷上，頁13-14。

3. 強調「以奇生者成而耦，以耦生者成而奇」，除了說明奇耦之數相合的必然性之外，也說明陰陽相合相成的互補共生之特質，一切之存在，必在陰陽相生相成下才能確立。

4. 天地之數五十五，所用五十，乃五行分列，五無定象，散王四方，此五行之用，故五十五減五為五十，即大衍之數。五十虛一而用四十九，虛其一乃乾元起始之氣，為大化流行之本，造化有生之宗，又即太極元氣混而為一之時，故居尊而不動。

5. 天地之氣合其全數為五十五，天一之氣即虛一之數，已如前述為造化之本；陰陽氣化，五行立象，而天五居中之位，以其中無定象而布散在五行之中，故天一與天五，同居尊位，所別者在於天一為氣化之始，而天五為成象之始。

六、揲蓍用數

《周易》作為卜筮之書，以大衍之數象徵天地自然的陰陽變化之定數，萬理萬象的生成推衍，變遷代謝，皆因之以立。透過「數」的操作運式所建構的占筮之法，一切的存在與現象，一切的吉凶休咎，都在大衍之數的運作下確定。原始的數論推定卜筮之法已難窺全貌，而《繫辭傳》可以視為早期較為完整論述筮數者。

《繫辭傳》指出「大衍之數五十，其用四十有九。分而為二以象兩，掛一以象三，揲之以四以象四時，歸奇於扐以象閏。五歲再閏，故再扐而後掛。……是故四營而成易，十有八變而成卦」。[74]《繫辭傳》確立大衍五十用其四十九為推筮規範，至朱熹之筮儀的定調成為主流之說。以「一」不用象徵太極，四十九成為推衍的主要用數；四十九分而為二以象徵天地（陰陽），取右手其一扐於左指，為掛一以象三才之道，然後左右手揲之以四以象四時，以四數之，經十八變得到三十六、

74　見《繫辭上》。引自王弼、韓康伯著：《周易王韓注》，頁212。

三十二、二十八與二十四等四種策數，即得九（老陽）、八（少陰）、七（少陽）、六（老陰）等四數，其或然率為 6：14：10：2 ＝ 3：7：5：1。此一筮法得到四數之機率，形成明顯不對等的狀況，尤其是占得老陰的機率，三十二次僅得二次的機會，老陽得六次機會。[75]

　　《大易象數鉤深圖》同《六經圖》與《周易圖》，輯收〈揲蓍法圖〉，如圖 4-3-11 所示。[76]

一揲　二揲　三揲
第一掛於小指間，不五則九。第二掛於中指間，第三掛於食指間，皆不四則九。

東坡先生曰：三揲皆少，乾之象也。

五四四　陽老　老少之數，凡十有三。以四十九策中除十三策，餘三十六，即四九之數也，是爲老陽。

九八八　陰老　餘二十有五，即四六之數也，是爲老陰。三揲皆多，坤之象也。三多之數，凡二十有五，除二十四。

五八八　陽少　三揲一少而兩多，即四七之數也，震之象也。

九四八　陽少　三揲一多一少，而復一多，坎之象也。

九八四　陽少　三揲兩多而一少，以四九策中除二十一，餘二十八，即四七之數也，艮之象也。九兩多，所以皆爲少陽。

九四四　陰少　三揲一多而兩少，巽之象也。

五八四　陰少　三揲一少一多，而復一少，離之象也。凡二少一多，兌之象也。

五四八　陰少　二揲兩少而一多，其數皆二十有七，中除十七，餘三十二，即四八之數也，所以皆爲少陰也。

圖4-3-11　揲蓍法圖

---

[75] 有關朱熹之筮法，參見朱熹：《周易本義‧筮儀》（臺北：大安出版社，2008年2月1版4刷），頁7-10。十八變推筮過程，從掛一象三才之道，然後左右手揲之以四以象四時，以四數之，經三變得到三十六、三十二、二十八與二十四等四種策數。揲數過程中，「掛一」納入歸奇，第一變左餘一則右餘三，加上掛一，則復合之策數為四十四；左餘二則右餘二，加上掛一，則復合之策為四十四；左餘三則右餘一，加上掛一，則復合之策為四十四；左餘四則右餘四，加上掛一，則復合之策為四十。因此，第一變復合之策為四十四與四十等二種數值，得二數或然率為3：1。第二變將四十四或四十數，分二掛一後，因為掛一納入歸奇，則左右手可能出現之餘數組合為左一則右二，左二則右一，左三則右四，左四則右三，故第二變的復合之策，分別為四十、三十六、三十二等三種，得三數之或然率為6：8：2＝3：4：1。第三變左右手之餘數同於第二變，最後得三十六、三十二、二十八與二十四等四種策數，其或然率為6：14：10：2＝3：7：5：1。

[76] 《大易象數鉤深圖》圖式稍簡略，此圖取自《周易圖》，卷下，頁709。

　　從圖說可以理解：

　　（一）同於傳統三揲（三變）得一數（爻），第一揲所餘者掛於小指間，可能之數只有兩種，即五或九；第一揲之以四最後復合的揲策之數，不是四十四就是四十。第二揲掛於小指與中指之間，可能餘數不是四則八；第二揲所餘過揲之策，為四十、三十六與三十二等三種可能。第三揲掛於中指與食指之間，亦非四則八；第三揲所餘過揲之策，分別為三十六、三十二、二十八與二十四等四種可能。

　　（二）每次之揲數（亦即十八變）是否皆須掛一，或者僅每三變之第一變實施掛一，圖文中並未說明，故不能判知其最後得三十六（九）、三十二（八）、二十八（七）、二十四（六）之或然率；採《東坡易傳》之說，然考索蘇軾（1037-1101）所言，亦未詳言揲蓍步驟，不能得其所然。

　　（三）得老陽（九）之策數，其歸奇於扐者，即三變之餘策為五四四，以東坡之說，認為「三揲皆少，乾之象也」，根據《東坡易傳》所言，「八與九為多，五與四為少」，[77]即每變所餘若為八或九者稱「多」，為五或四者稱「少」。老陽策數三變皆「少」，則為五四四，皆「少」則以「乾」之象名之；所以為乾之象，乃「歸奇」後所餘者為三十六，以四除之則為「九」，九數為乾。[78]數值算式為：

$$49-(5+4+4)=49-13=36 \qquad 36\div4=9$$

　　（四）得老陰（六）之策數，其歸奇於扐者，即三變之餘策為九八八，即三揲皆「多」，為「坤」之象；歸奇後所餘者為二十四，以

77　見蘇軾：《東坡易傳》（臺北：臺灣商務印書館景印文淵閣四庫全書本第9冊，1986年3月），卷七，頁129。

78　參見蘇軾之詳言：「三變皆少，則乾之象也；乾所以為老陽，而四數其餘得九，故以九名之。三變皆多，則坤之象也；坤所以為老陰，而四數其餘得六，故以六名之。三變而少者一，則震、坎、艮之象也；震、坎、艮所以為少陽，而四數其餘得七，故以七名之。三變而多者一，則巽、離、兌之象也；巽、離、兌所以為少陰，而四數其餘得八，故以八名之。」見蘇軾：《東坡易傳》，卷七，頁129。

四除之為「六」，故為坤之象。數值算式為：

$$49-（9+8+8）=49-25=24 \qquad 24÷4=6$$

（五）得少陽（七）之策數，其歸奇於扐者，即三變之餘策，有三種可能：

1. 五八八，即三揲一「少」而二「多」，乃「震」之象。歸奇後所餘者為二十八，以四除之為「七」。數值算式為：

$$49-（5+8+8）=49-21=28 \qquad 28÷4=7$$

2. 九四八，即三揲一「多」、一「少」又一「多」，乃「坎」之象。歸奇後所餘者為二十八，以四除之為「七」。數值算式為：

$$49-（9+4+8）=49-21=28 \qquad 28÷4=7$$

3. 九八四，即三揲二「多」而一「少」，乃「艮」之象。歸奇後所餘者為二十八，以四除之為「七」。數值算式為：

$$49-（9+8+4）=49-21=28 \qquad 28÷4=7$$

（六）得少陰（八）之策數，其歸奇於扐者，即三變之餘策，亦有三種可能：

1. 九四四，即三揲一「多」而二「少」，乃「巽」之象。歸奇後所餘者為三十二，以四除之為「八」。數值算式為：

$$49-（9+4+4）=49-17=32 \qquad 32÷4=8$$

2. 五八四，即三揲一「少」、一「多」又一「少」，乃「離」之象。歸奇後所餘者為三十二，以四除之為「八」。數值算式為：

$$49-（5+8+4）=49-17=32 \qquad 32÷4=8$$

3. 五四八，即三揲二「少」而一「多」，乃「兌」之象。歸奇後所餘者為三十二，以四除之為「八」。數值算式為：

$$49-（5+4+8）=49-17=32 \qquad 32÷4=8$$

（七）取蘇軾之說，三變得一爻，揲數所得之結果，與八卦進行聯結，也就是透過推筮之法，表徵陰陽之運化，反映八卦生成變化之結

果。此種觀念，元初張理亦採此說，[79] 只不過張理揲數之方法，未必與蘇軾相同。

第四節　十三卦取象與三陳九卦之象德旨義

天地自然之道，訴諸於象，為易學符號系統的主體；《周易》作者確定陰陽衍化、推定八卦為萬事萬物之根本，觀物取象「擬諸其形容，象其物宜」，從而「類萬物之情」，萬物依類「引而伸之，觸類而長之」。[80] 誠如王弼所言，「觸類可為其象，合義可為其徵」，[81] 推類取象用象，為歷來《周易》詮義者所不能免。《易傳》述義，開啟易學的新的理解視域，從卜筮的性格轉化為義理教化之取向，仍不能免於用象，《繫辭傳》中論卦取象，為易學思想中較早而重要之典型代表，《大易象數鈎深圖》立〈十三卦取象圖〉，關注此一用象之說。

卦象開顯卦義，由卦義見其卦德，以德論《易》，為孔門易學之特

79　張理制揲數與八卦聯繫之圖式，並釋說云：「每三變而成一爻，三變皆得奇，有類於乾，其畫為一，識其以陽變陰也。三變皆得偶，有類於坤，其畫為╳，識其以陰變陽也。三變得兩奇一偶，以偶為主，即其偶之在初、在二、在三，有類於巽、離、兌，其畫為--而不變。三變得兩偶一奇，以奇為主，即其奇之在初、在二、在三，有類於震、坎、艮，其畫為一而不變。凡有是八體，亦八卦之象也。」（見張理：《易象圖說‧內篇》，卷下，頁 401。）三變而成一爻，三變歸奇之數皆四，即皆得「奇」，三「奇」有類於三陽，即類於乾☰之策。三變歸奇之數皆八，即皆得「偶」，三「偶」有類於三陰，即類於坤☷之策。三變歸奇之數為二個四、一個八，也就是二「奇」一「偶」，有類於二陽一陰，即類於巽☴、離☲、兌☱三卦之策：初變為「偶」、二變與三變為「奇」，即巽之策；初變與三變為「奇」，二變為「偶」，即離之策；初變與二變為「奇」，三變為「偶」，即兌之策。三變歸奇之數為一個四、二個八，也就是一「奇」二「偶」，有類於一陽二陰，即類於艮☶、坎☵、震☳三卦之策：初變與二變為「偶」，三變為「奇」，即艮之策；初變與三變為「偶」，二變為「奇」，即坎之策；初變為「奇」，二變與三變為「偶」，即震之策。

80　括弧引文，見《繫辭上》。引自王弼、韓康伯著：《周易王韓注》，頁 210、212。

81　見王弼：《周易略例‧明象》。引自王弼、韓康伯著：《周易王韓注》（附：《周易略例》），頁 262。

色；《繫辭傳》三陳九卦，正為卦德之所現，《大易象數鈎深圖》亦輯制〈三陳九卦之圖〉，凸顯九卦之重要地位。

一、十三卦取象

《易傳》作為今傳最早的闡述《易》義的具有規模之論著，卦象之運用，處處可尋，不論《繫辭傳》、《象傳》、《彖傳》，乃至《說卦傳》，皆能具體朗現；其中尤其《象傳》、《彖傳》，每以用象釋義見長，又《說卦傳》集引八卦卦象，成為歷來用象之典範。[82] 然而，《繫辭傳》中亦有具體言象釋義之處，為歷來學者所易忽略者，《大易象數鈎深圖》輯制〈十三卦取象圖〉正在強調此具體用象論義之重要性。

《大易象數鈎深圖》輯制〈十三卦取象圖〉，《周易圖》與《六經圖》同有（如圖 4-4-1 所見），[83] 當為同一作者之相同圖式；《周易圖》並

82　《說卦傳》所言之象，乾卦有：為天、為圜、為君、為父、為玉、為金、為寒、為冰、為大赤、為良馬、為老馬、為瘠馬、為駁馬、為木果、為健、為馬、為首。坤卦有：為地、為母、為布、為釜、為吝嗇、為均、為子母牛、為大輿、為文、為眾、為柄、為地之黑、為順、為牛、為腹。震卦有：為雷、為龍、為玄黃、為旉、為大塗、為長子、為決躁、為蒼筤竹、為萑葦、為馬之善鳴、為馵足、為作足、為的顙、為稼之反生、其究為健、為動、為足。巽卦有：為木、為風、為長女、為繩直、為工、為白、為長、為高、為進退、為不果、為臭、為蕃鮮、為人之寡髮、為廣顙、為多白眼、為近利市三倍、其究為躁卦、為入、為雞、為股。坎卦有：為水、為溝瀆、為隱伏、為矯輮、為弓輪、為人之加憂、為心病、為耳痛、為血卦、為赤、為馬之美脊、為亟心、為下首、為薄蹄、為曳、為輿之多眚、為通、為月、為盜、為木之堅多心、為陷、為豕、為耳。離卦有：為火、為日、為電、為中女、為甲冑、為戈兵、為人之大腹、為乾卦、為鱉、為蟹、為蠃、為蚌、為龜、為木之科上槁、為麗、為雉。艮卦有：為山、為徑路、為小石、為門闕、為果蓏、為閽寺、為指、為狗、為鼠、為黔喙之屬、為木之堅多節、為手、為止。兌卦有：為澤、為少女、為巫、為口舌、為毀折、為附決、為地之剛鹵、為妾、為羊、為說、為口。

83　見《大易象數鈎深圖》，卷下，頁75。《大易象數鈎深圖》圖式之各卦取象之說，根本於朱震《漢上易傳》之說。《周易圖》圖式取象之說，與《大易象數鈎深圖》稍異，內容亦大致本於朱震之說。參見《周易圖》，卷下，頁705-706。

於圖式增言說明，云：

> 《叢說》云：古人制器取法，皆有內外重象，其用亦然。網罟、耒耜、市貨、衣裳、舟楫、牛馬、門柝、杵臼、弧矢、棟宇、棺椁、書契，兩象也。畋漁耒耨，交易垂衣裳，濟不通，引重致遠，待暴客，濟萬民，威天下，待風雨，治百官，察萬民，封木喪期，亦兩象也。[84]

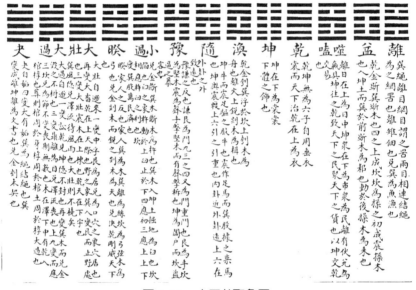

圖 4-4-1　十三卦取象圖

圖說根據《繫辭傳》之說而立，《繫辭傳》之言：

> 作結繩而為罔罟，以佃以漁，蓋取諸〈離〉。包犧氏沒，神農氏作，斲木為耜，揉木為耒，耒耨之利，以教天下，蓋取諸〈益〉。日中為市，致天下之民，聚天下之貨，交易而退，各得其所，蓋取諸〈噬嗑〉。神農氏沒，黃帝、堯、舜氏作，通

84　見《周易圖》，卷下，頁 706。

其變，使民不倦；神而化之，使民宜之。《易》窮則變，變則
通，通則久，是以「自天祐之，吉，无不利」。黃帝、堯、舜
垂衣常而天下治，蓋取諸〈乾〉、〈坤〉。刳木為舟，剡木為
楫，舟楫之利，以濟不通，致遠以利天下，蓋取諸〈渙〉。服
牛乘馬，引重致遠，以利天下，蓋取諸〈隨〉。重門擊柝，以
待（賓）〔暴〕客，蓋取諸〈豫〉。斷木為杵，掘地為臼，臼
杵之利，萬民以濟，蓋取諸〈小過〉。弦木為弧，剡木為矢，
弧矢之利，以威天下，蓋取諸〈睽〉。上古穴居而野處，後世
聖人易之以宮室，上棟下宇，以待風雨，蓋取諸〈大壯〉。古
之葬者，厚衣之以薪，葬之中野，不封不樹，喪期无數，後世
聖人易之以棺槨，蓋取諸〈大過〉。上古結繩而治，後世聖人
易之以書契，百官以治，萬民以察，蓋取諸〈夬〉。[85]

從圖說與《繫辭傳》所述，以下分點析論之：

（一）圖說作者，取朱震《漢上易傳》與《叢說》之言，強調十三
卦象器之用的重要意義。自然之理以象成、以象著，象之所成所著，正
為陰陽變化之結果。象著而形器見立，故離☲、益☲、噬嗑☲、乾☰、
坤☷、渙☴、隨☳、豫☷、小過☳、睽☲、大壯☳、大過☱、夬☱等十三
卦，為「聖人備物致用，立成器以為天下利者」。[86]

（二）十三卦根本於朱震之說，取說用象，為宋代象數《易》說的
典範。強調十三卦之取象，皆為內外重卦的兩象之用，亦即以上下卦之
象以見其義。

（三）十三卦之用象取象之法，有本漢儒舊說者，如虞翻卦變之
說、互體、半象、反卦、伏卦等法；又有本宋儒李挺之（?-1045）卦變
取象者。成象有就一卦之象，亦有合二卦或三卦以成象者。用象取象之

---

85 見《繫辭下》。引自王弼、韓康伯著：《周易王韓注》，頁 220。
86 括弧引文，見朱震：《漢上易傳・叢說》，頁 378。

法，複雜而多元，有強烈的漢《易》用象本色。

（四）離☲卦取象之說，《繫辭傳》以其取象，乃因包犧氏結繩而為網罟，以為畋漁之用，故觀諸離卦，以見網罟之象。圖文認為「巽繩離目，網目謂之罟，兩目相連，結繩為之網罟也。離雉，佃也；兌巽為魚，漁也」。二至四互體為巽繩，離為目，合巽離為網目為罟之象。又巽為多白眼，故有魚象，三至五互兌為澤，網罟入澤而魚以漁之。離又為雉為飛鳥，雉入於網罟則為佃。故取上離下離，則可得其象義。

（五）益☲卦之取象，《繫辭傳》以神農氏耒耨教民以農，而取諸益卦，以見耒耜之象。圖文認為「乾金斲巽，斲木也。四之上成坎，坎為揉，之初成震，揉木也。入坤土而巽於乾，斲木為耜也。動於後，揉木為耒也」。上巽為木，巽入動於上卦為前，耒象已見；取變爻之法，六四之上九，上卦變而為巽坎，巽坎有揉象；之初合巽震之揉木之象。下震為木，震動以木於下卦為後，故耜象已顯；坤土巽木，乃四之初，得乾金巽木之斲木為耜之象。合上巽下震與爻變、互體之法，而得益卦之象義。

（六）噬嗑☲卦之取象，《繫辭傳》以神農之時，致天下百姓，聚天下財貨，日中交易於市，而能各得其所需，故求諸噬嗑以得交易之象義。圖文認為「離日在上為日中，坤眾在下為市，眾為民。離有伏兌，為贏貝[87]。坤往之乾，致天下之民，聚天下之貨也。以坤交乾，交易也」。上離為日為日中，離為坤母之中女，本於坤屬，坤眾故有市象；下震為動，剛柔始交之時，故取其交易之象。取上離伏兌得贏貝之象，贏貝為交市之所需。

（七）乾☰卦與坤☷卦之取象，《繫辭傳》以黃帝、堯、舜之時，天下和順，與民並耕而食，垂衣裳而天下治，故觀諸乾、坤則得衣裳尊卑之象。圖文指出「乾坤無為，六子自用，垂衣裳而天下治。乾在上

87　圖文作「贏具」為誤，朱震原作「贏貝」，據改。見朱震：《漢上易傳》，卷八，頁248。

為衣」;「坤在下為裳,裳,下體之飾也」。乾尊為天在上,坤卑為地在下,若乾君坤臣、乾衣坤裳;天地既立,君臣相分,衣裳有別,上下有序,可以無為而治,乾、坤之取象,本諸於此。[88]

（八）渙䷽卦之取象,《繫辭傳》以其時,河江流布,制木為舟楫,以濟交通之利,故觀乎渙卦,以見舟行之象。圖文指出「乾金剡巽,浮於坎上,剡木為舟也。離火上銳,剡木為楫也」。古之山澤綿延,商旅閉塞,求舟楫之利,以濟不通,故渙散象義由之是取。圖文言「乾金剡巽」,上巽下坎,並無乾象,乃取卦變之說,渙卦自否䷋卦而變,否四之二為渙,否卦上乾與渙卦上巽,合則有以金剡木之象,而下坎為水,剡木於水,則有舟象。下坎伏離,則離火上引乾金為銳,合其巽木,故有剡木為楫之象。此卦取象之法,除上下卦之象外,亦取卦變、伏卦諸法,合諸卦以得其象。

（九）隨䷐卦之取象,《繫辭傳》認為上古之時,牛馬本未穿絡,人欲服其牛乘其馬,馴致其用,取其力以引重達遠,以利天下之需,故觀諸隨卦,見服牛乘馬引重之象。圖文指出「坤牛而震足,驅之服牛也。震作足馬而巽股,據之乘馬也。坤與震輹,上六引之,引重也。內卦近,外卦遠,上六在外,卦之外,致遠也」。卦本無坤牛之象,乃以卦變之法求之,隨自否䷋上之初而來,否下坤牛,隨下震足,有「服牛」之象。震為作足馬,三至五互巽為股,有「乘馬」之象。否下坤輿,隨下震動,有輹動之象,變於上六,其遠引重,其外致遠。此除了合卦變之法外,亦取互體、爻位遠近而取象,並合兩卦之象以得其併象。

（十）豫䷏卦之取象,《繫辭傳》知古本外戶不閉,所用僅在禦風

88　參見朱震《漢上易傳》云:「神農氏時,與民並耕而食,饗飧而治,至是尊卑定位,君逸臣勞,乾坤无為,六子自用,垂衣裳而天下治,蓋取諸坤乾,乾在上為衣,坤在下為裳。」(揭前書,卷八,頁249。)此圖說本朱震之說,文字稍作刪修。

阻塞而已，然至闔其門戶而鳴柝，必因暴客而驚警之，故觀諸豫卦，以見重門閉固之象。圖文指出「豫，謙之反也。謙艮為門，九三之四又為門，重門也。艮為手，坎為堅木，震為聲，手擊堅木而有聲，擊柝也。坤為闔戶，而坎盜逼之，暴客也」。取豫之反卦謙☷卦之象，謙下艮門，又取其九三之四的之爻又得二至四互艮門象，此二門為重門。不論謙卦或豫卦，皆有艮手、坎堅木、震動為聲之象，合三象得「擊柝」之象。又取坤為闔戶、坎為盜之象，合得「暴客」之象。此卦取象之法，以卦變、爻動得之，並合諸卦象以成新象者。

（十一）小過☷卦之取象，《繫辭傳》知教養百姓，非耒耜而能全之，仍有食養之未盡者，必待杵臼之利，故觀諸小過，以見臼杵之象。圖文指出「兌金斷巽木，斷木為杵也。巽木入坤土，掘地為臼也。坎，陷也，臼之象。杵動於上，臼止於下。四應初，三應上，上下相應，巽股，萬民濟也」。言坤土、坎陷之象，小過本象未可見，故此亦取卦變之法，以小過為明夷☷初之四所變，[89]非傳統虞翻之理解，因為朱震認為虞翻卦變之法，小過生於晉☷，為卦變之變例。[90]小過由明夷所變，乃根據李挺之六十四卦相生卦變之說而來，認為「凡卦四陰二陽者，皆自臨來。臨五復五變而成十四卦明夷、震、屯、頤、升、解、坎、蒙、小過、革、觀、蹇、晉、艮。」[91]小過三至五互兌為金，二至四互巽為木，兌金乘巽木，以金斷木，則有「杵」象。小過與明夷卦變，則小過之巽木入於明夷之坤土，明夷二至四互坎為陷，以木陷掘坤地為「臼」之象。杵動臼止，上下相應，由坎陷變為巽股，則萬民可濟。此卦取象複雜，透過卦變與二卦互現之卦象，以得杵臼之象義。

（十二）睽☷卦之取象，《繫辭傳》以門柝不足保，則取弧矢之利以威天下，故觀諸睽卦，以見張弧挾矢之象。圖文指出「睽，家人之反

89　參見朱震：《漢上易傳》，卷八，頁250。
90　參見朱震：《漢上易傳・卦圖》，卷上，頁320。
91　見朱震：《漢上易傳・卦圖》，卷上，頁321。

也。家人巽為木，巽離為絲，坎為弓，絃木為弓也。兌金剡木而銳之，剡木為矢也。兌決乾剛，威天下也」。取睽卦之反卦家人䷤卦之象，家人上巽為木，並睽卦上離為絲；睽與家人同有互坎之象，取坎弓之象，又合巽、離、坎亦可得絃木之弓象。二卦同有兌金之象，合坎、巽之象為「剡木」，剡木使之銳利，故剡木為矢。又兌金決乾剛，故能威天下。此透過反卦與互體諸法取象，以得其象義。

　　（十三）大壯䷡卦之取象，《繫辭傳》以古之未化，民穴居野處，非可善之居，則易之以宮室，周之明堂，即宮室之制，門闕棟宇，巍然廣居，故觀諸大壯，以見宮室門闕之象。圖文指出「大壯自遯來，一變中孚，艮為居，兌為口，穴之象，穴居也。再變大畜，乾在上，天際也，野之象；巽入變艮而止，野處也。三變大壯，震木在上，棟也，乾天在下，宇也；巽風隱，兌澤流，待風雨也。大壯則不撓[92] 矣」。此取李挺之六十四卦相生卦變之說，以四陽二陰皆自遯䷠卦而來，而遯卦五復五變而成十四卦，大壯便由此出，遯卦第三復三變為中孚䷼、大畜䷙與大壯。[93] 其一變為中孚卦，取三至五互艮為居，下兌為口，有穴居之象。第二變為大畜卦，乾天為天際為野之象；中孚上巽為入，變大畜上艮為止，合二卦「野」、「止」為「野處」之象。第三變為大壯卦上震為木為棟，下乾之天為宇；三變至此，中孚之巽風隱遁、兌澤流失，故有待風雨以知其用，此所以大壯宮室固而不撓。此卦以相生卦變之三卦並象而取之。

　　（十四）大過䷛卦之取象，《繫辭傳》以古葬之於野，衣之以薪，未見其禮敬，後有棺椁之制，以見其謹慎之道，故觀諸大過，明其棺椁之象。圖文指出「大過自遯，一變訟，乾見坤隱，不封也。再變巽木，而兌金毀之，不樹也。三變鼎，離為目，兌澤流，喪也。上九變而應

92　「撓」字，圖文原作「橈」，朱震作「撓」，據改。見朱震：《漢上易傳》，卷八，頁250。

93　參見朱震相生卦變之圖說。見朱震：《漢上易傳·卦圖》，卷上，頁 320-321。

三，坎兌為節不變，喪期無數也。木在澤下，中有乾人，[94]棺椁也。葬則棺周於身，椁周於棺，土周於椁，大過也」。同於大壯卦，取李挺之六十四卦相生卦變之說，同以四陽二陰皆自遯䷠卦而來，而遯卦五復五變而成十四卦，大過亦由此出；遯卦第一四變為訟䷅卦、巽䷸卦、鼎䷱卦與大過卦。[95] 其一變訟卦，原遯卦有乾象與坤之半象，至訟則乾象猶見，但坤象已隱，故言「不封」。二變巽卦，巽木見而兌金毀之，故云「不樹」。三變鼎卦，離目見而兌澤流，故言「喪」；上九變而為陰，則與九三相應，又取坎兌為節䷻卦，以其不變之義，喪期無其宜數。四變大過卦，上兌下巽，巽木在澤下，中四爻互有乾人之象，合為「棺椁」之象。棺周喪身，椁復周於棺，其外以土周椁，此大過之象。此卦復以相生卦變之多卦並象而取，又取用半象之法。

（十五）夬䷪卦之取象，《繫辭傳》以上古無文字之用，以結繩為之，後以書契之制以代結繩之政，故觀諸夬卦，以見書契緘縢之象。圖文指出「夬自姤，四變大有，姤巽為繩，結繩也。巽變成離，坤離為文，書也；兌金刻木，契也」。同取李挺之六十四卦相生卦變之說，以五陽一陰皆自姤䷫卦而來，一變同人䷌卦，二變履䷉卦，三變小畜䷈卦，四變大有䷍卦，五變為夬卦。姤卦下巽為繩為結繩，變同人卦下離為文為書；變履卦下兌為金，合姤卦言，為兌金刻巽木之契象。四變大有卦，上離為明，則治政可察，可以決天下之疑者。此卦亦以相生卦變之法，多卦並象而取以見義。

二、三陳九卦

《周易》為延續夏商以來卜筮傳統所構築的一套卜筮系統，到了

94　「人」字，圖文原作「入」，朱震作「人」，據改。見朱震：《漢上易傳》，卷八，頁250。

95　參見朱震相生卦變之圖說。見朱震：《漢上易傳‧卦圖》，卷上，頁320-321。

孔子時代，視為儒家最重要經典之一，重視政治教化與理性自覺之立場，轉化卜筮的原始思維，走向一個以義理為重的新視域，所以皮錫瑞（1850-1908）指出孔子以「《彖》、《象》、《文言》，闡發羲、文之旨，而後《易》不僅為占筮之用」[96] 的易學義理化發展；孔門易學藉由《易傳》，確立主要的理解與文獻依據。1973 年長沙馬王堆三號漢墓出土的帛書《易傳》，包括《二三子》、《繫辭》、《易之義》、《要》、《繆和》、《昭力》等內容，使這樣的觀點，得到更為篤定的確認。帛書《易傳》凸顯傳統儒家的倫常教化性格，重視儒家道統，標明德義思想，為最具原色的儒學本色的釋《易》取向。尤其著重於德義的優位觀，肯定德義效法天地之道而為人倫常道的規律性或價值性內涵；德義的內容，成為孔門易學的《周易》詮釋內容的轉向之主體特色，[97] 也是孔門易學展現出的重要義理思想。這樣的思想，正為今傳《易傳》思想的映現；而「三陳九卦」，又代表此一德義觀。歷代學者特別關注「三陳九卦」的思想意涵，有本於孔門之說進行疏解者，有另闢新說者，有義理之理解，亦有象數之臆論者。《大易象數鈎深圖》一系的圖說者，則取以「數」為主的創新認識。

（一）三陳九卦的德義思想

德義固存於《易》中，固存於文王聖德的卦爻繫辭之中，並於卦德中體現人道之正確理解與指引。《繫辭傳》以「德」為論者眾，其中「三陳九卦」的卦德之說，正為重要之代表。云：

96　見皮錫瑞：《經學歷史》（臺北：藝文印書館，1996 年 8 月初版 3 刷），頁 2。

97　德義思想的凸顯，為帛書《易傳》的特色，尤其表現在《要》之中。學者研究帛書，普遍關照到這方面的認識，尤其如林忠軍：〈從帛書《易傳》看孔子易學解釋及其轉向〉（《北京大學學報》〔哲學社會科學版〕，第 44 卷第 3 期，頁 86-91）、張克賓：〈由占筮到德義的創造性詮釋——帛書《要》篇「夫子老而好《易》章發微」〉（《社會科學戰線》，2008 年第 3 期，頁 47-52）、陳睿宏（伯适）：〈從出土帛書《易傳》看孔門易學政治教化的理解視域〉（《出土文獻研究視野與方法》，第二輯，2011 年 12 月，頁 1-40），乃至鄧立光、陳來等人，皆有詳細的探析。

《易》之興也，其於中古乎？作《易》者，其有憂患乎？是故
〈履〉，德之基也；〈謙〉，德之柄也；〈復〉，德之本也；
〈恆〉，德之固也；〈損〉，德之修也；〈益〉，德之裕也；
〈困〉，德之辯也；〈井〉，德之地也；〈巽〉，德之制也。
〈履〉，和而至；〈謙〉，尊而光；〈復〉，小而辨於物；
〈恆〉，雜而不厭；〈損〉，先難而後易；〈益〉，長裕而不
設；〈困〉，窮而通；〈井〉，居其所而遷；〈巽〉，稱而
隱。〈履〉以和行，〈謙〉以制禮，〈復〉以自知，〈恆〉以
一德，〈損〉以遠害，〈益〉以興利，〈困〉以寡怨，〈井〉
以辯義，〈巽〉以行權。[98]

《易傳》以德論卦，以九卦之大義，述明聖人反身修德的憂患之心。三
論九卦的大義為：

1. 初論九卦：履，下說以應上乾，循禮而不倦，非禮而弗履，故為
德之基。謙，執謙以不盈之心，始終有之，故為德之柄。復，剛動以健
而返復其原初，元之以始，故為德之本。恆，執常有終，允中常固，故
為德之固。損，損其當損，懲忿窒欲，言行可表，此所以修德。益，損
其當損，益其可益，遷過向善，日進有成，所以為德之優裕。困，剛見
掩於柔，處困而益明，疾厄尤能保其德慧術智，故為德之辯。井，井養
而不移，剛中而不變，居定其所而無遷，故為德之地。巽，巽順於天地
之理，制事通變，不失其宜，故為德之制。

2. 再論九卦：履，本諸禮，和而能至，流於狥愿於物則不至。謙，
恭敬卑讓，其德可光，秉執其尊。復，返陽於微，微而能辨，萬物可
理。恆，興作繁雜，冗起並在，不為旋眩，恆一而不厭。損，伐損情
欲，吝心必在，惟決斷剛健方能行之，是以先難；損之得理而順，難克
尤能克之，篤實修身，是以後易。益，執向善心善行，誠以為之，非虛

98　見《繫辭下》。引自王弼、韓康伯著：《周易王韓注》，頁 227。

假作為，若與天道偕行，萬物自裕，而非虛張之設。困，剛雖受掩，處險困而不失其德志，在窮而道亨。井，雖不改其地，於處常之中，猶能遷在應變。巽，行權稱物，平施得宜，應物與時，無執於一方，故稱隱不在偏明。

　　3. 三論九卦：履，禮用在和，節而不和，則禮不行。謙，禮以自卑而為人所尊，故不以謙卑制禮，則禮不行、尊不在。復，善與不善，皆能自知，復歸其本，自知之道。恆，恆德惟一，久而無二。損，修德自損，自奉合宜而不害物，物亦不害我。益，推己之利而利人，求己之達而達人，利達於人人物物。困，處困求通，居窮而樂，求己無怨。井，自守以正，濟物合義，人己之義得宜。巽權宜行事，時空推移，輕重合度。

　　三陳九卦，乃聖人體察憂患用《易》之道，彰明九卦之德義。

（二）〈三陳九卦之圖〉之數論內涵

　　《大易象數鈎深圖》同《周易圖》與《六經圖》，輯制〈三陳九卦之圖〉，取《繫辭傳》原文而歸列之；又章潢《圖書編》亦同輯，惟增列卦畫。圖式如圖 4-4-2 所見：[99]

99　本文〈三陳九卦圖〉取章潢《圖書編》之用圖，增列卦畫，圖式相對清楚完整。
　　見章潢：《圖書編》，卷五，頁 150。

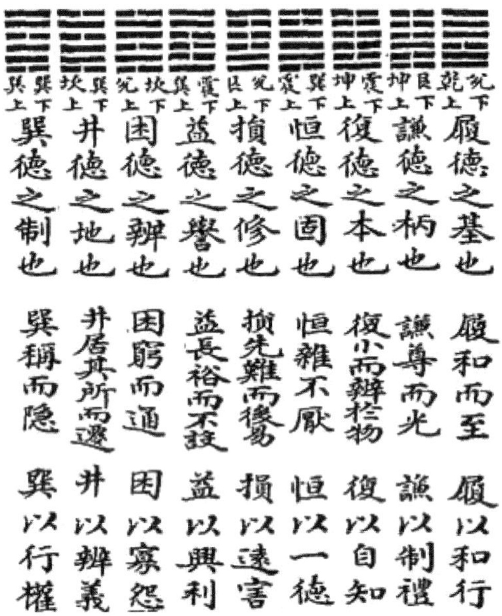

圖 4-4-2　三陳九卦之圖

　　羅列傳文，釋說之內容，不在義理，亦即不從《易傳》德義之道進行詮釋，而關注於象數之範疇，云：

> 上經卦三，三敘而九，下經卦六，三敘而十八。履十、謙十五、復二十四、恆二、損十一、益十二、困十七、井十八、巽二十七，九卦之數總一百三十有六，凡三求之，四百有八也，周天三百六十成數也，餘四十八，陰陽所以進退也。陽進於乾，六月各四十八，復至乾也；陰退於坤，六月亦四十八，姤至坤也。此九卦數之用也。[100]

　　三陳九卦之中，屬上經者有履、謙、復等三卦，三敘則三三為九；下經者有恆、損、益、困、井、巽等六卦，三敘則六三為十八。依上下經卦序而言，履為十，謙為十五，復為二十四，合數四十九；下經卦序，

────
100　見《大易象數鈎深圖》，卷下，頁 75。

恆為二，損為十一，益為十二，困為十七，井為十八，巽為二十七，合為八十七；上下經九卦之合數為一百三十六（49+87=136），以三乘之則為四百零八（136×3=408）。一周天三百六十為成數，則餘四十八數（408-360=48），此一餘數，為陰陽所以進退之數，即乾坤之消息進退。陽進於乾，由復至乾，六月各四十八；同樣地，陰退於坤，由姤至坤，亦六月各四十八。此四十八數即九卦數之用，亦即八重卦之合數（8×6=48）。九卦之數列，透過卦位數值作聯繫，反映出陰陽進退的概念，但是，似見其附會衍說，刻意迎求數字存在的可能相合之意義。

　　《大易象數鈎深圖》、《周易圖》與《六經圖》同輯此圖說，以數值推衍之方式作論釋，當受陳摶之影響，畢竟在陳摶之前，並未有如此特殊之述說者。故《周易圖》於圖下之釋文，特別明舉陳摶所言，云：

> 希夷曰：〈龍圖〉天散而示之，伏羲合而用之，仲尼默而形之，三陳九德，探其旨，所以知之也。故履，德之基，明用十；謙，德之柄_{明用十五，亦明五用在於謙}；復，德之本，明用二十四也。故三卦屬上經，明乾之用統於坤；六卦屬下經，明坤之用兼於乾也。斯則天三三、地二二之義耳。[101]

陳摶自謂其〈龍圖〉，得之於孔子「三陳九卦」之旨，亦即衍天地之數所推見之圖說，深受此九卦卦數之影響。[102] 陳摶指稱，〈龍圖〉，因天象理跡之示，伏羲合用構圖，至孔子意有默示，形之以三陳九卦之德，探求其懿旨，以知其大道之要。同於上說，履用十，謙用十五，復用二十四。上經用三卦，乃以乾用統坤，下經用六卦，則以坤用兼乾，上下經九卦數列，乾、坤的陰陽進退之和合兼用。

101　見《周易圖》，卷下，頁 706。

102　元初雷思齊，考述〈河圖〉，引陳摶自稱〈龍圖〉之形成，得之「三陳九卦」之影響。參見雷思齊：《易圖通變》（臺北：臺灣商務印書館景印文淵閣四庫全書本第 21 冊，1986 年 3 月），卷五，頁 816。歷來學者亦多舉陳摶〈龍圖〉序文，自謂得之孔子三陳九卦之旨，而發為〈河圖〉之用數。

　　〈三陳九卦之圖〉圖說之數值主張，雖未為後儒所廣用，然以九卦論數者，當源於陳摶〈龍圖〉之所思，圖說作者本陳摶之引數，而立此數說。此種用數推義之法，北宋學者以「九卦」之「九」合乾陽之九而言，而南宋以來，學者益有好用者，如張行成（?-?）認為「上經履當十，謙當十五，復當二十四，總四十九；天地之數五十五之中，去一、二、三之真數六，以為地之用也。下經恆當二，損當十一，益當十二，困當十七，井當十八，巽當二十七，總八十七數，則九九之外，得天之六以為用也。通一百三十六，即自一至十六之積數也。十六數者，自一至十得五十五，則天地本數也，自十一至十六，得八十一，九九也。……」[103] 張氏所述，引文內容與〈三陳九卦之圖〉圖說相近，並進一步擴大推衍。元代胡炳文（1250-1333）《周易本義通釋》亦論及夫子所敘九卦，上經自乾之後至履為九卦，下經自恆至損、益亦九卦；上經自履至謙為五卦，下經自益至困、井亦五卦。上經自謙至復又九卦，下經自井至巽又為九卦。上經自復而後之八卦，為下經之恆，下經自巽而未濟，亦八卦復為上經之乾。認為於此上下經之對待，似非偶然，而是孔子默示具有某種意義上的刻意列說。[104] 數值化的開展，陳摶、《大易象數鈎深圖》一系之作者，乃元明學者所述，皆為浸染相襲之說。

　　九卦之大義，在於明君子反身修德，以慎終身憂患之事，然自陳摶以降，拘於象數，泥於九卦為天地之九數，或是九陽之數，或泥於卦數數列之排序，見其穿鑿無理之甚，已非聖人本來之大義。

103　張氏之說，轉引自丁易東：《易象義》（臺北：臺灣商務印書館景印文淵閣四庫全書本第 21 冊，1986 年 3 月），卷十五，頁 757。
104　參見胡炳文：《周易本義通釋》（臺北：臺灣商務印書館景印文淵閣四庫全書本第 24 冊，1986 年 3 月），卷六，頁 525。

第五節 《序卦》與《雜卦》之六十四卦布列

原始《周易》六十四卦卦序的具體實況，是否為今傳之卦序序列，歷來學者多有討論，除了根本傳統之卦序外，易學發展過程中，仍有易學家建立不同的六十四卦序列關係，如京房有八卦卦序的序列之說，邵雍有先天六十四卦的卦序主張，皆為不同於傳統的典型卦序主張。馬王堆《帛書周易》的出現，不同於傳統的卦序布列，更掀起學者對於傳統卦序的質疑。《易傳》當中，《序卦傳》對傳統的卦序，作了概念的詮解，也成為認識六十四卦序列的主要依據。除了《序卦傳》外，《雜卦傳》亦排比布列六十四卦的兩兩關係，也成為另類的卦序觀。《大易象數鉤深圖》輯制〈序卦圖〉與〈雜卦圖〉，藉由圖式化構建，作為對《易傳》卦序序列的再詮釋。

一、《序卦》之六十四卦序列

《序卦》述明六十四卦卦序序列的思想，認為「有天地，然後萬物生焉」，即乾、坤兩卦作為萬物生成之開端，所以列居六十四卦的起始之卦；天地形成，萬物以生，「物之始生」則續之以屯卦；物生而後蒙稚，接著則為蒙卦；蒙稚亦當需養，則為需卦……。[105]《序卦傳》理路清楚的說明六十四卦排序的意義，肯定此一排序的合理性。六十四卦的序列，從符號結構的角度看，歷來學者肯定其「非覆即變」的基本關係，也就是六十四卦的兩兩成組的符號關係，不是形成覆卦關係，就是變卦關係，[106] 如乾☰、坤☷兩卦，陰陽互異，故為變卦關係；又如屯☵、蒙☶兩卦，陰陽爻性為彼此翻覆對等的關係，亦即屯卦初九即蒙卦上九，屯卦六二即蒙卦六五，屯卦六三即蒙卦六四，屯卦六四即蒙卦

---

105 參見《序卦》所述。引自王弼、韓康伯著：《周易王韓注》，頁 240。
106 覆卦與變卦關係，明代來知德稱作錯卦與綜卦關係，異名而同義。

六三，屯卦九五即蒙卦九二，屯卦上六即蒙卦初六。三十二組卦，便在此等關係下確立。《大易象數鈎深圖》同《周易圖》與《六經圖》輯制〈序卦圖〉，便從卦畫符號關係下進行建構。

〈序卦圖〉圖式如圖 4-5-1 所見：[107]

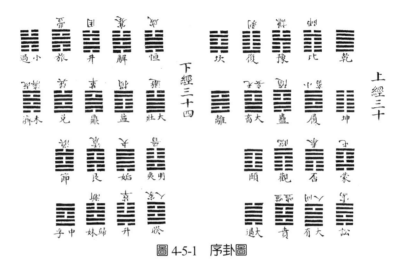

圖 4-5-1　序卦圖

《周易圖》並進一步說明六十四卦的組成分類，於圖式之後，引朱震與邵雍之言作論述，云：

反對不變八卦	乾、坤、坎、離、中孚、小過、頤、大過
一陽五陰反對六卦	復、剝、師、比、豫、謙
二陰四陽反對十二卦	遯、大壯、訟、需、无妄、大畜、睽、家人、兌、巽、鼎、革
一陰五陽反對六卦	姤、夬、同人、大有、履、小畜
二陽四陰反對十二卦	蒙、屯、艮、震、蹇、解、升、萃、明夷、晉、臨、觀
三陰三陽反對二十卦	否、泰、井、困、蠱、隨、賁、噬嗑、損、益、未濟、既濟、節、渙、歸妹、漸、豐、旅、恆、咸

107　見《大易象數鈎深圖》，卷下，頁 85。

漢上曰：文王作《易》，以乾、坤、坎、離為上篇之用，以
艮、兌、震、巽為下篇之用。上篇終於坎、離，下篇終於既
濟、未濟。頤、大過、小過、中孚為二篇之正。乾、坤者，
《易》之本，坎、離者，乾、坤之用。離肖乾，坎肖坤；中孚
肖乾，小過肖坤；頤肖離，大過肖坎；既濟，坎、離之交，未
濟，坎、離之合。坎、離所以為乾、坤用者，得天地之中也。
斯聖人酬酢不倚，千變萬化，不離乎其中與。康節先生曰：至
哉文王之作《易》也，其得天地之用乎，至夫子《序卦》然後
明生生不窮，而天地之蘊盡矣。故上經天地萬物具而人道備，
下經人道具[108]而天地萬物備，豈倚一偏哉。韓康伯讀《序卦》
而不察也。[109]

　圖式與說明，主要反映出幾個重要的概念：
　（一）不從傳統「非覆即變」言，而採反對與不反對論，在六十四
卦的序列組合中，不反對的卦包括乾、坤、坎、離、頤、大過、中孚、
小過等八個卦之四組卦，餘五十六個卦之二十八組卦，則為反對卦。
　（二）乾、坤、坎、離、震、巽、艮、兌八卦為六十四卦重合形成
的八卦，此八卦於上下經的組合上，內存有機之關係。上經三十卦，以
乾、坤、坎、離四卦為用，下經三十四卦，則以震、巽、艮、兌四卦為
用。
　（三）以乾、坤作為《易》之本，而坎、離則為《易》之用；乾、
坤相交而形成坎、離。以乾、坤作為主體價值之外，看重坎、離之重
要性，二卦地位之升揚，同於漢代魏伯陽（?-?）《參同契》的「月相納
甲」之說，乃至虞翻「月體納甲」主張，以及丹道系統「坎離匡廓」對
坎離之重視一般。坎、離所產生的作用，在序列上為上經之終，二卦之

108「具」，原作「備」，當為「具」，據改。
109 見《周易圖》，卷下，頁707。

交合,也形成下卦之終為既濟與未濟。在乾、坤與坎、離的交互作用之下,大過、頤、中孚、小過等四卦由是而生。此八個不反對卦由乾、坤而生,亦加上坎、離的作用,才能完整形成;五十六個反對卦並由此進一步衍生。六卦兩兩陰陽不同,即頤與大過、小過與中孚、坎與離,兩兩互為「不反對」,連同乾、坤兩卦,八卦建立彼此不可易的特性,亦即反對卦之外的特殊卦變關係。

(四)天地之作用,亦即乾、坤之作用,萬物得以生成,六十四卦亦以茲而成。《序卦》的六十四卦布列,正反映《易》法陰陽而明之人事的生生不窮之道。布分上下篇,說明天地萬物與人道具備,不可分割的完整性。因此,邵雍對於韓康伯之「豈有天道、人事偏於上下哉」的質疑,認為因為是不能深察《序卦》大義之緣故。

(五)分列反對與不反對卦,以及從陰陽之不同再分出不同組列的反對卦,此一分法,為〈序卦圖〉參照朱震取李挺之六十四卦反對卦變之說;也就是反對卦變之說,乃根本於《序卦》所生,故朱震每言「六十四卦剛柔相易,周流而變」,「《易》於《序卦》、於《雜卦》盡之」。[110] 此反對關係的卦變主張,朱震云:

> 乾、坤三變而成六卦。乾一陰下生,三變而成六卦;坤一陰下生,三變而成六卦。乾卦二陰下生者,六變成十二卦。坤卦二陽下生,六變成十二卦,六變亦三也。乾卦三陽下生者,六變成十二卦。坤卦三陽下生,六變成十二卦。大抵皆三以變也。[111]

此一說法,與《周易圖》圖文所言相合,即〈序卦圖〉所要表達的另類之卦變系統:

---

110 見朱震:《漢上易傳・卦圖》,卷上,頁314。
111 見朱震:《漢上易傳・叢說》,頁388。

　　1. 乾、坤兩卦本身三變而生成坎、離、頤、大過、中孚、小過等六卦，合乾、坤兩卦，即前述的不反對之卦，而三變的過程已如前面所言者。

　　2. 乾、坤三變而生六個不反對卦，而又以其各三陽三陰的變化衍卦而形成各個反對卦，分列出不同類別的卦變的支系，聯結出六十四卦的反對卦變關係。其中反映出以「三」為變的觀念，此一觀念即朱震所強調的「一生二，二生三，至於三，極矣」的極於「三」之思想。[112]

　　3. 一陰五陽的反對六卦，即乾䷀卦下生一陰之反對卦變：乾卦一陰生姤䷫、夬䷪、同人䷌、大有䷍、履䷉、小畜䷈等六卦；此姤與夬、同人與大有、履與小畜，形成兩兩反對的卦變關係。依陰陽爻數之性質，即邵雍所言「十陽二陰」之卦。這樣的六個卦之關係，也可以視為姤卦一陰變動的卦變關係，即姤初之二為同人，姤初之三為履，姤初之四為小畜，姤初之五為大有，姤初之六為夬，主要為採一爻變動的原則。姤為乾一陰下生者，被邵雍稱作小父母卦。

　　4. 一陽五陰反對六卦，即坤䷁卦下生一陽之反對卦變：坤卦一陽生復䷗、剝䷖、師䷆、比䷇、謙䷎、豫䷏等六卦。此兩兩互為反對卦，即邵雍所言「十陰二陽」之卦。此六卦可以視為復卦一陽變動的關係，即復初之二為師，復初之三為謙，復初之四為豫，復初之五為比，復初之六為剝，由坤而復所引領出的這一關係，亦同姤卦被邵雍稱作小父母卦。

　　5. 二陰四陽的反對十二卦，即乾䷀卦下生二陰之反對卦變：由乾卦下生二陰各六變為十二卦，即乾生二陰而為遯䷠卦，遯卦下二陰爻的變動，變出十二卦，十二卦兩兩反對，即遯與大壯䷡、訟䷅與需䷄、无妄䷘與大畜䷙、睽䷥與家人䷤、兌䷹與巽䷸、革䷰與鼎䷱等六組反對卦；此十二個卦非但本於遯卦所聯結出的卦變關係，彼此更為兩兩反對。此等

112　見朱震：《漢上易傳‧卦圖》，卷上，頁 320。

反對的卦變關係之體現，即邵雍主張的八陽四陰之卦。

6. 二陽四陰的反對十二卦，即坤䷁卦下生二陽之反對卦變：坤卦下生二陽各六變而合十二卦，即下生二陽而為臨䷒卦，臨卦下二陽爻的變動，變出兩兩反對的十二卦，即臨與觀䷓、明夷䷣與晉䷢、升䷭與萃䷬、蹇䷦與解䷧、艮䷳與震䷲、蒙䷃與屯䷂等六組反對卦，彼此具有反對的卦變關係，亦即邵雍所言八陰四陽之卦。

7. 三陰三陽的反對二十卦，即朱震另分的乾䷀卦下生三陰之反對卦變十二卦，以及坤䷁卦下生三陽之反對卦變十二卦：〈序卦圖〉所述此類反對卦為二十卦，但朱震之分則合為二十四卦，其緣由在於朱震所分於乾卦下生三陰與坤卦下生三陽，各含有否䷋、泰䷊與既濟䷾、未濟䷿，去除此重複者，則實為二十卦。由乾卦下生三陰各六變而合為十二卦，即乾卦下生三陰而為否卦，再由否卦合生十二卦；其兩兩反對，即否與泰、恆䷟與咸䷞、豐䷶與旅䷷、歸妹䷵與漸䷴、節䷻與渙䷺、既濟與未濟等六組卦，為邵雍所言六陽六陰之卦。由坤卦下生三陽各六變而合為十二卦，即坤卦下生三陽而為泰卦，再由泰卦合生十二卦；其兩兩反對，即泰與否、損䷨與益䷩、賁䷕與噬嗑䷔、蠱䷑與隨䷐、井䷯與困䷮、既濟與未濟等六組卦，為邵雍所言六陽六陰之卦。[113]

8. 反對卦變之說，源於《序卦》的六十四卦序列，並由李挺之建構形成，而邵雍續之，朱震再予區分制說為六陽六陰由否卦與泰卦所變的反對卦、八陽四陰與八陰四陽由遯卦與臨卦所變的反對卦，以及十陽二陰與十陰二陽由姤卦與復卦所變的反對卦等不同類別，各類別的主體仍為消息卦。〈序卦圖〉並在邵雍與朱震的基礎上重為構說，故為同一系之主張。

9. 後代學者踵繼前此卦序衍變之說，又有制為新說者，如元代王申子（?-?）即主張上經三十卦，以反對觀之，只有十八卦，首乾、坤

113　有關朱震之說，參見朱震：《漢上易傳・卦圖》，卷上，頁315-317。

者，為萬物之父母。十變而為泰、否，泰、否二卦為乾、坤二體之交。又十變為剝、復，剝、復二卦為乾陽坤陰之終始。又四變為坎、離，坎、離為乾陽坤陰相交之極。下經三十四卦，以反對觀之，亦只有十八卦，其首為咸、恆，乃山澤通氣，雷風相薄，萬物男女之群象。十變為損、益，損、益乃咸、恆二體之交。又十變為漸、歸妹，漸、歸妹二卦為陽男陰女之終始。又八變為既濟、未濟，既濟、未濟二卦，亦坎、離之互、陽男陰女相交之極。[114] 原始六十四卦的卦序結構，歷來學者認為在陰陽衍化推定的關係下，六十四卦本身有其內在的聯繫，推變相成，其建構與重溯，即從《序卦》的六十四卦序列本身來探究；肯定六十四卦內存著彼此相繫的有機關係，形成更為豐富的易學詮釋之可能。同時，此一關係的確立，也為論釋六十四卦卦爻義時，提供多元充裕的卦象來源。

二、《雜卦》之六十四卦布列

宋代胡瑗（993-1059）認為《雜卦》為「孔子取其六十四卦之中，人所常行之事，交相錯雜，以陳其義也。以其事无常定，物无常體，可以施則施之，可以止則止之，故揉雜諸卦之義，以為行事之本，故謂之《雜卦》也」。[115] 六十四卦顯諸人事之六十四種不同之時態，生命歷程中，本有對應交雜者，《雜卦》便排比並立其道，以為行事之根本。《大易象數鈎深圖》同《周易圖》與《六經圖》作〈雜卦圖〉，申明其義。

（一）六十四卦序列

《雜卦》將六十四卦兩兩對言申義，云：

---

114 參見王申子：《大易緝說》（臺北：臺灣商務印書館景印文淵閣四庫全書本第 24 冊，1986 年 3 月），卷二，頁 53-54。

115 見胡瑗：《周易口義・雜卦》（臺北：臺灣商務印書館景印文淵閣四庫全書本第 8 冊，1986 年 3 月），頁 560-561。

〈乾〉剛〈坤〉柔。〈比〉樂〈師〉憂。〈臨〉、〈觀〉之義，或與或求。〈屯〉，見而不失其居。〈蒙〉，雜而著。〈震〉，起也。〈艮〉，止也。〈損〉、〈益〉，盛衰之始也。〈大畜〉，時也。〈无妄〉，災也。〈萃〉聚，而〈升〉不來也。〈謙〉輕，而〈豫〉怠也。〈噬嗑〉，食也。〈賁〉，无色也。〈兌〉見，而〈巽〉伏也。〈隨〉，无故也。〈蠱〉，則飭也。〈剝〉，爛也。〈復〉，反也。〈晉〉，晝也。〈明夷〉，誅也。〈井〉通，而〈困〉相遇也。〈咸〉，速也。〈恆〉，久也。〈渙〉，離也。〈節〉，止也。〈解〉，緩也。〈蹇〉，難也。〈睽〉，外也。〈家人〉，內也。〈否〉、〈泰〉，反其類也。〈大壯〉，則止。〈遯〉，則退也。〈大有〉，眾也。〈同人〉，親也。〈革〉，去故也。〈鼎〉，取新也。〈小過〉，過也。〈中孚〉，信也。〈豐〉，多故也。親寡，〈旅〉也。〈離〉上，而〈坎〉下也。〈小畜〉，寡也。〈履〉，不處也。〈需〉，不進也。〈訟〉，不親也。〈大過〉，顛也。〈姤〉，遇也。〔〈姤〉〕，柔遇剛也。〈漸〉，女歸待男行也。〈頤〉，養正也。〈既濟〉，定也。〈歸妹〉，女之終也。〈未濟〉，男之窮也。〈夬〉，決也，剛決柔也。君子道長，小人道憂也。[116]

分列六十四卦，排比對照，辭簡意備的精要標立卦義。《大易象數鈎深圖》三著依《雜卦》所述卦序，輯制〈雜卦圖〉，根據原圖以橫向排列，重制圖說，如圖 4-5-2 所見：[117]

116　見《雜卦》。引自王弼、韓康伯著：《周易王韓注》，頁 245。
117　原圖見《大易象數鈎深圖》，卷下，頁 86。本人依圖改作橫向，圖義不變。

乾	坤	比	師	臨	觀	屯	蒙
震	艮	損	益	大畜	无妄	萃	升
謙	豫	噬嗑	賁	兌	巽	隨	蠱
剝	復	晉	明夷	井	困	咸	恆
渙	節	解	蹇	睽	家人	否	泰
大壯	遯	大有	同人	革	鼎	小過	中孚
豐	旅	離	坎	小畜	履	需	訟
大過	姤	漸	頤	既濟	歸妹	未濟	夬

圖 4-5-2　雜卦圖

　　三著所輯制〈雜卦圖〉，仍依準《雜卦》所述而制，然而《周易圖》特別針對《雜卦》兩兩卦義之表述方式，以邵雍之言，提出序列上之疑議，指出：

> 若夫自「大過，顛也」而下，簡冊缺亂，當曰「頤，養正也；大過，顛也；遘，遇也，當作『姤，柔遇剛也』；夬，決也，剛決柔也，君子道長，小人道憂也；漸，女歸待男行也；歸妹，女之終也；既濟，定也；未濟，男之窮也」為文。[118]

指出《雜卦》所傳從大過述義以下，為簡冊錯亂而致序列的理緒舛置，當由頤而大過、姤而夬、漸而歸妹、既濟而未濟。邵雍此文，同為朱震論釋《雜卦》時所用，認為「簡冊錯亂」造成後面卦位之錯置。[119]因此，根據上說重新制列六十四卦之橫向序列，當為：

118　見《周易圖》，卷下，頁 708。

119　參見朱震：《漢上易傳》，卷十一，頁 306。

乾☰	坤☷	比䷇	師䷆	臨䷒	觀䷓	屯䷂	蒙䷃
震☳	艮☶	損䷨	益䷩	大畜䷙	无妄䷘	萃䷬	升䷭
謙䷎	豫䷏	噬嗑䷔	賁䷕	兌☱	巽☴	隨䷐	蠱䷑
剝䷖	復䷗	晉䷢	明夷䷣	井䷯	困䷮	咸䷞	恆䷟
渙䷺	節䷻	解䷧	蹇䷦	暌䷥	家人䷤	否䷋	泰䷊
大壯䷡	遯䷠	大有䷍	同人䷌	革䷰	鼎䷱	小過䷽	中孚䷼
豐䷶	旅䷷	離☲	坎☵	小畜䷈	履䷉	需䷄	訟䷅
頤䷚	大過䷛	姤䷫	夬䷪	漸䷴	歸妹䷵	既濟䷾	未濟䷿

由此觀之，形成六十四卦兩兩的三十二組卦，符號結構上的合理對應，乾與坤、小過與中孚、離與坎、頤與大過等四組卦為變卦關係外，其餘各組卦則為覆卦（反對卦）的關係；此兩兩關係的確立，正反映出卦義上的對應性意義。雖然與《序卦》所述，同為兩兩的變卦或覆卦關係，但六十四卦的序列上，為兩個不同的系統。

（二）序列取義之結構

以「《雜卦》」為名，乃卦列結構，非傳統《序卦》之布列方式，《大易象數鉤深圖》釋說云：

> 《雜卦》者，雜揉眾卦，錯綜其義，以暢無窮之用，故其義專以剛柔、升降、反覆取義，與《序卦》不同，故韓康伯云「或以同相類，或以異相明，雜六十四卦以為義」是也。[120]

文末以韓康伯之說，而前段內容雖未明示由來，實出於朱震之說，《周易圖》於同圖釋文則指明朱震之言，云：

> 漢上曰：《雜卦》專以剛柔、升降、反復取義，揉雜眾卦，以

120　圖式與引文，見《大易象數鉤深圖》，卷下，頁86。

暢無窮之用，而百世之後有聖人作，不外是也。[121]

圖文內容主要根本朱震之主張，其《叢說》指出聖人慮後世未知變易之道，「故於《雜卦》一篇，雜糅眾卦，錯綜其義，以示變易之无窮」。[122]又進一步論述，「《雜卦傳》以剛柔、升降、反復取義，又揉雜眾卦，以暢无窮之用，而《歸藏》、《連山》三代之《易》，皆在其中，百世之後有聖人作，不外是也」。[123]強調《雜卦》所言，主要從「剛柔」、「升降」、「反復」的觀點，言簡意賅，具體而扼要的書明卦義，取其同義或異義，以相擬類同或對比使卦義益為明晰，故為雜揉列說，而非如《序卦》之卦序序列而說；雖非依傳統六十四卦卦序，但兩兩並說之卦，彼此間仍存在著如前述〈卦序圖〉所言之不反對卦（變卦）或反對卦（覆卦）之關係。這樣的兩卦對舉除了為《周易》卦序關係所固有，朱震甚至認為此六十四卦的序列或兩兩關係，為《連山》與《歸藏》所用。

兩兩卦義，以類對舉，在卦畫符號上，也形成其有機的對應關係，如同南宋張栻（1133-1180）所言，「《雜卦》所以言《易》道之變」，除了乾與坤、坎與離、中孚與小過、大過與頤等卦為「相對而變」外，大都卦組都本於「卦畫反對，各以類而言」。[124]又如吳仁傑（?-?）所指，「《雜卦》所言，皆覆卦相反之義」。[125]《雜卦》取卦對舉，依變卦錯別或覆卦相反的關係而述，陰陽符號的對應，確立卦與卦之間的卦義上的有機關係。這種觀念，〈雜卦圖〉的作者，特別藉由邵雍與朱震的思想證成。

---

121 見《周易圖》，卷下，頁 708。

122 見朱震：《漢上易傳‧叢說》，頁 373。

123 見朱震：《漢上易傳》，卷十一，頁 304。

124 見張栻：《南軒易說》（臺北：臺灣商務印書館景印文淵閣四庫全書本第 13 冊，1986 年 3 月），卷三，頁 676-680。

125 見吳仁傑：《易圖說》（臺北：臺灣商務印書館景印文淵閣四庫全書本第 15 冊，1986 年 3 月），卷二，頁 759。

（三）剛柔、升降與反復取義

　　已如前述，朱震強調《雜卦》在兩兩卦列關係的取義，主要反映在剛柔、升降與反復的觀念，此正為〈雜卦圖〉所把握之重要認識；這樣的認識，又特別展現在象數的理解範疇上。

　　1. 剛柔取義：剛柔為陰陽之性的體現，《易傳》所謂「觀變於陰陽而立卦，發揮於剛柔而生爻」，吳仁傑認為「此卦言陰陽，爻言剛柔之別也」。[126] 以陰陽為剛柔，陰陽每就卦而言，而剛柔則往往就爻而論。乾䷀、坤䷁兩卦之陰陽爻組成為純陽與純陰之卦，二卦為《易》之門戶，眾卦皆由此而生，則剛柔相雜而眾卦生焉，故《雜卦》云「乾剛坤柔」。又如姤䷫卦與夬䷪卦，彼此為覆卦之關係，姤卦以一柔爻承五剛爻，即以一柔遇五剛，故《雜卦》云「柔遇剛也」；夬卦以五剛爻乘一柔爻，即以五剛決一柔，故《雜卦》云「剛決柔也」。因此，在三十二組卦中，每有透過兩卦剛柔之變化，確立兩卦的具體關聯性。

　　2. 升降取義：陰陽升降，為《易》變之一法，爻位的升降正表現宇宙自然的變化之性。兩卦對比取義，亦有取升降而言者。如萃䷝卦與升䷭卦，萃卦二陽萃升於上，萃升於上者而能來，來而能聚；升卦二陽升於下，由是往升則不來。故《雜卦》言「萃聚，而升不來也」。又如謙䷎卦與豫䷏卦，朱震認為「謙自上降三，豫自初升四；謙，故降也輕；豫，故怠而止」。[127] 謙卦乃由剝䷖卦自上降三所變，降而是輕；豫卦則由復䷗卦自初升四所變，復豫而止而怠。故《雜卦》言「謙輕，而豫怠也」。又如兌䷹卦與巽䷸卦，朱震指出「陰隨陽升，說而見乎外，故曰『兌，見』也；陽隨陰降，巽而伏乎內，故曰『巽，伏』也」。[128] 兌卦由大壯䷡卦所變，陽升至五，故能悅見於外；巽卦為遯䷠卦所變，此陽伏於內，又本「遯」義，故為「伏」。此《雜卦》所以言「兌見，而巽伏

126　見吳仁傑：《易圖說》，卷二，頁 759。
127　見朱震：《漢上易傳》，卷十，頁 305。
128　見朱震：《漢上易傳》，卷十，頁 305。

也」之義。又如蹇☷卦與解☷卦，朱震認為「蹇二往五，涉難也」，即九五剛中而正，可以量而行，以濟蹇難，然而以六二往九五，正為涉坎險之難，故《雜卦》云「蹇，難也」。解卦為「解五來二，復吉也」，[129]即二五非正，升降而得其吉，故能從險難中緩減，此所以言「解，緩也」之義。總之，透過爻位的升降，乃至卦變爻位的改變，以述明對應兩卦之義。

3. 反復取義：天地之道，無不循環反復，呂祖謙（1137-1181）指出，「物極則反，剛長之極，其勢必至於剝，而小人道長之極，亦未嘗不復天之道也。復極則剝，剝極則復，兩卦相循，如環无端，以一消一息，一盈一虛，往來而不窮。凡卦之否泰、損益，《雜卦》所論，或樂或憂，或與或求，……以至日月寒暑之推移，吉凶禍福之倚伏，與夫死生出入，神奇臭腐之變化，始而終，終而始者，舉不外乎此」。[130]三十二組卦中，為錯綜相繫的關係，往往形成立反復的意義，如否☷、泰☷兩卦，彼此反卦，《雜卦》說「反其類也」，通泰與閉塞，對立而反復。又如損☷、益☷兩卦，損本於泰，損泰之九三於上，則「由泰而損，始衰者也」；益本於否，益否九四於初，則「由否而益，始盛者也」。此所以《雜卦》言「損、益，盛衰之始也」。反復取義，強調宇宙自然之變化，普遍存在對立與統立、循環反復的規律，這種規律，在六十四卦的卦組中，可以處處體現。

第六節　小結

綜上所論，最後結論分述如下：

一、《大易象數鈞深圖》與《周易圖》一系，有意直取《易傳》辭

129 見朱震：《漢上易傳》，卷十，頁 306。
130 見呂祖謙：《古周易‧上經》（臺北：臺灣商務印書館景印文淵閣四庫全書本第 15 冊，1986 年 3 月），頁 791。

義，建構詮解《易傳》之圖說，弱化《易傳》義理思想之本有內涵，張揚象數的特質，圖式化、數值化與代表宋代象數之學的實質取向，非《易傳》原有之本色，正為宋代易學的重要特徵；並由多元的圖說，可以理解到《大易象數鈎深圖》一系之輯成時代，圖書之學的發展，已從早期的陳摶、劉牧諸家的「河洛」、「先後天」之學，擴大至透過圖式之建成，回歸對原本《周易》經傳之關注。

二、圖式述義，取用諸說，皆為南宋前期以前的學者主張，其中又以邵雍、朱震之說為重，從取說之所主，或許可以看出，邵雍與朱震在當時學術上，尤其在象數之學的運用被重視的程度；同時，《大易象數鈎深圖》一系作者的問題，或許當為朱震不久的時代之輯作，否則在其不久之名家，仍當有見用之可能，但事實上，可以確定南宋中晚期的學者，卻不見一二。

三、宋代的象數之學，雖有漢說之承繼，但也發展出自屬的關懷與特色，《大易象數鈎深圖》一系詮解《易傳》的圖說內容，正為其象數之學的圖象聚合，展現出可以與漢儒並立的優勢，然而妄意曲造，牽強附會，強合硬湊，多有商榷之處。

四、八卦的方位用象，宋代以前皆本源於《繫辭傳》所述與《說卦傳》所列八卦用象之傳統，宋儒別分先後天，八卦方位所衍生的易學知識與思想體系越顯多元而具完整之理論性。《大易象數鈎深圖》一系於輯制有關之八卦方位圖說有八幅，其中包括〈說卦八方之圖〉、〈說卦配方圖〉、〈帝出震圖〉、〈仰觀天文圖〉、〈俯察地理圖〉、〈八卦相盪圖〉、〈類聚群分圖〉等七幅，皆取傳統之八卦方位，即邵雍所言之後天八卦方位（文王八卦方位）而制圖立說，只有〈剛柔相摩圖〉以乾坤作為純陽純陰的天地立位主體之方位結構，即邵雍主張的先天八卦方位（伏羲八卦方位）圖式。因此，論述八卦之方位，乃至以八卦方位所建構的宇宙圖式，大抵著重於傳統八卦方位之用，依準於《易傳》原有的認識。《易傳》以「剛柔相摩，八卦相盪」，陰陽剛柔的彼此相互生勝伏陵，進一步盪揚化生，進退出入，而產生八卦。《大易象數鈎深圖》一系之

圖說作者，詮釋此文之思想，陰陽的摩盪變化，分判先後，形成不同的
宇宙圖式，先由「剛柔相摩」，再生「八卦相盪」；先「相摩」而後「相
盪」，「相摩」而立邵雍所謂之先天八卦方位，「相盪」則立後天八卦方
位，所以制分〈剛柔相摩圖〉與〈八卦相盪圖〉，才有方位殊判之別；
此種認知思維的把握，仍為宋儒後起的八卦方位觀念。此外，八卦方位
聯結配用之元素，除了陰陽五行、天干地支、四時節候、天文星象等方
面，同為漢代卦氣之說所慣用，還包括八方九州、數值布列，以及具有
哲學意識的元亨利貞與執中之思想，此多元的呈現，正為宋代圖說之本
色。

　　五、乾、坤兩卦，或以「乾坤」為專立的代名稱，賦予根源性的意
義，《易傳》已予確立，並有具體賅要之申說，而為後儒所繼承。《大易
象數鈎深圖》同《周易圖》輯制〈乾知大始〉與〈坤作成物〉，以地支
布列分屬陽息與陰消，同於漢代倡說之消息卦配支之法，但以此象數之
法，具象化的詮解《易傳》之說，則為漢儒所欠缺。又立〈天尊地卑〉
之圖式，透過數字化與黑白子的陰陽布列概念，掌握乾坤所象徵的陰陽
變化屬性，以圖式符號方式凸顯數字運用之邏輯性意義。又，〈參天兩
地〉、〈乾元用九坤元用六圖〉，乃至〈乾坤之策〉、〈乾坤六子圖〉等圖
式，同時展現出宋《易》高度數字化的特性。藉由機械化的數理概念，
開展「乾坤」在易學體系中的地位與試圖呈現合理性之變化模式的有機
意義。這樣的「乾坤」意識，亦本宋《易》之精神，並由諸圖說強化與
證成宋《易》數字運用之特色，但卻也弱化《易傳》原有的義理性格。

　　六、〈天地之數〉、〈五位相合〉、〈蓍卦之德〉、〈參伍以變圖〉、〈大
衍之數圖〉、〈揲蓍法圖〉等圖說，高度具體化體現《繫辭傳》天地之
數與蓍數蓍法等有關數值之運用，也展現出理論化與高度象數概念的結
構性之宇宙圖式，結合陰陽五行之傳統布列思想、天圓地方之觀念，揀
取《易傳》與漢儒之元素，更以宋儒新說為用，著實的宋儒關懷，非他
朝所能相擬。圍繞在以天地之數、大衍之數為質量偏重的圖說思想，也
正證成宋儒易學之數用，發揮「象數」於「數」的範疇上，為獨領風騷

者。

七、《繫辭傳》專取離、益等十三卦，以象述義，彰明政治教化之懿旨；又「三陳九卦」，亦本於德義的教化觀，概括孔門儒學大義。然而《大易象數鈎深圖》輯制〈十三卦取象圖〉與〈三陳九卦之圖〉，本於陳摶、邵雍與朱震諸家之說。〈十三卦取象圖〉好於取象用象，以《繫辭傳》所述十三卦之言，藉象數釋說，字字皆由象生；結合虞翻、李挺之與邵雍卦變之法，混雜不同的卦變系統而合用，以及採互體、伏卦、爻象等漢儒取象用例，本質上仍為漢儒釋義純粹象數化之取向，可以視為以朱震為代表的具有漢代依象求義之主體特色的再現。〈三陳九卦之圖〉著力於數值化之運用，肯定孔子有意義的默示構建九卦之數列變化，張揚九卦的神祕性質，脫離《易傳》本有大義；名為詮釋《易傳》九卦本旨，實已失其實指，另造新說，非聖人思想之所契。

八、《序卦》與《雜卦》布列卦序，陳明卦義，而《大易象數鈎深圖》亦主以朱震、邵雍之說，輯制〈序卦圖〉與〈雜卦圖〉，序列六十四卦，重組六十四卦之變化關係。〈序卦圖〉述明之反對與不反對卦的變化體系，跳脫《序卦》本有之意蘊，著重於卦變體系之建立。〈雜卦圖〉重整確立六十四卦兩兩之對應關係，本質上與〈序卦圖〉卦列關係之內涵相同；同時強調剛柔、升降、反復取義之法，仍採卦變與取象求義之用，象數精神淳厚，義理內蘊減損。

第五章
〈太極圖〉暨太極意蘊之圖說

　　黃宗炎（1616-1686）在其《圖學辯惑》中考辨〈太極圖〉，指出周
敦頤（1017-1073）制說〈太極圖〉，以道教思想為基礎，同時也受到佛
教的影響，建構出由「無極」而「太極」為根源的宇宙觀，對宋代理學
產生極大的影響。[1]〈太極圖〉的授受源流關係，較早提出明確主張者為
朱震（1072-1138），指出〈太極圖〉本由穆修（979-1032）所傳，「修
以太極圖傳周敦頤，周敦頤傳程頤」；肯定由穆修傳至周敦頤，並後傳
至程頤（1033-1107）。[2]《太極圖》的傳授與圖說問題，為普遍被關注的
問題；在朱熹（1130-1200）提出異議前，大抵無太多的質疑，但其掀
起「無極」同於「太極」的論戰，連帶著授受問題也一併衍生，對於朱

1　黃宗炎《圖學辨惑・太極圖說辨》云：「太極圖者，創于河上公，傳自陳圖南，名
　　為无極圖，乃方士修鍊之術。與老、莊之長生久視，又其旁門歧路也。老、莊以
　　虛无為宗，无事為用，方士以逆成丹，多所造作，去『致虛』、『靜篤』遠矣。周
　　茂叔得之，更為《太極圖說》，則窮其本而反于老、莊，可謂拾瓦礫而悟精蘊。但
　　綴說于圖，合二途為一門，其病生矣。……茂叔得圖于方士，得偈而釋，心證于
　　老。」引自黃宗羲、黃宗炎撰、鄭萬耕點校：《易學象數論（外二種）》（北京：中
　　華書局，2010 年 10 月 1 版北京 1 刷），頁 454。明白指出周敦頤的〈太極圖〉，是
　　儒、釋、老與仙道冒昧淆亂的結果。此外，《宋元學案・濂溪學案》、朱彝尊《曝
　　書亭集》（卷五十八），以及《二程遺書》游定夫記程子語等諸書中，皆記周子之
　　圖學，是兼容此諸家之學而成者。
2　見朱震：《漢上易傳・進書表》（臺北：臺灣商務印書館景印文淵閣四庫全書本第
　　11 冊，1986 年 3 月），頁 5。另外，《漢上易傳・卦圖》中亦言〈太極圖〉，同時
　　強調「周敦實茂叔傳二程先生」。（見朱震：《漢上易傳・卦圖》，卷上，頁 313。）
　　由穆修傳周敦頤，並後傳至程頤。

震的說法，才有不同的聲音出現。《大易象數鉤深圖》與《周易圖》一系，於輯收圖式之起始，即首先輯列有關圖說，並未將周敦頤圖式列於首圖。〈太極圖〉主要述明以太極為主的宇宙化生圖式，因此本章檢索《大易象數鉤深圖》與《周易圖》一系，由〈太極圖〉聯結以「太極」為主體的太極意蘊之圖式，分析有關圖式之內涵，進行詳要之具體說明。

第一節　〈太極圖〉前有傳衍而非周敦頤先創

朱震提出由穆修而周敦頤的〈太極圖〉之授受關係，確立周氏圖說非為新創，而為本於前賢所傳。朱熹對朱震之說提出質疑，以〈太極圖〉為周子獨創之作，尤其其深邃奧妙之學，即透過此圖而得以彰顯，故周子學說思想，「莫備於太極之一圖」，「尤其《通書》之言，蓋皆所以發明其蘊」，「而後乃以《易說》、《易通》繫之」；則此圖說成就，「決非种、穆所及」，种放（955-1015）與穆修斷不能與周子相擬。朱熹對朱震的傳承系譜予以直截的否定，並且似乎認為〈太極圖〉為周敦頤之新創。[3]然而，朱震明確之說，當非造作無據；周敦頤既有本於前賢，其〈太極圖〉之前，應有類似之圖說思想，作為傳衍之依據。從《大易象數鉤深圖》與《周易圖》一系圖說，同時輯制舊有之圖說，展現出可能的更早之〈太極圖〉的樣貌與內容。

一、承傳文獻之重要證說

《通書》為周敦頤的重要論著，較早對於此著的序跋文獻，南宋紹興甲子年（即紹興十四年，西元 1144 年）祁寬（?-?）〈通書後跋〉所

3　參見朱熹〈太極圖通書後序〉。引自見周敦頤著、陳克明點校：《周敦頤集‧通書》（北京：中華書局，2009 年北京 2 版北京 2 刷），卷二，頁 46-47。

記，將周氏之學的傳承，作清楚的說明，云：

> 先生歿，洛陽二程先生，唱學於時。辯異端，闢邪說，自孟子
> 而下，鮮所許可。獨以先生為知道。又云，自聞道於先生，而
> 其學益明。明道先生曰：「吾再見周茂叔，吟風弄月而歸，得
> 『吾與點也』之意。」伊川先生狀明道之行曰：「幼聞周茂叔
> 論道，遂厭科舉之業，求諸六經而後得之。」其推尊之如此。
> 於是，世方以道學歸之。其後東坡蘇公詩云：「先生本全德，
> 廉退乃一隅」，蓋謂此爾！《通書》即其所著也。始出於程門
> 侯師聖，傳之荊門高元舉、朱子發。寬初得於高，後得於朱，
> 又後得和靖尹先生所藏，亦云得之程氏。今之傳者是也。逮
> 卜居九江，得舊本於其家，此前所見，無〈太極圖〉。或云：
> 〈圖〉乃手授二程，故程本附之卷末也。校正舛錯三十有六
> 字，疑則闕之。夫老氏著《道德》五千言，世稱微妙。此書字
> 不滿三千，道德、性命、禮樂，刑政，悉舉其要。而又名之以
> 《通》，其示人至矣。學者宜盡心焉。[4]

具體指出二程學道於周敦頤，並以茲為尊崇；《通書》作為周敦頤之重
要論著，故二程對《通書》當能通曉傳讀。朱震以穆修傳〈太極圖〉於
周氏，周氏再傳二程，而周氏作《通書》，程頤述《易傳》，二人的學承
關係由祁寬跋文可以得到明確的輔證。祁氏指出《通書》由程門侯仲良
（?-?）傳至朱震，朱震對周氏、程氏之學亦有承繼關係，又問學於程門
謝良佐（1050-1103），毋怪乎朱震直言自己所述《易》說，以程頤《易
傳》為宗。朱震熟悉此一學脈承傳關係，當不容懷疑，尤其對於北宋圖
說的承傳系譜，必當有本有據；則質疑朱震所論易圖的傳授關係，應該
提出足夠的引證，否則對朱震是一種誣詆。從侯仲良傳至高元舉（?-?）

4　見周敦頤著、陳克明點校：《周敦頤集・通書後跋》（北京：中華書局，2009 年北
　　京 2 版北京 2 刷），附錄二，頁 118-119。

與朱震，祁氏並由二人得《通書》，復由尹和靖（1061-1132）處又得，皆屬程門之本。其書末皆附有〈太極圖〉，與其另於九江家藏之舊本無附〈太極圖〉之《通書》有異，之所以不同，祁氏認為是周氏傳二程以學承有源故有之，而九江本則無此傳授的淵源，故缺〈太極圖〉。因此，〈太極圖〉代表周氏的重要學術思想，二程之學有〈太極圖〉，也毋庸置疑；後人懷疑程氏之著無有關的論述，當無涉〈太極圖〉，而以此推翻可能的承傳關係，則有待商榷，何況程氏之學，多見二氣五行之觀點，此亦周子之學，怎能以無關係稱說。[5]

　　朱震之說既非無的放矢、妄為造說，則沒有具足文獻的其他臆說，不應直採為是。在周敦頤之前已有承於穆修，不管穆修是否又有前承於陳摶（?-989），但可以確定穆修的主張，為周子〈太極圖〉所本，也就是在穆修之前，已存在類似的思想主張。又，陳摶與穆修諸家，乃至周敦頤自身的背景，與丹道學說有一定的關係，而〈太極圖〉的思想便存在著有關的因子；〈太極圖〉雖然本於《繫辭傳》的「《易》有太極，是生兩儀，兩儀生四象，四象生八卦，八卦定吉凶，吉凶生大業」[6] 的化生系統，以及聯繫儒家中正仁義的認識，運用結合入於圖式的理解中，而丹道思想的成分，也依附存在。例如圖式中由「無極」而入於「太極」的黑白互對之第二層圖式，即《周易參同契》主張的坎離互映的〈水火匡郭圖〉，這種觀念，為自東漢魏伯陽（?-?）以降丹道系統的一貫主張。又如由「無極」到「太極」化生推衍過程，本為兩個不同的化生階段，並無文字語意上的難解或模糊之處；在「太極」之前存在著「無極」，這樣的增衍，乃受到道佛之影響。太極為陰陽未分之氣，不論是朱震，乃至《大易象數鈎深圖》與《周易圖》一系的圖說，甚至前

5　詳細之說明，參見拙著：《義理、象數與圖書之兼綜——朱震易學研究》（臺北：文史哲出版社，2011 年 6 月初版），頁 431-434。

6　見《繫辭傳》。引自王弼、韓康伯著：《周易王韓注》（臺北：大安出版社，1999 年6 月 1 版 1 刷），頁 216。

推至漢魏以來普遍的學思觀念，皆以太極為氣化之實體，非為「無」或「理」之存在。

　　在「太極」之前，另外存在著「無極」，這種氣化為「有」之前有「無」的存在之宇宙觀，如同老子所言的「道」以及「有」與「無」的主張，所謂「道生一，一生二，二生三，三生萬物」；[7]「天地萬物皆生於有，有生於無」。[8]以道為「無」，進而生成萬有，萬有為「有」，由「有」而生萬物，但「有」卻由「無」而生，「無」作為一切存在的第一性意義。早在漢代時期，如《淮南子》建構出「太始→虛霩→宇宙→元氣（分清妙與重濁）→天地→陰陽→四時→萬物」的創生過程，作為典型的氣化宇宙觀；在宇宙、元氣、萬物生成之前，有一個非「有」的存在之「太始」，如老子之「無」，作為萬化之源。[9]又如《易緯》也建構出由「太易」→「太初」→「太始」→「太素」，再化分為天地陰陽，以進一步衍生萬物的生化體系，一種由「無」而「有」的變化歷程。[10]

7　見《老子・四十二章》。引自朱謙之：《老子校釋》（北京：中華書局，1996 年 8 月 1 版北京 4 刷），頁 174。

8　見《老子・四十章》。引自朱謙之：《老子校釋》，頁 165。

9　參見《淮南子・天文》：「天墜未形，馮馮翼翼，洞洞灟灟，故曰太昭（始）。道（太始）始于虛霩，虛霩生宇宙，宇宙生（元）氣，（元）氣有涯垠，清陽者薄靡而為天，重濁者凝滯而為地。清妙之合專易，重濁之凝竭難，故天先成而地後定。天地之襲精為陰陽，陰陽之專精為四時，四時之散精為萬物。」（見劉安：《淮南子・天文》。引自劉文典：《淮南鴻烈集解》〔北京：中華書局，1997 年 1 月 1 版北京 2 刷〕，卷三，頁 79-80。）以宇宙自然之演化生成，由天地未形之時的「太始」作為開端，進而生「虛霩」、「宇宙」、「元氣」、「陰陽」、「四時」，以至於萬物的形成，具體的提出萬物創生的歷程。其它包括〈精神〉、〈俶真〉等篇章，也提出天地萬物的肇生，始於元氣的概念。這種的氣化宇宙觀主張，成為兩漢時期以氣為主體的典型觀點，也作為黃老學說的可能主張。

10　參見《易緯乾鑿度》云：「昔者聖人因陰陽，定消息，立乾坤，以統天地。夫有形生於無形，乾坤安從生？故曰：有太易、有太初、有太始、有太素也。太易者，未見氣也；太初者，氣之始也；太始者，形之始也；太素者，質之始也。氣形質具而未離，故曰渾淪。渾淪者，言萬物相渾成而未相離。視之不見，聽之不聞，循之不得，故曰易也。易無形畔，易變而為一，一變而為七，七變而為九，九者，氣變之究也，乃復變而為一。一者形變之始，清雅者上為天，濁重者下為

又如《白虎通義・天地》云「太始起先有太初，然後有太始，形兆既成，名曰太素。混沌相連，視之不見，聽之不聞，然後判清濁，既分，精曜出布，庶物施生，精者為三光，號者為五行。……」[11] 思想觀念與《易緯》同，形氣形成之前，有同於「無」之性質的太初、太始之形上根本。因此，「無極」而「太極」，本為二個不同化生的階段，絕非朱熹所說的「無極」等同於「太極」、等同於「理」的理學本位之主張。〈太極圖〉的「無極」而入於「太極」之思想，在宋代之前，已存在諸多類似前述的說法。

二、舊有〈太極圖〉之具現

若從圖式的傳衍而言，一般易學系統上普遍關注代表周敦頤的〈太極圖〉，較早出現的是朱震《漢上易傳・卦圖》所列之〈太極圖〉（如圖 5-1-1 所示），[12] 朱震並以之視為周敦頤本人的原始圖式。在此之前，在丹道的系統裡，或許於唐代就已存在類似的圖說；胡渭（1633-1714）考索認為唐代《真元妙經品》中即存有〈太極先天圖〉（如圖 5-1-2 所示）。[13]

丹道系統下的圖式非常多，如南宋理宗（1205-1264）時期的蕭應叟（?-?），其《元始無量度人上品妙經內義》有〈太極妙化神靈混洞赤文圖〉，乃至元明時期，亦有更多類似之丹道圖說，並且特別強調「無

地。」（見《易緯乾鑿度》，卷上。引自鍾謙鈞：《古經解彙函・易緯八種》（日本：京都市影印自光緒戊子年武英殿聚珍版，1998 年初版），頁 481。）此文又見《列子》與《白虎通義》，文字內容相近。

11　見班固：《白虎通義・天地》。引自陳立：《白虎通疏證》（北京：中華書局，1997年 10 月 1 版北京 2 刷），卷九，頁 421。

12　圖式見朱震：《漢上易傳・卦圖》，卷上，頁 313。

13　胡渭考索唐代《真元妙經品》，認為其中即存有〈太極先天圖〉，然歷來學者亦有存疑者。見胡渭撰、鄭萬耕點校：《易圖明辨》（北京：中華書局，2008 年 2 月 1版北京 1 刷），卷三，頁 66。

極」的概念，具有濃厚的道教系統之丹道色彩。[14] 上列二圖所顯，雖略有不同，但與今日普遍認識的周敦頤〈太極圖〉相近；所不同者，主要為「陽動」與「陰靜」所標示之位置，以及第二層圖式的陰陽互根之結構呈現稍異。周氏有本於穆修與前賢，圖式結構與思想詮釋，不必然要完全相同，周氏確立自身之思想理論，也必有自己的獨到之處，圖說毋須與前人全同。

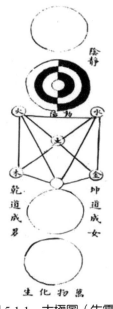

圖 5-1-1　太極圖（朱震）

圖 5-1-2　〈太極先天圖〉

　　《大易象數鈎深圖》與《周易圖》一系之圖說，輯製圖式之起始，即以〈太極圖〉之相關圖式為主，《周易圖》將周敦頤〈太極圖〉稱為〈周氏太極圖〉（《六經圖》與《大易象數鈎深圖》稱〈易有太極圖〉，移至後文再示），置於第二圖，在此之前的第一圖即稱作〈太極圖〉（見圖5-1-3）；此《周易圖》所稱〈太極圖〉，《大易象數鈎深圖》與楊甲（約

14　參見李申、郭彧編纂：《周易圖說總滙》（上海：華東師範大學出版社，2004年4月1版1刷），頁845-862。

1110-1184）《六經圖》，稱「舊有此圖」，但置於周敦頤的〈易有太極圖〉（即《周易圖》的〈太極圖〉）之後。三著皆有相同之引文說明，指出：

圖 5-1-3　太極圖（舊有此圖）[15]

太極未有象數，惟一氣耳。一氣既分，輕清者上為天，重濁者下為地，太極生兩儀也。兩儀既分，則金、木、水、火，四方之位列，兩儀生四象也。水數六居坎而生乾，金數九居兌而生坤，火數七居離而生巽，木數八居震而生艮，四象生八卦也。[16]

《六經圖》與《大易象數鈎深圖》將此圖列於周氏〈太極圖〉之後，而《周易圖》卻置此圖於〈太極圖〉之前。或許可以推定《六經圖》與《大易象數鈎深圖》為較近之一系，而《周易圖》則相對別異；另外，從二書皆云「舊有此圖」之意，似在說明周敦頤的〈太極圖〉之前有此

15　見佚名：《周易圖》（臺北：新文豐出版公司正統道藏本第 4 冊，1988 年 12 月再版），卷上，頁 663。《大易象數鈎深圖》與《六經圖》標明〈舊有此圖〉；見佚名：《大易象數鈎深圖》（臺北：臺灣商務印書館景印文淵閣四庫全書本第 25 冊，1986 年 3 月），卷上，頁 3。

16　見《大易象數鈎深圖》，卷上，頁 3。《周易圖》文字亦同。

一圖式，則《周易圖》圖列次序尤當正確，並且明指在〈周氏太極圖〉之前另有此〈太極圖〉。此一圖式結構，明顯的與周敦頤的〈太極圖〉相異，但是同樣內蘊《繫辭傳》的太極生次的原初與根本之思想是一致的，尤其此一圖說，更為明確具體。此一圖說，尚反映出幾個重要的觀點：

（一）太極的本然樣態，是「未有象數，惟一氣耳」，為尚未成形的非象非數之狀，亦未分判為陰陽的一氣存在，也就是說，太極即是氣，是氣化之本質。

（二）太極未分之氣，自然分化而為陰陽二氣，其陽氣為輕清上而為天、陰氣為重濁下而為地的「兩儀」。

（三）陰陽所代表的兩儀之氣，再進一步的分化，即為金、木、水、火之四象列位，土合四象，五行分列合宜。

（四）天地之數所表徵的陰陽分化，結合五行而生成八卦。水數天一與地六居於北方坎位，以成數之六而生乾；金數地四與天九居於西方兌位，以成數之九而生坤；火數地二與天七居於南方離位，以成數之七而生巽；木數天三與地八居於東方震位，以成數八而生艮。

（五）太極分化以布列五行、八卦，其八卦即傳統的八卦方位，也就是邵雍（1011-1077）所言的後天八卦方位。

前二點為宋代以前即已存在的傳統觀點；第 5 點亦採傳統卦位之說，並未刻意分別先天與後天之主張。第 3、4 點亦漢儒普遍運用之元素，並為宋代以降流行之主張，即強化五行、陰陽數值與八卦方位配合，建立理論性的論述體系；例如元代李簡（?-?）《學易記》中的〈易有太極圖〉、熊良輔（1310-1380）《周易本義集成圖》中所列〈楊氏（鼎卿）太極圖〉、明代胡世安（?-1663）《大易則通》中的〈後天太極圖〉，皆同於此舊有〈太極圖〉之圖說。

第二節　周敦頤〈太極圖〉之確立

有關周敦頤的〈太極圖〉，歷來多數學者大抵以朱熹之圖說為本，然而朱熹載說卻為多數圖式研究者所疑。並且，在朱熹之前，不論一般易學系統或是丹道系統，每有傳錄稱說，前節所述即是。《大易象數鉤深圖》與《周易圖》一系，便具體指稱代表周敦頤所屬的〈太極圖〉，並據周氏之言，斷取原文說明。

一、《大易象數鉤深圖》與《周易圖》所見圖式

《大易象數鉤深圖》與《周易圖》一系圖說，於舊有的〈太極圖〉之後，便有周敦頤的〈太極圖〉；《大易象數鉤深圖》與《六經圖》稱作〈易有太極圖〉（見圖 5-2-1 所示），而《周易圖》則稱〈周氏太極圖〉（見圖 5-2-2 所示）。[17]

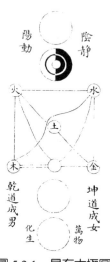

圖 5-2-1　易有太極圖

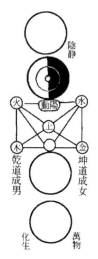

圖 5-2-2　周氏太極圖

17　二圖見《大易象數鉤深圖》，卷上，頁 3；《周易圖》，卷上，頁 663。

（一）二著圖式之差異

此二圖式之結構，略有不同，即在「陽動」與「陰靜」的述明上，前者為《大易象數鈎深圖》與《六經圖》所列，「陽動」與「陰靜」分列左右，象徵天左旋、地右轉處位之性；後者為《周易圖》所列，「陽動」與「陰靜」分列上下，「陽動」處下為北，正為陽氣輕清向上之位，「陰動」處上為南，為陰氣重濁向下之位。

早期丹道系統，原始之圖式當為「陽動」與「陰靜」分置上下，亦即同於《周易圖》的〈周氏太極圖〉之圖式，至於《大易象數鈎深圖》乃至朱震與朱熹分置左右的圖式，應是後修或刊刻誤置的圖式。

（二）二著圖式與歷來圖式之重要差異

《大易象數鈎深圖》與《周易圖》所輯，此二著同為代表周敦頤之圖式，有一個明顯不同於歷來其他周敦頤〈太極圖〉的圖式區塊，即第二層的陰陽二氣之真的表述，黑白的分置，各分處於圓之一半，雖左半白色（陽）中仍略有細黑（陰），右半黑色（陰）中亦略存細白（陽），但主體上左半以白為主、右半以黑為主，即陰陽分判之表徵，如前面圖5-1-3《周易圖》所言之〈太極圖〉（亦即《大易象數鈎深圖》所言之〈舊有此圖〉（太極圖）），由最內圈的太極，分化為次一圈陰陽分判的黑白分立之概念。此代表周敦頤的〈太極圖〉之圖式結構，與朱震的上列圖5-1-1之〈太極圖〉，乃至歷來的〈太極圖〉有別。二者圖說更強烈反映陽中有陰與陰中有陽的同時，陽中之陰或陰中之陽，仍主體判其所重者為分陽與分陰的陰陽粗分之狀。

二、《大易象數鈎深圖》與《周易圖》之周氏圖說的重要內涵

《大易象數鈎深圖》與《周易圖》於周敦頤的〈太極圖〉之後，並有文字之說明；除了《大易象數鈎深圖》增言周敦頤傳此圖予二程外，與《周易圖》同時列言周敦頤的圖說文字，此處取《大易象數鈎深圖》所云：

右〈太極圖〉，周敦實茂叔傳二程先生。茂叔曰：無極而太極，太極動而生陽，動極而靜，靜極復動，一動一靜，互為其根；分陰分陽，兩儀立焉。陽變陰合，而生水、火、木、金、土，五氣順布，四時行焉。五行，一陰陽也；陰陽，一太極也，太極本無極也。五行之生也，各一其性。無極之真，二五之精，妙合而凝。乾道成男，坤道成女，二氣交感，化生萬物，萬物生生而變化無窮焉。[18]

確切提出周敦頤圖說傳至程顥與程頤，此說與朱震之言相同，似或本於朱震，但圖式卻與朱震略異，故難以決然斷言出於朱震圖說。引說之言，特別關注於陰陽變化的氣化思想，對於周敦頤所側重的人為萬物之最靈秀者，「聖人定之以中正仁義，而主靜，立人極焉」，[19] 以人極作為最終與最高之價值，圖說卻略而未言。此段引文的主要內涵為：

（一）先無極而後太極的先後分判

周敦頤原本的圖說文字，本為「動極而靜」，「靜極復動」，朱熹忽略此「極」字，甚至以此為衍字，僅言「動而陽、靜而陰」。至於「無極而太極」，「太極本無極」的認識，也就是周敦頤分判出在「太極」之前有一「無極」的理解，朱熹卻以「無極」與「太極」為同一本體，「非太極之外，復有無極也」。[20] 朱熹不斷申說「無極即是無形，太極即是有理」的概念，[21]「無極」等同於「太極」，兩者同為一體，「無極」只是在述明「太極」，同為一「理」；扭曲周敦頤的主張，證成其自述太極

18　見《大易象數鈎深圖》，卷上，頁3。

19　見周敦頤：《太極圖說》。引自周敦頤著、陳克明點校：《周敦頤集・太極圖說》，卷一，頁6。

20　見朱熹對《太極圖說》之注解。引自周敦頤著、陳克明點校：《周敦頤集・太極圖說》，卷一，頁1-4。

21　見朱熹：《晦庵集・答陸子美》（臺北：臺灣商務印書館景印文淵閣四庫全書本第1144冊），卷三十六，頁4。

為理的一貫思想。

事實上考諸原始的傳文，周敦頤《太極圖說》的早先九江舊家傳本，所見的原文為「無極而生太極」，明白的指稱由無極而「生」太極。又，洪邁（1123-1202）編纂《國史》記作「自無極而為太極」，朱熹堅持己說，否定洪邁之言，強烈指稱當為「無極而太極」。[22] 從語脈結構而言，不論「自無極而為太極」，或「無極而生太極」，乃至「無極而太極」，並無語意表述上的困難與晦暗未明者，當視為二個階段的生發歷程，決非以無極等同於太極。周敦頤身處丹道高度發展的時期，也與道佛過從甚密，尤其所學又有本於陳摶一系，存在道家或道教的「無」之思想，自然是可以被理解的。

肯定「無極之真」，以「真」為見，具有真實存在的最高性，類似老子之「道」的無形、無可名狀，卻真實存在為萬物之本源的實況。周敦頤雖然運用丹道思想而立作「無極」之名，但仍關涉重視易學上「太極」概念；肯定太極為氣，太極內含陰陽二氣，為陰陽二氣運化之初，或為渾沌未分之時，以「氣」而存在。在整個圖說的化生系統裡，陰陽二氣之前有「太極」，在「太極」之前又有「無極」，由無而有的歷程，

---

22 洪邁所記「自無極而為太極」，朱熹提出強烈的批判，指出：「不知其何所據而增此『自』、『為』二字也。夫以本文之意，親切渾全，明白如此，而淺見之士猶或妄有譏議。若增此字，其為前賢之累，啟後學之疑，益以甚矣。謂當請而改之，而或者以為不可。」見朱熹：《晦庵集·記濂溪傳》（臺北：臺灣商務印書館景印文淵閣四庫全書本第 1145 冊，1986 年 3 月初版），卷七十一，頁 406。毛奇齡《太極圖說遺議》中，肯定洪氏的可靠性，採用的是原本的內容。相關之論述，楊柱才作了詳細的說明，仍認為朱熹部分的看法有其確鑿的根據，是否確是如此，沒有確切的文獻根據，已難辨是非；但是，不能因為反對朱熹之說就是「捨源逐流」，仍有諸多可以商榷討論之處。詳參楊柱才：《道學宗主──周敦頤哲學思想研究》（北京：人民出版社，2004 年 12 月 1 版北京 1 刷），頁 23-28。「無極」與「太極」的問題，早在南宋朱熹與陸九淵已有激烈的爭辯，然而在朱熹之前，並無異議。考諸此一圖說背後的原理與相涉的思想，與老子的由無而有，以及丹道的道家之一貫學說，加上周敦頤視陰陽為「一太極也」的太極氣化概念，朱熹之主張，當與周敦頤相悖。

已如前述，早在漢代《淮南子》、《易緯》等說已存在。

（二）陰靜陽動的陰陽變化

　　《周易圖》以「陽動」在下而「陰靜」在上，為作周敦頤的原始圖象，隱隱存在老子思想雌柔主靜的氛圍。陰陽的運動變化，如同《大易象數鈎深圖》與《周易圖》之引述，「太極動而生陽，動極而靜，靜極復動，一動一靜，互為其根；分陰分陽，兩儀立焉」。陽動與陰靜為陰陽之氣的本質特性：從上下位置而言，陽氣動於下方，即以其清輕而將上行於天之狀，列位下方為北方「子」位；而陰靜之氣在上方，即濁重將下行於地之狀，列位上方為南方「午」位。此若京房（前 77- 前 37）所言「陰從午，陽從子，子午分行」[23] 之說，陽生於子，陰生於午，又若邵雍的天根與月窟之位。

　　陰陽動靜互根，動中有靜，靜中有動，亦即陽中有陰，陰中有陽，彼此互相生成、相互含有，此即圖式的第二層之黑色互襯之狀。

（三）五氣布列而四時推移

　　由陰陽二氣的交感變化，產生五行之氣，並推衍四時的變化，進而化生萬物，確立萬物生成變化的基本規律，並含有時空並現的意涵。此即圖式結構的第三層。

　　五行結構具「二五之精，妙合而凝」之性，類似毛奇齡（1623-1716）《太極圖說遺議》言〈三五至精圖〉，[24] 由陰陽之兩儀，推定出四時與四方，以五行之木、火、金、水作分列，即木春、火夏、金秋、水冬，土王四季，即《周易參同契》所謂的「土旺四季，羅絡始終。青赤白黑，各居一方」之說。[25] 此五行合四時之主張，成為周敦頤

23　見京房：《京氏易傳》，卷下。引自郭彧著：《京氏易傳導讀》（濟南：齊魯書社，2002 年 10 月 1 版 1 刷），頁 133。

24　參見毛奇齡：《太極圖說遺議》。引自毛奇齡撰，鄭萬耕點校：《毛奇齡易著四種‧太極圖說遺議》（北京：中華書局，2010 年 1 月 1 版北京 1 刷），頁 97-99。

25　見魏伯陽：《周易參同契》（臺北：新文豐出版公司，1987 年 6 月臺 1 版），卷上，

〈太極圖〉化生系統的重要環節，具體將五行納入易學系統之中。五行布列作為宇宙生化系統下的重要階段，為陰陽進一步推衍之氣性，體現具體的時空意義，成為宇宙自然存在的重要基源。

周敦頤〈太極圖〉的宇宙生成系統，其終極關懷為立於人極的以人為本之核心，以人為萬物最具靈性者，而聖人效法此自然萬化之性，定其中正仁義而主靜之功夫與理想導向，此正為儒學思想的主流價值，肯定效法天道運化入於人倫道德的理想與實踐。[26] 這個方面，《大易象數鈎深圖》與《周易圖》並沒有引說。

第三節　鄭東卿太極意蘊之宇宙圖式

周敦頤的〈太極圖〉，既以「太極」為名，即以太極為核心所構築出的宇宙圖式，此宇宙圖式乃至宇宙觀思想的建立，必當有所本，最直接與最具典範的根本，即《繫辭傳》的太極生次之思想，以此思想為基礎所形成的理論體系。《大易象數鈎深圖》與《周易圖》一系，即輯〈太極圖〉的有關圖式，說明周敦頤奠定此一圖說的權威觀點，並在此之前，已存在著同樣以「太極」為本的〈太極圖〉；同時在此之後，亦有本於「太極」思想所構制的圖說，典型的代表為鄭東卿（?-?）所制的〈鄭氏太極貫一圖〉與〈六位三極圖〉。

一、太極聯繫「河洛」的〈鄭氏太極貫一圖〉

太極圖式衍化的舊有圖式之說，亦同於鄭東卿所言說的〈鄭氏太極貫一圖〉（見圖 5-3-1），[27]《周易圖》將之置於舊有的〈太極圖〉與〈周

頁 2。

26　有關周敦頤〈太極圖〉的圖說思想，可參見拙著之詳細論述。參見拙著：《義理、象數與圖書之兼綜──朱震易學研究》，頁 439-452。

27　圖式見《周易圖》，卷上，頁 664。

氏太極圖〉之後，次序有其先後的合理關係，因為知此圖為鄭東卿所制，自當在舊圖與周敦頤圖式之後。然而，《大易象數鈎深圖》稱作〈太極貫一之圖〉，為其所有圖式之首，即列於周敦頤〈太極圖〉與舊有〈太極圖〉之前，但是未有文字之說明，也未標明為鄭東卿所作；[28] 雖然《大易象數鈎深圖》對此圖說排列序位不見得合理，但可以看出《大易象數鈎深圖》作者對此圖式之看重，尤其此圖展現出具有早於周敦頤〈太極圖〉的「原型」特色。

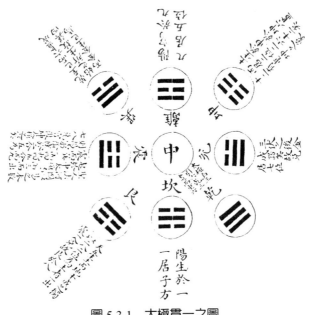

圖 5-3-1　太極貫一之圖

　　鄭東卿此一圖式，為繼舊有〈太極圖〉的圖說思想所延續構制者。《周易圖》明白記載云：

　　少枚先生曰：八卦之位始於伏，重於夏商，衍於周，作經於
　　孔。皆不易其方位，實本〈河圖〉、〈洛書〉之本文、本數也。

28　見《大易象數鈎深圖》，卷上，頁 2。

其述作之意，一歸於中，所謂執中，惟一之道。皇極一而繫於五，共得六數，乃太極函三之引六也。近太極莫若乾，出中而居六位正，而曾子所謂一貫之忠恕也。用太極者莫若震，故以震居三位，蓋得太極函三之圓不動，正而子思所謂發而中節之和也。判太極者莫若坎與坤，坎得其一，坤得其二，一即二矣，二即三矣，此水土所以並生於申善與惡、陰與陽，執其一者，皆非道。是曰：失中而中庸之學不取也。以大概論之，一、三、七、九，陽數布于四方，分至之義；二、四、六、八，陰數布于四隅，啟閉之義，求中氣而積閏之理也。[29]

透過太極生成八卦與天地之數進行聯結，傳達出以下幾個重要意涵：

（一）從伏羲畫卦、經文王推衍而孔子視之為「經」的《周易》系統，強調「八卦之位始於伏」，也就是肯定伏羲始為八卦立位，亦即邵雍所言之先天八卦、伏羲八卦之說。此〈鄭氏太極貫一圖〉八卦列位雖屬傳統的八卦方位（後天），但言始於伏羲的八卦之位，意味著亦當另外合理的存在著太極與先天八卦生成關係；太極作為原初的始根源，可以化生建立先天與後天八卦系統。

（二）不論是此一太極合後天八卦的圖式，或是合先天八卦的圖式，皆本於〈河圖〉、〈洛書〉之數。太極與先後天八卦及〈河圖〉、〈洛書〉結合，為宋代的普遍認識，宋元之際包括丁易東（?-?）《大衍索隱》等諸家之說，有因於前此成熟之立論。

（三）太極函天地人三才之道，函三為一，通天道明人事，太極結合《尚書・洪範》所言「次五曰建用皇極」；「五，皇極，皇建其有極」[30]之思想，太極之「一歸於中」，由一而繫於五，惟一而執中，亦即

29　見《周易圖》，卷上，頁664。

30　見《尚書・洪範》。又，孔氏《傳》云：「皇，大；極，中也。凡立事當用大中之道。」又云：「大中之道，大立其有中，謂行九疇之義。」明白指出皇極尚大中之道，亦行九疇以中正之道。引自孔安國傳、孔穎達疏：《尚書注疏・洪範》（臺

大中至正的施政教、馭下民的治國準則之皇極之道。「一」作為太極之始，而「五」作為太極之中，亦大中教民之正道，合於《中庸》「從容中道」與《論語》「允執其中」之宜。

　　（四）聯結〈河圖〉、〈洛書〉與《尚書・洪範》「九疇」之思想，藉由天地之數與八卦以具體布列建成。首先，從中道的思想出發，「皇極一而繫於五，共得六數」，太極為「一」，以「一」為始，又以「五」為中，合為六數，即太極函三之數，合天地人三才為六爻之合數；此近太極者為乾卦，即「乾三畫而重六」之乾位六數，正位以顯曾子所言「一貫之忠恕」的大義。其次，以太極為用者莫若震卦居三之位，得其正即《中庸》所謂「發而中節」之和的已發而能適其中者。又，坎、坤二卦分處一、二之位，五行之性即水土並生，若太極之判生以申明陰陽善惡者。餘巽卦居四、兌卦居七、艮卦居八、離卦居九。八卦列九宮，形成五位居中，而一、三、七、九等陽數布列於四方為四時，亦即坎一北方為冬至、震三東方為春分、離九南方為夏至、兌七西方為秋分；二、四、六、八等陰數布列於四隅之位，分為坤二西南之位、巽四東南之位、乾六西北之位，以及艮八東北之位。此八卦九宮列位，鄭東卿表明合於〈河圖〉、〈洛書〉之數，將八卦九宮與〈河圖〉、〈洛書〉進行聯繫。

二、太極合天地人之〈六位三極圖〉

　　太極函天地人三才為一的主張，為漢儒的普遍思想，落實於卦爻之中，六爻之位，正為三極之道。《大易象數鈎深圖》與《周易圖》同輯〈六位三極圖〉（見圖 5-3-2），分立三才各居六位的圖式，並有文字之說明。

―――――
北：藝文印書館，1997 年 8 月初版 13 刷），卷十二，頁 168、172。

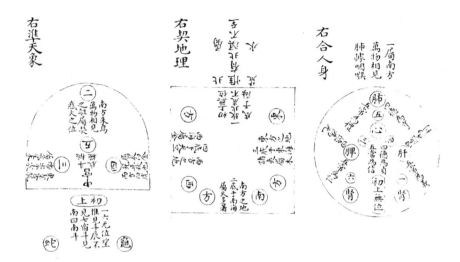

圖 5-3-2　六位三極圖

《周易圖》明言此圖乃鄭東卿之說，指出：

> 合沙鄭少枚先生曰：六位以二、三、四、五為經，七、八、
> 九、六為緯者，象天文也。天以龍、虎、鳥、[31]龜為經，辰、
> 歲、熒惑、太白為緯。六位之經，無玄武之數者，北望惟見斗
> 樞。辰，極也，故斗謂之北斗，辰謂之北辰，雖名曰北，而實
> 天中，是一六太極之數，潛宿於五也。〈河圖〉六一居亥子之
> 北，五居中央，是中央與北皆得太極之數也。六位之緯無鎮星
> 之數者，鎮星二十八載一周天，歲、熒惑、太白、辰，皆歷鎮
> 星，所鎮之宿而行，如陰陽家所謂土居中宮、王四季之說也。
> 故易爻凡三百八十四，上契天象之數，而吉凶之變，占於七、
> 八、九、六，如五星之變焉。[32]

太極之道，貫通天、地、人三極，鄭氏建構擬準天象、契合地理與人身

31　《周易圖》「鳥」作「烏」為誤，據改。
32　圖式與引文，見《周易圖》，卷上，頁 667。

的圖說,此一圖說反映的重要內涵與概念為:

(一)三極圖說皆以天地之數結合五行、方位,並聯繫六爻爻位的列位關係;不論天象、地理或人身圖說,都述明「初上無位」,強調初爻、上爻不言位的主張,為王弼爻位觀的延續。[33] 初上無位,非但不是認為一與六位不重要,反而同於五中之位,皆近太極之本象,也如同對〈河圖〉用數的理解一般,「〈河圖〉六一居亥子之北,五居中央,是中央與北皆得太極之數也」。一與六位屬北方,與五中皆本太極之數。

(二)《易》道太極擬準天象,布之六位,初一、上六無位,則二、三、四、五明列其位。以天地之生成數言,認為「六位以二、三、四、五為經,七、八、九、六為緯者」,以之布列象徵天文,即以青龍(龍)、白虎(虎)、朱雀(鳥)、玄武(龜)四方之宿為經,結合五緯之星中的辰、歲、熒惑、太白四星為緯。[34] 經、緯星象皆合數值、方位、

---

33 王弼圖說《象傳》、《繫辭傳》的觀點,提出「初上无位」的主張。指出:「《象》无初上得位失位之文。又,《繫辭》但論三五、二四同功異位,亦不及初上,何乎?唯乾上九《文言》云,貴而无位;需上六云,雖不當位。若以上為陰位邪?則需上六不得云不當位也;若以上為陽位邪?則乾上九不得云貴而无位也。陰陽處之,皆云非位,而初亦不說當位失位也。然則,初上者是事之終始,无陰陽定位也。故乾初謂之潛,過五謂之无位。未有處其位而云潛,上有位而云无者也。歷觀眾卦,盡亦如之,初上无陰陽定位,亦以明矣。」見王弼:《周易略例‧辯位》。引自王弼著、樓宇烈校釋:《王弼集校釋》(北京:中華書局,1999 年 12 月 1 版北京 3 刷),頁 613。認為《象傳》對於六十四卦卦爻的解釋,並無初爻、上爻得位或失位之說,也就是初、上不言「位」。同時認為《繫辭下傳》於六爻言位者,只有二、三、四、五爻,排除了初、上兩爻,二與四同具陰位之功,而三與五又同具陽位之功,而其位置的遠近貴賤不同。特別舉乾卦上九《文言》「貴而无位」之說作解釋,明白指出上爻雖貴,卻不因其爻性為陽或為陰而言「位」,上爻本來就「无位」,沒有固定的爻性之位。斷言六十四卦初爻與上爻表述出事之終始,無陰陽定位的說法。另外,漢代以來的六爻之固定化爵位之主張,在王弼的觀念中,也相形式微;初上無位,初上不論貴賤之位,則六爻配以六種不同的爵等之主張,當然也就行不通。

34 《淮南子‧天文》記載:「何謂五星?東方,木也,其帝太皞,其佐句芒,執規而治春。其神為歲星,其獸蒼龍,其音角,其日甲乙。南方,火也,其帝炎帝,其佐朱明,執衡而治夏。其神為熒惑,其獸朱鳥,其音徵,其日丙丁。中央,土也,其帝黃帝,其佐后土,執繩而制四方。其神為鎮星,其獸黃龍,其音宮,其

五行與卦象：「二」為「南方朱鳥，萬物相見之離，屬熒惑火之位」；「三」為「東方蒼龍，帝出乎震，屬歲星木」；「四」位「屬太白金，兌正秋也，西方白虎」；「五」位中宮，為「斗樞辰極」之位。[35] 經緯相合，即生數與成數相合，南方火行離卦為夏至，合朱雀與熒惑之星宿，即二與七數合；東方木行震卦為春分，合蒼龍與歲，即三與八合；西方金行兌卦為秋分，合白虎與太白，即四與九合；五位居中央之土，王於四季。至於北方，即初一、上六之位，鄭東卿表明「一、六无位，望惟見斗辰，不見七宿，斗見南曰南斗」。此無玄武之數，即未能見玄武之宿。雖強調初上無位，然初與上實屬一與六位，為正北水行之位，亦中天起行之位，誠如1993年湖北郭店楚墓出土竹書中之《太一生水》，以

日戊己。西方，金也，其帝少昊，其佐蓐收，執矩而治秋。其神為太白，其獸白虎，其音商，其日庚辛。北方，水也，其帝顓頊，其佐玄冥，執權而治冬。其神為辰星，其獸玄武，其音羽，其日壬癸。」（見劉安：《淮南子·天文》。引自劉文典：《淮南鴻烈集解》，卷三，頁88-89。）五星為木、火、土、金、水五行之星，又稱五緯，或稱五曜，結合方位、五行、五德、五色與干支，為傳統所常用者；立其德性則木星配仁、火星配禮、土星配信、金星配義、水星配智，為漢代以來普遍之天文觀。木星古稱歲星，又名攝提、重華、應星、紀星等，為五星中最大者，木星體大而明亮，古人測天極為重視此星，大約十二年繞行一周，每每以之紀年，稱「歲在某某」。火星古稱熒惑，明暗不定，麗若明火，位置亦不斷變化，行蹤難定，為觀者所惑，故名熒惑。土星古稱鎮星、填星、信星等，質量與大小僅次於木星，有明亮之光環圍繞四周。金星古稱明星，又名太白、太白金星；為太陽與月亮外，相對較為明亮的星體；為內行星，日出前見於東方而名啟明，黃昏時期見於西方而名為長庚，此《詩經》有云「東有啟明，西有長庚」。引自〔唐〕孔穎達疏：《毛詩正義·小雅·大東》（臺北：藝文印書館，1997年8月初版13刷），頁440。水星古稱辰星，為太陽系中距離太陽最近的最小行星；由地球觀之，去日總在一辰（即經度15度為1時）之內，故稱「辰」；水星的形狀似月，運行極為複雜，不易觀測，連其年自行量皆看不到，波蘭天文學家哥白尼終其一生皆未能得見，討論水星新近的三次觀測，包括1491年、1504年（二次），皆為罕見的他人經驗。參見〔波蘭〕哥白尼著，〔英〕霍金導讀，張卜天譯：《天體運行論》（臺北：大和書報圖書股份有限公司，2005年2月），頁124-126、316-318、387-406。五星之有關知識，可以參見章潢：《圖書編》（臺北：臺灣商務印書館景印文淵閣四庫全書本第969冊，1986年3月初版），卷十九－二十，頁199-255。
35 括弧相關引文，見〈六位三極圖〉圖式之文字說明。

「太一」生成水作為宇宙生成之開端，而在秦漢以降，亦以天地之數結合五行立說，「太一」或「天一」亦屬宇宙生成之根源地位。天一與地六位屬北方，結合星象之位，「斗謂之北斗，辰謂之北辰」，斗辰位北，有立天之道，故鄭氏認為「雖名曰北，而實天中，是一六太極之數，潛宿於五也」。一六與五，皆含攝太極之概念，北方主體星象，亦合此數、合此根源義。六位繫之以天象，合卦爻之所契，占卦索求六位，取七、八、九、六為用，正如五星之變，以茲吉凶休咎可明。

（三）太極冥契於地理，同於天象，布列四方，鄭東卿圖文所示，北荒屬水，認為「惟有北滇不至」，因為「初上無位，故北荒不底於海」；北方「一」位，性在無位，其「不至」、「不底」正表明其冥遠無邊的太極原始之無限性。至於「二」位，位屬南方，「南方之地，底于南海，屬火多暑」；南方底於南海，為火暑之性。

「三」位，位屬東方，「東方之位，底于東海，諸夷屬木」；東方底於東海，東海諸夷為木象地屬。「四」位，位屬西方，「西方之地，底于天竺，西海屬金」；[36] 西方底於天竺，為金屬之象。「五」位為中土，正是中國之地，亦地方之中，為太極合地之主體。透過太極觀與方位、五行之結合，作為古人所理解的「地方」之全貌，並取其地物之象，以明自然之道。

（四）太極之六位軌合人身，人受天地陰陽五行之氣以合人之一身，同乎天地的太極列位之道。初上無位，實位為「一」與「六」，位處北方，北方藏物冬時，故在天為寒，在地為水，在上為辰星；法天地而入於人倫，「四德為貞，五常為信」，在德為事幹之貞，常倫為信；入於己身，在體為骨，在臟為腎。至於「二」位，位在南方，南方氣化養物，於時為夏，所以「二屬南方，[37] 萬物相見」之時。「二」在地為

36　括弧相關引文，見〈六位三極圖〉圖式之文字說明。

37　《大易象數鈎深圖》與《周易圖》，原皆作「一屬南方」，「一」數北方，「二」數南方，此蓋傳抄之誤，當作「二屬南方」，據改。

火，在上為熒惑，在德為嘉會之亨，常倫為禮，故言「四德為亨，五常為禮」。鄭東卿以南方火行在臟為肺，「肺據咽喉」，主人之呼吸；然而傳統上《黃帝內經》以南方離火為心，兌金為肺，歷來易學取象以合方位與人身臟腑，亦多主南火為心，例如張理（?-?）《易象圖說》也明言南方火數為七，「在體為脉，在藏為心，通於舌」。[38] 因此，鄭氏所用不合普遍之用例。「三」數位東為木，春時萬物蠢生，星位為歲，在德為善長之元，常倫為仁，即所謂「四德為元，五常為仁」。此東木臟腑所主，鄭氏指為脾臟，與傳統所用中央土位為脾相異。「四」數位西為金，秋時物斂而熟，星位太白，在德為義和之利，常倫亦為義，即所云「四德為利，五常為義」。鄭氏以此時位所主為肝臟，亦與傳統所用兌金為肺、於體所象為皮毛之理解不同。「五」位居中央之土，在天為鎮星，在地為土，合元亨利貞而為誠。[39] 鄭氏並以中土主心臟，亦不同於傳統所用為脾臟。人極六位所主臟腑，鄭氏之用與傳統臟腑的五行配位不同，如張理〈四象八卦六體之圖〉即取傳統之說，與鄭氏皆別，[40] 但此一配位可以看出鄭氏中土列位屬心，重視心的重要性，以心為人之主宰中心，心並為其哲學命題的重要關懷。

第四節　小結

《大易象數鈎深圖》與《周易圖》一系輯說〈太極圖〉，明白指稱周敦頤圖說之前有舊有之〈太極圖〉存在，不論理論背景或基本之組成

38　見張理：《易象圖說・內篇》（臺北：臺灣商務印書館景印文淵閣四庫全書本第 806 冊，1986 年 3 月初版），卷中，頁 384。

39　周敦頤以中土之德為誠，「元亨，誠之通；利貞，誠之復」。張理亦言，中土之位，「在德為誠」。參見張理：《易象圖說・內篇》，卷中，頁 384。

40　張理〈四象八卦六體之圖〉明白確立以四象八卦聯結五行，以合人之身形，脾居中位，與心、肺、腎、肝相互輸應。又於〈乾坤成列〉圖說中亦有詳言臟腑配位之關係。參見張理：《易象圖說・內篇》，卷中，頁 384；《易象圖說・外篇》，卷中，頁 416-417。

元素，皆大致相同，但圖式結構明顯殊異；舊有圖說並無「無極」的分立，卻增加天地之數的布列，且述明太極為「氣」之質，合乎傳統的理解，非朱熹後起以之為「理」的認識。此一圖說正說明尚未受到朱熹理學浸染前的普遍主張，或許也可以間接證明此一系圖說之作者，當在朱熹之前的易學家所完成者。

《周易圖》一系所輯述之周敦頤〈太極圖〉，《周易圖》尤較近古，二著制圖於陰陽二氣之真的圖式呈現，又當較歷來諸圖又尤貼近周氏古圖，並特能凸顯陰陽布分彼此互含且相需和合之性。肯定周子傳承至程氏兄弟，以太極之先有無極之存在，而太極的本身即是陰陽之合體，即氣化的實然之狀。對於周子終於人極的人倫理想，並未言說，似乎刻意忽略，不重於義理之成分，此亦此一系圖說思想的特色。

鄭東卿太極意蘊之有關圖說，除了反映《大易象數鈎深圖》與《周易圖》一系之作者，重視鄭氏之易學圖說思想外，並在類似周氏太極思想的認識上，試圖建構出另類的八卦生成衍化、聯結天地人之道宇宙圖式，並且與〈河圖〉、〈洛書〉、先後天學說觀點進行整合；同時強化時空概念的存在意義，與天地之數、五行、方位及星宿諸元素作合理的布列，成為原始太極的進一步創制之典範，對宋元《易》家之圖說產生一定的影響。

雖在有限的文獻上，難以詳見鄭東卿完整的理論體系，但確實肯定太極為象數未形的一氣存在，氣化流行，八卦推布，本諸於傳統的卦位布列。太極通天地人三才之道，擬準天象，冥契地理，軌合人身，德化人倫，時空合和，天地位而萬物育。聖人體察太極氣化之道，且能通之於心，故太極造化之一氣，即同於聖人之一心，提升「心」的主體地位。聖人主心，若「帝」若「神」若「一」，了然於自然之化，顯微於萬化之變，故能同於太極。

第六章
「河洛」與「先後天」有關圖說探述

兩宋時期圖學大盛，重要的緣起，來自於陳摶（?-989）一系的〈河圖〉、〈洛書〉與「先後天」圖說。《六經圖》同《大易象數鈎深圖》與《周易圖》，作為相近或相關聯一系的圖書之學的集成之著，輯收之圖說，內容性質與思想主張，取向大體一致，尤其關注於〈河圖〉、〈洛書〉以及「先後天」方面。本章節主要針對有關圖說進行考索，探討相關圖說之具體內涵，以及理解在圖書之學發展中的可能意義。

第一節 〈河圖〉之圖說意蘊

從文獻所見，〈河圖〉與〈洛書〉的傳授系譜，最早明確指出者為朱震（1072-1138），於上皇帝書表中認為，陳摶傳至种放（955-1015），「放以〈河圖〉、〈洛書〉傳李溉，溉傳許堅，堅傳范諤昌，諤昌傳劉牧」。[1] 其中范諤昌（?-?）的傳衍為後學所惑，如晁公武（1105-1180）、張惠言（1761-1802），認為范諤昌傳自於許堅（?-?）與季處約（?-?），但朱震卻跳過二家而未言；[2] 從《大易象數鈎深圖》中

1　見朱震：《漢上易傳·表》（臺北：臺灣商務印書館景印文淵閣四庫全書第 11 冊，1986 年 3 月初版），頁 3。

2　朱震所言傳至范諤昌的問題，後學所疑者，如清代張惠言云：「按《東都事略》言陳摶以象學授种放，放授許堅，象學者，河圖、洛書也。而朱震云：放以圖書授李溉，溉傳許堅，堅傳范諤昌，諤昌傳劉牧。晁公武云：諤昌自謂其學出於季處約、許堅。其說互異，溉與處約，不知是一是二。諤昌又不言處約傳自誰氏，中

之〈古今易學傳授圖〉，更可確認其可能更詳細的傳衍系譜，當為陳摶→种放→許堅→季處約→范諤昌→劉牧（1011-1064）。[3]〈河圖〉與〈洛書〉至劉牧確定其易學影響的重要地位。

朱熹（1130-1200）《周易本義》與《易學啟蒙》中提出〈河圖〉十數、〈洛書〉九數的「河十洛九」之主張，《文公易說》中朱子指出「世傳一至九數者為〈河圖〉，一至十數者為〈洛書〉，考之於古，正是反而置之」。[4]亦即朱子於其所處之時代，確實指出當時普遍認為〈河圖〉之數為四十五，而〈洛書〉之數為五十五，但他考諸於古，認為實際上當以〈河圖〉五十五、〈洛書〉四十五為正確。至此之後，在其作為理學集大成者之主流學術地位的影響下，學者普遍接受此一觀念。但是，以劉牧為主的本然實質內容，當以「河九洛十」為正確。《大易象數鈎深圖》、《周易圖》與《六經圖》所輯之圖說，正為劉牧一系之主張。

在〈河圖〉與〈洛書〉的圖說建構之輯制上，不論《大易象數鈎深圖》、《周易圖》或《六經圖》，特別重視〈河圖〉的方面，在圖式數量上，遠多於〈洛書〉之圖式。

一、〈河圖〉九數的圖式結構

《大易象數鈎深圖》同《六經圖》，作〈河圖數圖〉（見圖 6-1-1），《周易圖》名為〈河圖之數〉（見圖 6-1-2），與前圖相比，沒有分別黑白點的差異，且二圖引文之說明內容亦異。

間授受不甚分明。」（見胡渭《易圖明辨》〔臺北：新文豐出版公司編印大易類聚初集第 15 冊，影印《皇清經解續編》本，1983 年 10 月初版〕，卷四，頁 688。）也就是說，朱震只言范諤昌傳自許堅，而晁氏《郡齋讀書志》卻指出學自季處約與許堅。但是，至少傳自許堅是可以確定的史實。

3　圖說見佚名：《大易象數鈎深圖》（臺北：臺灣商務印書館景印文淵閣四庫全書本第 25 冊，1986 年 3 月），卷下，頁 95-96。

4　見朱鑑：《文公易說》（臺北：臺灣商務印書館景印文淵閣四庫全書第 18 冊，1986 年 3 月初版），卷一，頁 416。

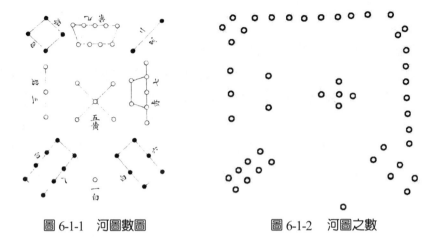

圖 6-1-1　河圖數圖　　　　　　　　　圖 6-1-2　河圖之數

《大易象數鈎深圖》圖文說明指出：

戴九履一，左三右七，二四為肩，六八為足，五為腹心，總
四十五，縱橫數之皆十五也。天五居中央，聖人觀之，遂定八
卦之象。[5]

另外，《周易圖》則云：

劉牧傳自范諤昌，諤昌得之許堅，堅得於李溉，溉得於种放，
放得於希夷先生摶。其圖戴九履一，左三右七，二四為肩，
六八為足，縱橫皆十五數，總四十有五。《列禦寇》曰：
《易》者一也，一變而為七，七變而為九，九復變而為一。李
泰伯[6]曰：伏羲觀〈河圖〉而畫卦者此也。又謂之九宮，故陰
陽家一、六、八為白，二黑，三綠，四碧，五黃，七赤，九

5　圖式與引文，見《大易象數鈎深圖》，卷上，頁 8。
6　原作「李康伯」，宋代確有此姓氏之詩人，但未記習得易學。《周易圖》此段引
　文，朱震《漢上易傳・卦圖》同言，並稱「李泰伯」（李覯），此當《周易圖》引
　說傳抄之誤。（見朱震：《漢上易傳・卦圖》，卷上，頁 309。）

紫，其本於此乎。[7]

二著所述，表達幾個重要概念：

（一）二著之引述，《大易象數鈎深圖》較為簡略，主要表明天地九數之布列，縱橫十五數，即數學上所言之三階幻方（魔方）的縱橫皆十五合數之用〔$C=n(n^2+1)/2=3(3^2+1)=15$〕。十五數之結構，即《繫辭傳》所謂「參伍以變，錯綜其數」；[8] 亦即一般所言之小成之數，即天地之數之生數，陽數一、三、五合為九，陰數二、四合為六，九與六合為十五。九數布列，即陰陽變化交通，萬物因之生焉。

（二）《周易圖》則述明〈河圖〉之傳衍系譜，與朱震所言相同。事實上，《周易圖》所引此段文字，當援引自朱震《漢上易傳》的〈河圖〉釋文。[9] 同時，此一圖說，溯源於劉牧之〈河圖〉，而劉牧則自訴其源，本於其《易數鈎隱圖‧遺論九事》所述〈太皞氏授龍馬負圖〉，指出「昔宓犧氏之有天下，感龍馬之瑞，負天地之數出於河，是謂〈龍圖〉者也」。即〈河圖〉之原身為〈龍圖〉。[10]

（三）〈河圖〉數九與〈洛書〉數十之數列，朱震所述，三著所引，或當為普遍的理解，殆無疑義。諸家圖式之數列結構皆同，然形式呈現則未必相同，如上列〈河圖數圖〉與〈河圖之數〉之圖式形式稍

7　圖式與引文，見佚名：《周易圖》（臺北：新文豐出版公司正統道藏本第4冊，1988年12月再版），卷上，頁664-665。

8　《繫辭傳》「參伍以變，錯綜其數」之數值化運用思想，《大易象數鈎深圖》、《周易圖》與《六經圖》建立之數列圖式，皆本此思想，所據主要來自朱震，而其源說則歸之劉牧。參見劉牧：《易數鈎隱圖‧遺論九事》（臺北：新文豐出版公司正統道藏本第4冊，1988年12月再版），頁794。

9　見朱震於〈河圖〉圖式之後，云：「右〈河圖〉，劉牧傳於范諤昌，諤昌傳於許堅，堅傳於李溉，溉傳於种放，放傳於希夷陳摶。其圖戴九履一，左三右七，二四為肩，六八為足，縱橫十有五，總四十有五。《列禦寇》曰：《易》者一也，一變而為七，七變而為九，九復變而為一。李泰伯曰：伏羲觀〈河圖〉而畫卦，禦寇所謂變者，論此圖也。……」（見朱震：《漢上易傳‧卦圖》，卷上，頁309。）

10　參見劉牧：《易數鈎隱圖‧遺論九事》，頁794。

異，又劉牧之〈河圖〉與朱震之圖式，亦皆未相同。〈河圖數圖〉與前期諸家較大的差異，在於標明數字與陰陽家之用色，諸家無。

（四）強調聖人伏羲觀〈河圖〉而定八卦。《繫辭傳》認為伏羲始作八卦，所謂「古者包犧氏之王天下也，仰則觀象於天，俯則觀法於地，觀鳥獸之文，與地之宜，近取諸身，遠取諸物，於是始作八卦，以通神明之德，以類萬物之情」。[11] 仰觀日月星宿等天文，俯察山川原隰之地理，立八卦以象百骸萬物。至於〈河圖〉何以能夠見觀而作八卦，朱震認為「龜具八卦、五行、天地之數，神物也，故聖人則之」。[12] 肯定〈河圖〉以龜形顯其象，現其八卦、五行、天地之數，八卦以茲畫定。

（五）舉列禦寇（?-?）之言，亦即兩漢之際《易緯》詳載的漢代陰陽用數的氣化思想，[13] 以《易》氣始於一，由一而變為七，再變為九，再復變為一；陽氣成，陰氣亦動，其動在退，則由八而六。「一」作為乾元陽氣的太極氣化之始，「九」為氣化之極數，故〈河圖〉以九宮立九數，此便為氣化之圓滿結構。

（六）〈河圖〉立數，縱橫十五數，象徵天地陰陽之用，十五數隱於天地之數當中。此推求之十五用數，即列子、《易緯》的陰陽壯究之用，又即天地之數的成數與推蓍衍數的六、七、八、九數之用，又即「兩儀生四象」的老陰、少陽、少陰、老陽四象之用。陰陽氣壯之數「七」與「八」合數為十五，氣究之數「九」與「六」合數亦十五，此

11　見《繫辭下》。引自王弼、韓康伯著：《周易王韓注》（臺北：大安出版社，1999 年6 月 1 版），頁 220。

12　見朱震：《漢上易傳》，卷七，頁 242。

13　參見《易緯乾鑿度》云：「《易》變而為一，一變而為七，七變而為九，九者氣變之究也，乃復變而為一。一者形變之形。……陽動而進，變七之九，象其氣之息也。陰動而退，變八之六，象其氣之消也。」「復變而為一」，鄭玄注說提出質疑，指出：「乃復變為一，一變誤耳，當為二，二變而為六，六變而為八，則與上七九意相愜。」《易緯乾鑿度》與鄭注，見《易緯乾鑿度》，卷下。引自鍾謙鈞：《古經解彙函・易緯八種》（日本：京都市影印自光緒戊子年武英殿聚珍版，1998 年初版），頁 487-488。

〈河圖〉九宮縱橫之數所由見哉。

（七）天地之數五十五，然而〈河圖〉的布列，僅用四十五數，事實上，四十五用數，五十五數已隱存其中；五數居中，為萬有之中，則陰陽之中庸用數，與「五」相繫的數列組合，包括「4-5-6」、「2-5-8」、「9-5-1」、「3-5-7」等四組相對應的列數，皆以「五」相乘，總合皆為五十；五十即大衍五十之用數，合「五」即天地五十五之合數。就「4-5-6」言：(4×5) + (6×5)=20 + 30=50；就「2-5-8」言：(2×5) + (8×5)=10 + 40=50；就「9-5-1」言：(9×5) + (1×5)=45 + 5=50；就「3-5-7」言：(3×5) + (7×5)=15 + 35=50。成數之用，皆含有「五」，〈河圖〉布列之陰陽變化，亦以「五」常用其中。特別強調天五居中的概念，此一概念，朱震亦同，而回溯劉牧之說，也重視「以五為主」的運數主張。[14]

（八）取李覯（1009-1059）之說法，天地之數所表徵的陰陽氣化流行概念與五行進行聯繫，呈現出九數布列同陰陽家的觀念，即五數居中土為黃，一、六、八數為白，二數為黑，三數為綠，四數為碧，七數為赤，九數為紫。

二、〈河圖〉十五數之陰陽數列

《大易象數鈎深圖》輯制〈河圖天地十五數圖〉，見圖 6-1-3 所示；《六經圖》無。《周易圖》作〈天地自然十五數圖〉，見圖 6-1-4。二著圖名與圖式略異，後者無分黑白子，且三、四兩列與前者相反。另外，劉牧《易數鈎隱圖》亦有相似之圖說，包括〈天地數十有五〉（見圖 6-1-5）與〈河圖天地數〉（見圖 6-1-6）二圖式。[15]

14　參見劉牧圖說云：「以五為主，六八為膝，二四為肩，左三右七，戴九履一。」見劉牧：《易數鈎隱圖》，卷下，頁 789。

15　劉牧之圖式與說明，見劉牧：《易數鈎隱圖》，卷上，頁 771；卷下，頁 789。

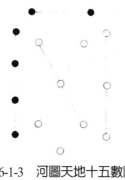

圖 6-1-3 河圖天地十五數圖

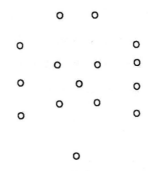

圖 6-1-4 天地自然十五數圖

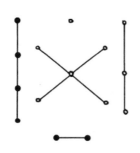

圖 6-1-5 天地數十有五

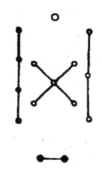

圖 6-1-6 河圖天地數

在圖文說明方面,《大易象數鈎深圖》論述較詳,但《周易圖》直名聶麟（?-?）之說。《大易象數鈎深圖》云:

> 此天地之數十有五也,或統而取之,其旨有六,蓋合自然之數也。且其一者,始就〈河圖〉縱橫之皆十五數也。其二,蓋天一、地二、天三、地四、天五,凡十五數也。其三者,以其太極未分,混而為一,即是一也。一氣判而為儀,見三也;二儀分而為象,見七也;四象演而生八卦,見十五數也。其四者,謂五行之生數,是一水、二火、三木、四金、五土,見十五數也。其五者,將五行之數,中分為之,以象陰陽,則七為少陽,八為少陰,亦見其十五數也。其六者,以少陰少陽不動則不能變,亦且入為少陰,陰動而退,故少陰動而為盛陰,所以

退稱六也。七為少陽，陽動而進，故少陽動而為盛陽，所以進
稱九也。六與九合，亦見其十五也。斯蓋一、三、五陽位，為
二、四間，而五居中，然配王四方也；如六、七、八、九合而
周以為四象也。[16]

《周易圖》則云：

> 聶氏曰：其旨有六，一者〈河圖〉縱橫皆十五數。二者天一至
> 地十，凡十五數。三者太極渾然一也，一判而為儀二也，二儀
> 分而為象四也，四象生八卦，此十五數。五者五行之數，中分
> 以象陰陽，七為少陽，八為少陰，亦十五數也。六者八為少
> 陰，陰動而退為盛陰，故稱六；七為少陽，陽動而進為盛陽，
> 故稱九；六與九合亦十五，是皆天地自然之數。[17]

從圖式與說明，有幾點重要之意涵：

（一）不論《大易象數鈎深圖》或《周易圖》之圖式與圖說思想，
皆源自劉牧《易數鈎隱圖》；舉聶麟之說述明天地十五之數之六大旨，
也說明其說亦當本於劉氏。

（二）〈河圖〉十五數的陰陽數列結構，同於天地之數的十五數之
數列結構，更同於太極生次之合，由一太極合兩儀、四象、八卦為十五
（1+2+4+8=15）。

（三）不論〈河圖〉十五數，或天地之數的十五數，皆由天地之
數的天一、地二、天三、地四、天五等五數合數十五所構築。天一居北
為水，地二居南為火，天三居東為木，地四居西為金，天五土行居中。
因此，對校上列四圖，可以理解劉牧的〈天地數十有五〉與〈河圖天地
數〉之數值布列無誤，只不過劉牧將天一之北方，配置在圖式上方，則

---

16 圖式與引文，見《大易象數鈎深圖》，卷上，頁 12-13。
17 圖式與引文，見《周易圖》，卷上，頁 665-666。

地二之南方，配置於圖式之下方，與傳統圖式將北方置於圖式下方之普遍方式不同。另外，《周易圖》之〈天地自然十五數圖〉，天一之北方置於圖式下方，接著順時針方向，三數在東，二數在南，四數在西，五數在中，此圖式數值方位與劉牧同，且無誤，圖式數列南下北上也符合傳統之模式。四個圖式中，只有《大易象數鉤深圖》的〈河圖天地十五數圖〉之數值方位布列為誤，既然北方在下，則天一在下，而地二在上，左方當為天三，右方為地四，此三、四為誤，當予以對調。

（四）天地生數合為十五數，天一、天三、天五合陽九之數，即乾元之用九；地二、地四合陰六之數，即坤元之用六。乾元合坤元為十五數，即四象之老陽九與老陰六之合數，亦即少陽七與少陰八之合數。此十五數即天地自然之數。

（五）四象之成數六、七、八、九即生成萬物之衍數，由天地十五合數所生，即生數四象合五土配四方而致之。因此，進一步推衍，〈河圖四象之圖〉（見圖7）亦由此而生。

三、〈河圖〉四象之圖式結構

《大易象數鉤深圖》輯制〈河圖四象之圖〉，見圖 6-1-7 所示；《周易圖》與《六經圖》無。

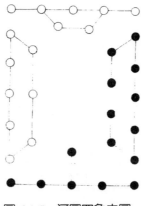

圖 6-1-7　河圖四象之圖

圖文說明云:

> 《繫辭》曰:《易》有太極,是生兩儀,兩儀生四象,四象生
> 八卦。其四象在乎天一、地二、天三、地四、天五。天一居北
> 方坎位為水,地二居南方離位為火,天三居東方震位為木,地
> 四居西方兌位為金,此在四正之位而為生數也。天五居中央,
> 則是五土數也。土無定位,然後分王四正之方,能生萬物。故
> 北方水一得土五而成六,南方火二得土五而成七,東方木三得
> 土五而成八,西方金四得土而成九,此謂之四象也。[18]

考索《大易象數鈎深圖》之〈河圖四象之圖〉,有以下幾點論述:

（一）此一圖說思想,原本於劉牧之說,與劉牧〈兩儀生四
象〉（見圖6-1-8）之圖式完全相同,且劉牧亦制〈河圖四象〉（見圖
6-1-9）,圖式亦同。[19] 因此,《大易象數鈎深圖》直取劉牧之圖說。

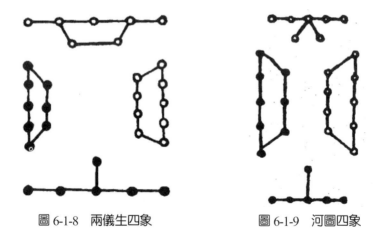

圖6-1-8　兩儀生四象　　　　　圖6-1-9　河圖四象

（二）《大易象數鈎深圖》之〈河圖四象之圖〉同於劉牧〈兩儀生

18　圖式與引文,見《大易象數鈎深圖》,卷上,頁9。
19　劉牧之圖式與說明,見劉牧:《易數鈎隱圖》,卷上,頁772-773;卷下,頁789。

四象〉與〈河圖四象〉圖式；〈河圖〉四象之衍化布列生成，同於陰陽兩儀化生為四象之格局。〈河圖〉本於《繫辭傳》的太極生次系統之思想，以代表陰陽變化的天地之數而建成。四象之初始運化，即陰陽變化由生而成的過程；四象之變化生成，本於天地之數的生數，由生數自運而成，也就是天一、地二、天三、地四、天五等四方布列；生成布列之基本結構，即上述所言之〈河圖天地十五數圖〉之天地生數之布列生態。

（三）兩儀生四象，同〈河圖〉之四象，即七、八、六、九之數，亦即少陽、少陰、老陰、老陽之位，此《易》之四象，而後乃能化生八卦。

（四）四象的原始型態，即天一、地二、天三、地四，並兼天五居中的混然變化。陰陽四象之位，即坎、離、震、兌居四象之正位；結合五位布行，則天一居北為坎水之位，地二居南為離火之位，天三居東為震木之位，地四居西為兌金之位。天五居中為土，五土無定位，兼天五以行其變化交易，能分王四正之方，則萬物因之而生。故天五之土，合交坎北水一而成六，合交離南火二而成七，合交震東木三而成八，合交兌西金四而成九。

（五）天地生數一、二、三、四、五布列生成，而成六、七、八、九四象，此所以為〈河圖〉四十五之數。

四、〈河圖〉之八卦布列

宋代學者好將〈河圖〉、〈洛書〉與八卦進行聯繫，又尤其宋元之際如丁易東（?-?）、張理（?-?）諸家，聯結出更多複雜多元的圖說。溯其源，當本於劉牧所制〈河圖八卦〉（見圖 6-1-10），[20]《大易象數鈎深圖》亦輯制〈河圖八卦圖〉（見圖 6-1-11 所示）；與之同系之《周易圖》與

20　見劉牧：《易數鈎隱圖》，卷下，頁 790。

《六經圖》則無此圖說。圖說延續〈河圖〉十五數、〈河圖〉生四象的圖式生成衍化而來。

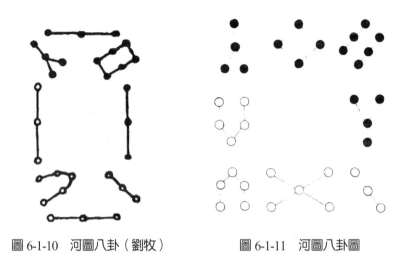

　　圖 6-1-10　　河圖八卦（劉牧）　　　　圖 6-1-11　　河圖八卦圖

圖文說明指出：

> 此八象者，始由四象所生也。伏羲氏先按〈河圖〉有八方，將以八卦位焉。次取〈洛書〉土十之成數，將以八卦象焉。乃觀陰陽而設奇耦二畫，觀天地人而設上中下三位。以三畫純陽則為乾；以六畫純陰則為坤；以一陽處二陰之下，不能屈於柔以動出而為震；以一陰處二陽之下，不能犯於剛，乃復入為巽；以一陽處二陰之間，上下皆弱，周能相濟以險難而為坎；以一陰處二陽之中，上下皆強，足以自託，乃麗而為離；以一陽處二陰之上，剛以取下則止而為艮；以一陰處二陽之上，柔能撫下，則說而為兌。[21]

圖說反映出幾個重要之概念：

21　圖式與引文，見《大易象數鈎深圖》，卷上，頁 10。

　　（一）〈河圖〉與〈洛書〉，因天地之數（陰陽）的變化而布列形成，而八卦亦由陰陽之推衍，則〈河圖〉與〈洛書〉必然化生推衍而與八卦進行聯繫；此〈河圖八卦圖〉正是之間聯繫形成的證明。

　　（二）劉牧的〈河圖八卦〉與《大易象數鈎深圖》的〈河圖八卦圖〉之布列結構明顯不同。《大易象數鈎深圖》之圖說，本於劉牧的思想而建立，亦即源自劉牧之說而來，故其圖說所制並無異議，然而劉牧此圖，與其有關圖說原理並未相洽，難明其所以然。

　　（三）劉牧強調萬物必由陰陽相交變化才能形成，故「獨陰獨陽且不能生物，必俟一陰一陽合，然後運其妙用而成變化」。對於八卦的陰陽結構，制作圖式進行表述，詳如圖6-1-12至圖6-1-17所示：[22]

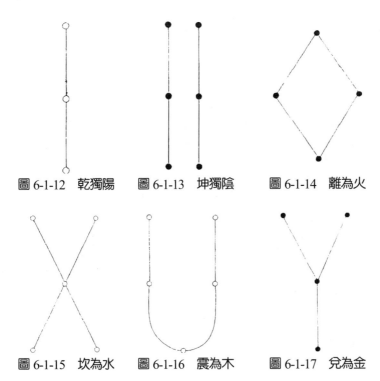

圖6-1-12　乾獨陽　　圖6-1-13　坤獨陰　　圖6-1-14　離為火

圖6-1-15　坎為水　　圖6-1-16　震為木　　圖6-1-17　兌為金

22　括弧引文與圖式，見劉牧：《易圖鈎隱圖》，卷上，頁778-779。

　　劉牧以乾卦純陽為三畫，故以陽三制之；坤卦純陰為六畫，以陰六制之；離、兌為二陽一陰之四畫，並為陰卦，故以陰四制之；震、坎為二陰一陽之五畫，並為陽卦，以陽五制之。劉牧僅制列六卦，缺巽與艮二卦圖象，然而參照《大易象數鈎深圖》之〈河圖八卦圖〉，知巽木與艮土之圖象，當如圖 6-1-18 與圖 6-1-19 所現者。

圖 6-1-18　巽為木　　　　　　　　圖 6-1-19　艮為土

　　（四）〈河圖〉聯結變化的八卦布列，即傳統的八卦方位，也就是邵雍（1011-1077）所言之後天八卦方位。此即《大易象數鈎深圖》所言，〈河圖〉有八方，「將以八卦位焉」，至於〈洛書〉，則「將以八卦象焉」。位、象並俱，萬事萬物得以顯發。

　　（五）八卦之形成，即乾坤相交而生六子：乾天在上，下交於坤，一索而為震，再索而得坎，三索而得艮；坤地在下，上交於乾，一索而為巽，再索而得離，三索而得兌。此圖式結構之來由，並本諸劉牧之說。參見劉牧如下圖 6-1-20 至圖 6-1-25 之圖說。[23]

　　乾為純陽三畫，坤為純陰六畫，乾坤相交，乾交於坤，使一陽處二陰之下而動出，則為震；坤交於乾，一陰處二陽之下，不犯於剛而能入，則為巽；乾交於坤，一陽處二陰之間，上下弱而未能相濟，則為坎；坤交於乾，一陰處二陽之中，上下強而能自託，則為離；乾交於坤，一陽處二陰之上，以剛馭下而能止，則為艮；坤交於乾，一陰處二陽之上，以柔撫下而能悅，則為兌。

23　圖式見劉牧：《易圖鈎隱圖》，卷上，頁 781-782。

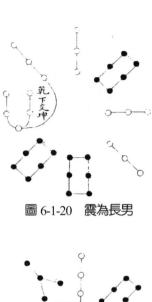

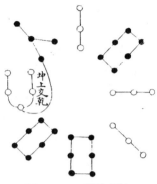

圖 6-1-20 震為長男　　　　　圖 6-1-21 巽為長女

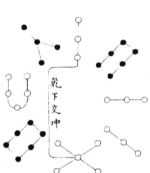

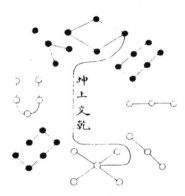

圖 6-1-22 坎為中男　　　　　圖 6-1-23 離為中女

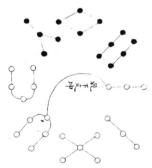

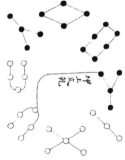

圖 6-1-24 艮為少男　　　　　圖 6-1-25 兌為少女

五、〈河圖〉推衍為一百零六數圖說

　　〈河圖〉藉由天地之數所推衍建構，呈現完整的陰陽衍化之宇宙圖式，太極化生萬物，亦以茲聯繫而畢顯。數列推布以一百零六數為其極數，《大易象數鈎深圖》輯制〈河圖百六數〉，《六經圖》同有，見圖6-1-26 所示。

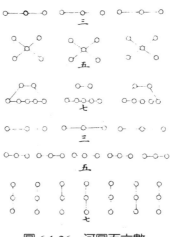

圖 6-1-26　河圖百六數

圖說云：

> 以三因天地十五數得四十五，以五因天地十五數得七十五，以
> 七因天地十五數得一百五；九宮數止一百五，故百六為極數。
> 用三、五、七者，取陽數中者用之。[24]

此一圖說，反映幾個重要意涵：

　　（一）以天地之數作為陰陽變化的基本概念，皆本於天地十五數的生數合數之用，即一、二、三、四、五之合數，亦太極衍生八卦之合數。

24　圖式與引文，見《大易象數鈎深圖》，卷下，頁 82。

（二）〈河圖〉九宮推衍，最根本的為以「三」相因於天地十五數之四十五數的〈河圖〉本宮，即 3×15=45；再而以「五」相因而得七十五數，即 5×15=75；再而為以「七」相因而得一百零五數，即 7×15=105，此數並為九宮數之終，而〈河圖〉立一百零六數，作為一切變化之極數。

（三）天地之數，陽數為一、三、五、七、九，〈河圖百六數〉之圖式結構，取陽數之中數為用，即取三、五、七，強調用陽用中之重要思想。

第二節　〈洛書〉十數結構及其與〈河圖〉成象成形圖說

《大易象數鈎深圖》所見〈洛書〉之圖說，僅〈洛書數圖〉一圖，未如〈河圖〉圖說聯繫天地之數與太極生次構建出相對多元的圖式。另外，對於〈河圖〉與〈洛書〉彼此的關聯，又制〈河圖數益洛書成數圖〉，將〈河圖〉與〈洛書〉相併，以見天地之成象成形。

一、〈洛書〉十數的圖式結構

《大易象數鈎深圖》與《六經圖》同作〈洛書數圖〉（見圖6-2-1），《周易圖》圖式無黑白子之區分，名〈洛書數〉（見圖6-2-2）。《大易象數鈎深圖》與《周易圖》之文字說明差異頗大，後者引述聶麟、朱震之說，前者則無明指。朱震之〈洛書〉（見圖6-2-3），即與此二圖相似，尤其與《周易圖》之〈洛書數〉又近同。故此等〈洛書〉圖式，當接近原始圖說，與朱熹後制者稍異。

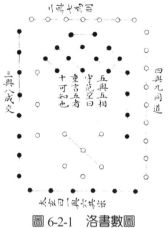

圖 6-2-1　洛書數圖

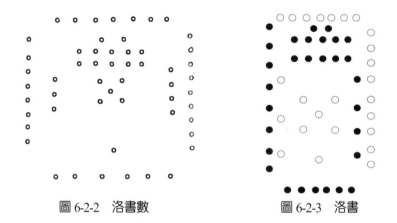

圖 6-2-2　洛書數　　　　　　圖 6-2-3　洛書

《大易象數鈎深圖》圖文說明指出：

〈河圖〉之數四十五，蓋聖人損去天一、地二、天三、地四、
凡十數，獨天五居中，而主乎土。至〈洛書〉則有土十之成
數，故水、火、金、木成形矣。[25]

另外，《周易圖》云：

─────────

25　圖式與引文，見《大易象數鈎深圖》，卷上，頁8。

聶氏麟曰：天一與地六合于北生水，地二與天七合于南而生
火，天三與地八合于東而生木，地四與天九合于西而生金，天
五與地十合于中而生土。朱漢上謂一、三、五、七、九奇數，
所謂天數二十五；二、四、六、八、十耦數，所謂地數三十。
凡五十又五，成變化，行鬼神者此也。[26]

此〈洛書〉之數說，反映幾個重要的意義：

（一）〈河圖〉用數四十五，〈洛書〉五十五，合於劉牧「河九洛
十」之傳統。

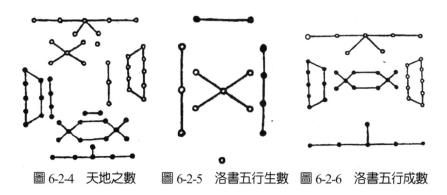

圖 6-2-4　天地之數　　圖 6-2-5　洛書五行生數　　圖 6-2-6　洛書五行成數

（二）〈洛書〉五十五數，即合天地之數的布列，此所以同劉牧制
〈天地之數〉（見圖 6-2-4）之思想，並指出「內十五，天地之用，九六
之數也。兼五行之數，四十合而為五十有五，備天地之數也」。[27] 即生
數十五合數居內，為天地之用，亦即一、三、五合為九，二、四合為六
之陰陽用數。另外，劉牧制〈洛書五行生數〉（見圖 6-2-5）與〈洛書五
行成數〉（見圖 6-2-6），[28] 合二圖即〈洛書〉所展現的五行生成數圖式結
構，即前見《大易象數鈎深圖》之〈洛書數圖〉。因此，不論聶麟、朱

26　圖式與引文，見《周易圖》，卷上，頁 665。

27　圖式與引文，見劉牧：《易數鈎隱圖》，卷上，頁 774。

28　圖式見劉牧：《易數鈎隱圖》，卷下，頁 790。

震，或是楊甲《六經圖》、《大易象數鈎深圖》與《周易圖》，其原始的圖說根據，即本諸劉牧的思想。

（三）〈河圖〉損其十而為四十五數，〈洛書〉布用天地之數之全數。天一合地六共宗居北，地二與天七為朋居南，天三與地八同道居東，地四與天九為友居西，天五與地十相守居中。以一陰一陽、一奇一隅合居布列於四方，並以五行配乎其間，即天一生水而地六成之，地二生火而天七成之，天三生木而地八成之，地四生金而天九成之，天五生土而地十成之。天地五十五為〈洛書〉之全數，十數兩兩相合，成其陰陽變化而行乎鬼神之間，故吉凶動生其中。

（四）天地萬物之生成衍化，皆為陰陽氣化的過程，氣化流行有其序列規律，透過天地之數以表徵其運化狀態，十數佈散為〈洛書〉，構成一個有機的宇宙時空圖式。天地一氣，分而為二以示陰陽之別，四時之變，五行造化，萬物由是而生。藉由十數相配而行其變化，以生數統其成數，構成一個陰陽數列的變化圖式。

二、〈河圖〉併〈洛書〉以見天地之成象成形

《大易象數鈎深圖》輯制〈河圖數益洛書成數圖〉，見圖 6-2-7 所示；《周易圖》與《六經圖》無。

圖文說明云：

> 〈河圖〉有天一、地二、天三、地四為象之始，至於天五則居中而主乎土，變化但未能成形，謂之四象矣。至於〈洛書〉有土十之成數，故水、火、金、木皆相奇耦而成形矣。故〈河圖〉合四象之數，可以定八方之位；〈洛書〉有五行之數，可以備八卦之象也。是象生其卦，必俟天之變，而備於〈洛書〉土十之成數，而後成八卦矣。二者相需，方能成卦。[29]

29　圖式與引文，見《大易象數鈎深圖》，卷上，頁 9。

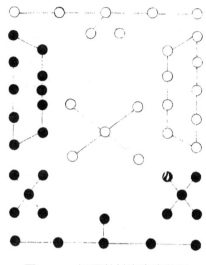

圖 6-2-7　河圖數益洛書成數圖

此一圖說，主要在說明：

（一）確立〈河圖〉成其天地之象，而〈洛書〉成其天地之形。二者並而為一，以成八卦。此一觀點源於劉牧之說，主張「〈河圖〉所以示其象也」，「〈洛書〉所以陳其形也」。具體而言，「〈河圖〉陳四象而不言五行，〈洛書〉演五行而不述四象。然則四象亦金、木、水、火之成數也。在〈河圖〉則老陽、老陰、少陽、少陰之數是也。在〈洛書〉則金、木、水、火之數也」。[30] 強調〈河圖〉與〈洛書〉之別，在於前者成象，後者成形；以六、七、八、九之數顯其象，以五行分列之數明其形。

（二）〈河圖〉只言象而不言五行，因為無十數，水、火、木、金不得土數，不能成形，只能稱為象，即僅天一、地二、天三、地四之四象，未能著乎形體。至於〈洛書〉，具有十數，「天五運乎變化，上駕天一，下生地六，水之數也；下駕地二，上生天七，火之數也；右駕天

30　括弧引文，見劉牧：《易數鈎隱圖》，卷中，頁 786-787。

三，左生地八，木之數也；左駕地四，右生天九，金之數也；地十應五而居，中土之數也」，[31] 如此能夠著乎形數，亦即水、火、木、金，能夠附於土而成形。

（三）〈河圖〉以其合四象之數，則能定八方之位，將以八卦位焉；而〈洛書〉有五行之數，能夠備八卦之象，二者必須相需相擬，方能成卦。

（四）以象形區判〈河圖〉與〈洛書〉之別，是否能夠決然成理，歷來多有疑者，如李覯在其〈刪定易圖序論〉中提出強烈之批評，反對其固執於形象之說，並且認為以天五駕一、二、三、四而生六、七、八、九者，尤是乖遠。又，「陰陽合而生五行，此理甚明白，豈有陽與陽合而生陰哉」！即天五駕天一、天三，乃為二陽相合，豈能生六與八之陰。[32] 李氏從陰陽相生之觀點，強調獨陰獨陽不能生物，則兩陽或兩陰之相併，不能另生陰陽。此一論說，點出劉牧此說合理性不足的缺陷。

第三節　先天圖說

邵雍妙悟象數與義理，易學思想融通浩博，先天後天圖說，即其神契奧理所提出的不同於傳統易學之宇宙觀。邵雍之說，已如前言所述，朱震《漢上易傳》提出陳摶以〈先天圖〉傳种放、穆修（979-1032）至李之才（?-1045），而後傳至邵雍，在此之前，程顥（1032-1085）、邵伯溫（1057-1134）諸家，亦有此源流之說；[33] 故此新時代的創新主張，

31　見劉牧：《易數鈎隱圖》，卷中，頁 786。

32　參見李覯：《旴江集·刪定易圖序論》（臺北：臺灣商務印書館景印文淵閣四庫全書本第 1095 冊，1986 年 3 月），卷四，頁 55-61。

33　除了朱震確立圖說傳承之系譜外，程顥〈邵堯夫先生墓志銘〉云：「先生得之於李挺之，挺之得之於穆伯長。推其源流，遠有端緒。今穆、李之言及其行事，概可見矣。」見程顥、程頤：《二程集》（北京：中華書局，2004 年 2 月 1 版北京 3

仍有本於陳摶諸家之言，並更有系統的建構出屬於自己的認識主張。

邵雍認為《周易》卦爻辭乃文王所繫之《易》，屬於後天之學；而伏羲氏之圖式，雖有卦無文，但盡備天地萬物之理，即先天易學，以〈先天八卦圖〉、〈六十四卦次序圖〉等先天圖說，解釋八卦乃至六十四卦的形成，結合歷法知識說明季節變化與陰陽消長的過程，並進一步表述國家社會的興衰起滅與世界的終始轉化，具有世界觀與宇宙論的意義。[34] 邵雍之先後天圖說，為之後論《易》者所普遍倡議之命題，更為圖書之學的核心觀點之一。在先天之學方面，《大易象數鈎深圖》乃至同系之《周易圖》、《六經圖》，皆輯制較後天之學更為多元的有關圖說；較具體重要者，如〈伏羲八卦圖〉、〈八卦取象數〉、〈伏羲先天圖〉、〈一陰一陽圖〉、〈六十四卦萬物數圖〉、〈六十四卦天地數圖〉、〈方圓相生圖〉等圖式。

一、先天八卦取象用數圖說

《大易象數鈎深圖》與《六經圖》同輯制〈伏羲八卦圖〉（見圖6-3-1）與〈八卦取象圖〉（見圖6-3-2）。[35] 邵雍確立先天（伏羲）八卦

刷），卷四，頁503。指出邵雍之學得於李挺之，遠及穆修，在此之前，又有其緒。又邵伯溫《易學辨惑》云：「先君受《易》於青社李之才，字挺之，為人倜儻不羣，師事汶陽穆修伯長，性嚴急，少不如意或至呵叱。挺之左右承順，如事父兄，略無倦意。……挺之之師即穆修也，修字伯長，汶陽人，後居蔡州，遂葬於蔡。師事華山處士陳摶圖南，而傳其學。……摶字圖南，亳州真源人。蓋唐末進士，負經綸之才，歷五季亂離，游行四方，志不遂，入武當山，後隱居華山。」指出所學源本於陳摶、穆修，至李之才而傳邵雍。邵雍並後傳王豫與其甥張岷，乃至秦玠、鄭夬諸家。參見邵伯溫：《易學辨惑》（臺北：臺灣商務印書館景印文淵閣四庫全書本第9冊，1986年3月），卷一，頁403-405。二家所述，與朱震所說者，並無異議。

34 邵雍主要易學著作有《皇極經世書》、《伊川擊壤集》、《漁樵問答》、《梅花易數》等著，其中《皇極經世書》尤具代表性，包括《觀物內篇》與《觀物外篇》，其實質內容已不全，當中諸多圖式，多為邵伯溫、蔡元定、朱熹等人所補述。

35 圖式見《大易象數鈎深圖》，卷上，頁19。

的方位與八卦之數，此稱作〈伏羲八卦圖〉，即朱熹所稱〈伏羲八卦方
位圖〉，明示八卦之次序，朱熹並傳〈伏羲八卦次序圖〉（或稱〈小橫
圖〉，見圖 6-3-3）。[36]

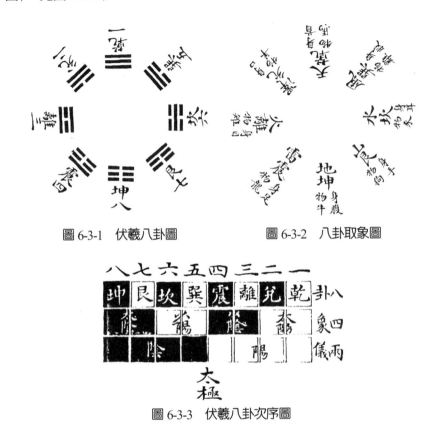

圖 6-3-1　伏羲八卦圖　　　　圖 6-3-2　八卦取象圖

圖 6-3-3　伏羲八卦次序圖

　　《大易象數鈎深圖》同《六經圖》所列二圖，反映出幾個重要思
想：

　　（一）八卦的形成暨八卦之次序，根據《繫辭傳》太極生次之說而
生，由太極的動陽靜陰的生成變化而生一陰一陽之兩儀；兩儀復自生陰

36　二圖式，參見朱熹：《周易本義‧圖說》（臺北：大安出版社，2006 年 8 月 1 版 2
刷），頁 17-18。

陽,形成老陽、少陰、少陽、老陰之四象;四象再自生陰陽,產生有序的乾☰、兌☱、離☲、震☳、巽☴、坎☵、艮☶、坤☷等八卦。此所以為《繫辭傳》所言庖羲氏王天下觀象而作之八卦,稱為先天八卦;先天八卦之生成,即自然天成者,非後天之造作。

　　(二)先天八卦為伏羲仰觀俯察於天地自然之象,見諸自然之布列者,八卦之象:乾為天,於身為首,於物為馬;坤為地,於身為腹,於物為牛;坎為水,於身為耳,於物為豕;離為火,於身為目,於物為雉;震為雷,於身為足,於物為龍;巽為風,於身為股,於物為雞;艮為山,於身為手,於物為狗;兌為澤,於身為口,於物為羊。八卦既成,萬物由是而生,萬象由是而備。

　　(三)先天八卦分屬四方四隅,乾南、坤北、離東、坎西,居四方之正位;震東北、巽西南、艮西北、兌東南,居四隅不正之位,八卦方位布列之義,即邵雍所言「乾坤定上下之位,坎離列左右之門。天地之所闔闢,日月之所出入,是以春夏秋冬、晦朔弦望、晝夜長短、行度盈縮,莫不由乎此矣」。[37] 乾天坤地居上下之位,離日坎月分處東西,此四卦處宇宙時空之要位,同於《參同契》之說,「乾坤者《易》之門戶,
　　卦之父母。坎離匡郭,運轂正軸」[38] 的思想,乾、坤、坎、離共構的宇宙圖式思想,在先天易學的卦位關係中再次的凸顯出來。

　　(四)陰陽之卦兩兩相對,即乾南與坤北相對、兌東南與艮西北相對、離東與坎西相對、震東北與巽西南相對,即合於《說卦傳》所云「天地定位,山澤通氣,雷風相薄,水火不相射」的觀點。此八卦的對應關係與規則,其背後意義,即胡一桂(1247-?)所言,「天位乎上,地位乎下;日生於東,月生於西;山鎮西北,澤注東南;風起西南,雷

37　見邵雍:《皇極經世書・觀物外篇上》(臺北:臺灣商務印書館景印文淵閣四庫全書本第 803 冊,1986 年 3 月),卷十三,頁 1065。
38　見魏伯陽:《周易參同契》(臺北:新文豐出版公司,1987 年 6 月臺 1 版),卷上,頁 1。

動東北。自然與天地大造化，合先天八卦對待以立體」。[39] 八卦對應之有序，為自然運化的法則；自然運化之理，合萬化之道，人倫規範、刑法政典、心性德命，皆植顯於其中，天人相通，粲然可明。

（五）先天圖說的具體時空意義，邵雍認為「震始交陰而陽生，巽始消陽而陰生。兌，陽長也；艮，陰長也。震兌在天之陰也，巽艮在地之陽也。故震兌上陰而下陽，巽艮上陽而下陰」。[40] 坤三陰之後，始生一陽之震卦，為冬至之時，則左邊震、離、兌三卦皆為乾天之陰。乾三陽之後，一陰始生為巽卦，夏至之時，右邊巽、坎、艮三卦皆為坤地之陽。天地陰陽之闢闔，四時由是生焉，此八卦所律定的四時變化，與漢儒卦氣之分列迥異。

（六）先天八卦卦序的形成，同於朱熹〈伏羲八卦次序圖〉所呈現的太極→兩儀→四象→八卦的二進位數理結構，若以「0」與「1」的數位訊號的數值符號概念言之，以陽爻為「1」、陰爻為「0」，則乾☰卦三爻皆為陽爻，則二進位數式為「111」，轉換為一般十進位的數值：$1 \times 2^2 + 1 \times 2^1 + 1 \times 2^0 = 7$；坤☷卦三爻皆為陰爻，則為「000」$= 0 \times 2^2 + 0 \times 2^1 + 0 \times 2^0 = 0$；兌☱卦：「110」$= 1 \times 2^2 + 1 \times 2^1 + 0 \times 2^0 = 6$；離☲卦：「101」$= 1 \times 2^2 + 0 \times 2^1 + 1 \times 2^0 = 5$；震☳卦：「100」$= 1 \times 2^2 + 0 \times 2^1 + 0 \times 2^0 = 4$；巽☴卦：「011」$= 0 \times 2^2 + 1 \times 2^1 + 1 \times 2^0 = 3$；坎☵卦：「010」$= 0 \times 2^2 + 1 \times 2^1 + 0 \times 2^0 = 2$；艮☶卦：「001」$= 0 \times 2^2 + 0 \times 2^1 + 1 \times 2^0 = 1$。八卦卦數以八減之，則乾$= 8 - 7 = 1$；坤$= 8 - 0 = 8$；兌$= 8 - 6 = 2$；離$= 8 - 5 = 3$；震$= 8 - 4 = 4$；巽$= 8 - 3 = 5$；坎$= 8 - 2 = 6$；艮$= 8 - 1 = 7$。八卦的數位數值，如筆者自制圖6-3-4所示：

39　見胡一桂：《周易啟蒙翼傳》（臺北：臺灣商務印書館景印文淵閣四庫全書本第22冊，1986年3月），上篇，頁210。

40　見邵雍：《皇極經世書‧觀物外篇上》，卷十三，頁1064。

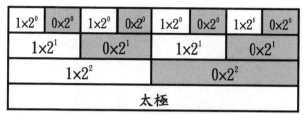

圖 6-3-4　八卦數位數值圖

（七）八卦各據卦數，各有順逆之向，乾一、兌二、離三、震四，由一至四為逆向排列，巽五、坎六、艮七、坤八，由五至八為順向排列。合於京房所說「子左行，午右行」之思想，[41] 乃至《易緯》、《白虎通》等漢魏以降「天左旋，地右轉」的天地運動之傳統觀念。

（八）八卦卦數亦本對應合和之思想，即乾一與坤八、兌二與艮七、離三與坎六、震四與巽五，其合數皆為九。若從卦畫而言，乾三合坤六、兌四合艮五、離四合坎五、震四合巽五，亦皆相對合成為九數。九為乾元老陽之數，為陽極而待陰變之時，為乾元陽氣之代稱，氣化之原始，象萬物之初，生生而無不包。

二、先天方圓圖說

邵雍之先天易學主張，藉由先天八卦之序列，進一步構築六十四卦的方圓布散。《大易象數鈎深圖》輯制〈伏羲先天圖〉，《六經圖》同有，見圖 6-3-5 所示。

41　見京房：《京氏易傳》，卷下。引自郭彧：《京氏易傳導讀》（濟南：齊魯書社，2002 年 10 月 1 版 1 刷），頁 133。

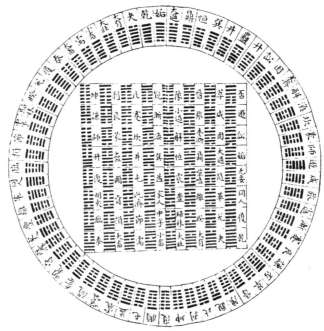

圖 6-3-5　伏羲先天圖

圖文釋云：

右〈伏羲八卦圖〉，王豫傳於邵康節，而鄭夬[42]得之。《歸
藏》初經者，伏羲初畫八卦，因而重之者也。其經初乾、初堃
坤、[43]初艮、初兌、初犖坎、初離、初犛震、初巽，卦皆六畫，
即此八卦也。八卦既重，爻在其中。[44]

42　「鄭夬」，《大易象數鈎深圖》原作「堯夫」，依文意「王豫傳於邵康節」，若依原
　　文接著為「而堯夫得之」，「邵康節」即邵雍，而「堯夫」又為邵雍之字，文意
　　不洽。朱震《漢上易傳・卦圖》輯〈伏羲八卦圖〉指出「王豫傳於邵康節，而
　　鄭史得之」（揭前書，卷上，頁311），「鄭史」當為「鄭夬」，「鄭夬」為正。楊甲
　　《六經圖》正確記云：「王豫傳於邵康節，而鄭夬得之」。（見楊甲：《六經圖》〔臺
　　北：臺灣商務印書館景印文淵閣四庫全書本第 183 冊，1986 年 3 月〕，卷一，頁
　　146。）據改。

43　「堃」原作「爽」，考之歷來所傳文獻，當作「堃」為正。

44　圖式與引文，見《大易象數鈎深圖》，卷上，頁 16-17。

此一圖說之重要意涵，主要為：

（一）圖名作「〈伏羲先天圖〉」，但圖文內容卻作「〈伏羲八卦圖〉」；圖文內容同於朱震《漢上易傳‧卦圖》所陳，朱震圖名即稱「〈伏羲八卦圖〉」，且朱震於邵雍後傳誤作「鄭史得之」，《大易象數鈎深圖》同是，故此一圖說，當源自朱震所輯。

（二）強調伏羲畫八卦，與《歸藏》有密切之關係，其八卦卦名：乾、臾（坤）、艮、兌、犖（坎）、離、釐（震）、巽，與《周易》系統有別；似乎說明先天八卦之卦序與《歸藏》卦序相同。45

45　《周禮‧春官‧大卜》記載周朝官方所通行的筮法，即「掌三《易》之法，一曰《連山》，二曰《歸藏》，三曰《周易》，其經卦皆八，其別皆六十有四」。（見鄭玄注、賈公彥疏：《周禮注疏‧春官‧大卜》〔臺北：藝文印書館十三經注疏本，1997年8月初版13刷〕，卷二十四，頁370。）三《易》之別，鄭玄《易贊》云：「夏曰《連山》，殷曰《歸藏》，周曰《周易》。」指出三《易》之用，各以朝代別異。孔穎達云：《連山》起於神農。邵雍云：夏《易》曰《連山》。按伏羲王朝傳十九帝而至神農。神農氏姓姜，起於烈山，即今之桐柏山區湖北省隨縣，故又稱烈山氏或炎帝。當時人類活動，已由漁獵而轉換為農耕，神農氏乃發明楸木為耜，教民種植生產；又嚐百草以為醫藥，開市場以利貿易，造福人民，足衣足食。繼先哲之啟示，闡揚易學，其所用卦象，以艮卦為首，蓋取象於山脈之綿亙起伏不絕，雲氣內出於山，故云為《連山易》。《歸藏易》，杜子春云：歸藏黃帝。黃帝之名由於黃土而起，生於軒轅之野，即今河南新鄭縣。黃帝又稱軒轅氏或有熊氏，以土德王。黃帝利用八卦原理，發明衣裳、舟車、弓矢、杵臼、指南針，並創造甲子、律呂、算數、文字、書契。中華文化因而歸藏於土，以坤象為地、為土、為用，亦即萬物之本體，故曰《歸藏易》。《周易》，為文王繫卦辭，周公作爻辭，時在周代，故云《周易》。《周易》以乾坤二卦為首，取乾坤開闔，陰陽和合，有天德生生、變化不息之義。文王所演之《易》，乃窮變化之趨勢，研吉凶之幾微，欲以順天應人，創造發明，以安生民者。歷來論三易之異，主要在於從首卦而言，《連山》以艮卦為首，《歸藏》以坤卦為首，《周易》以乾卦為首；以占變而言，《連山》與《歸藏》皆以七、八為變占，《周易》則以六、九為變占。（參見馬國翰：《玉函山房輯佚書‧歸藏》〔臺北：文海出版社，1967年6月臺初版〕，頁17。）除了《周易》之外，餘二種之實質面貌雖已無法考正。《歸藏》八卦之名稱，與《周易》稍異；2008年7月，北京清華大學所收之竹簡《筮法》，於坤作「臾」，震作「礜」，一作「坴」（來母音與「釐」音近相通），坎作「裟」，即「勞」，又與《歸藏》作「犖」相近。（參見李學勤主編：《清華大學藏戰國竹簡（肆）》（上海：中西書局，2013年12月1版1刷），頁107。）研究者大都肯定此

（三）以乾、兌、離、震、巽、坎、艮、坤的八卦序列之基本結構，推變出六十四卦，邵雍認為「天有二正，地有二正，而共用二變以成八卦也。天有四正，地有四正，而共用二十八變以成六十四卦也」。「乾、坤、離、坎，為三十六卦之祖也；兌、震、巽、艮為二十八卦之祖也」。[46] 四正之卦，分天之二正與地之二正，天之二正為乾、離二卦，地之二正為坤、坎二卦。其「共用二變」，乃震與巽、兌與艮，陰陽相錯，彼此反對，其象一致。由八卦再進一步推變出六十四卦；共用二十八變合五十六卦，加上八卦為六十四卦。其中乾、坤、坎、離為三十六卦之祖，而兌、震、巽、艮為二十八卦之祖。此種推變方式，具有卦變與反對的變化特質。

（四）四正四隅布列相生，坤生震，震生離，離生兌，兌生乾，乾生巽，巽生坎，坎生艮，艮生坤，坤又再生震，構成一個反復環繞的時空圖式。此即邵雍所言「先天圖者，環中也」之思想；[47] 先天圖式所聯結的陰陽之自然運化，為「環中」的分布結構，此「環中」的概念，強調先天之學同為「心法」的結構，也是傳遞心法的方法與思想。他說「先天之學，心法也。故圖皆自中起。萬化萬物生乎心也。圖雖無文，吾終日言而未嘗離乎是。蓋天地萬物之理，盡在其中矣」。[48] 以太極為陰陽變化之本體，先天圖式之中即太極，太極為陰陽運化之中，也是八卦或六十四卦分布之中。此太極此中，又為中核之「心」，宇宙萬物皆生自太極，也生自於心。從空間而生，即生地之心，所以他又說，「天地之心者，生萬物之本也」。[49] 萬物生於天地，天地生於太極，太極又為天地之中、天地之心。伏羲為聖人者，法天地自然變化之象而立為先

　　《筮法》用卦同出於《歸藏》一系；同時也間接證明在《周易》之外，如《歸藏》之系統，用卦名稱與卦序，確有別於《周易》一系。

46　見邵雍：《皇極經世書・觀物外篇上》，卷十三，頁 1053。

47　見邵雍：《皇極經世書・觀物外篇上》，卷十三，頁 1069。

48　見邵雍：《皇極經世書・觀物外篇上》，卷十三，頁 1069。

49　見邵雍：《皇極經世書・觀物外篇下》，卷十四，頁 1080。

天之圖，伏羲氏以其心體察自然之變而入於圖式之中，則萬物又皆備於
吾心；聖人以心觀天下萬物，得天地之理，天地之理，皆在聖人之心。
此即其所謂「物莫大於天地，天地生於太極。太極即是吾心。太極所生
之萬化萬事，即吾心之萬化萬事也」。聖人體太極之化而入於己心，以
「天下之心為己之心，其心無所不謀矣」，萬物莫不皆備於己心。[50]

（五）從環中或天地之心的理解，在圖式的呈現上，若以八卦方
位圖而言，乾南坤北，子午分判，則東西各半而有別，若以六十四卦的
方圓圖式結構而言，圓圖亦由上乾與下坤為中軸，分東西兩半，東半部
起於北方，由復卦而順沿入於夬卦，終於乾卦，共三十二卦；西半部起
於南方，由姤卦而入於剝卦，終於坤卦，共三十二卦。邵雍指出「復至
乾，凡百有十二陽，姤至坤，凡百有十二陰。姤至坤，凡八十陽，復至
乾，凡八十陰」。[51]六十四卦共三百八十四爻，陰陽各一百九十二，此
六十四卦圓圖左右分判，左邊由復至乾，陽爻一百一十二，陰爻八十，
右邊由姤至坤，陰爻一百一十二，陽爻八十。陰陽左右對等互補，彼此
平衡一致。

（六）陽息陰消之卦各居其中，起始之復、姤二卦為小父母卦，在
六十四卦的卦變系統中，居於主導之地位，故邵雍指出「易根于乾坤而
生于姤復，蓋剛交柔而為復，柔交剛而為姤，自茲而無窮矣」。[52]「陰為
陽之母，陽為陰之父。故母孕長男而為復，父生長女而為姤，是以陽起
於復，陰起於姤」。[53]復卦陽氣舒發為一陽生，繼坤卦之後，由坤母而
生；姤卦一陰生，接於乾卦之後，由乾父而生。此二卦為陰陽大化流行
之開端，邵雍又以復卦為陽之始，稱作「天根」，姤卦為陰之始，稱作
「月窟」。六十四卦流行於四時之中，作為丹道修煉之法，建構出一套不

50　相關引文，見邵雍：《漁樵問對》（臺北：藝文印書館百部叢書集成影印百川學海
　　本，1965年），頁5。
51　見邵雍：《皇極經世書·觀物外篇上》，卷十三，頁1065。
52　見邵雍：《皇極經世書·觀物外篇上》，卷十三，頁1065。
53　見邵雍：《皇極經世書·觀物外篇上》，卷十三，頁1065。

同於漢魏以來的卦氣主張。

（七）圓圖中六十四卦之天道運化，反映人事之治亂盛衰，邵雍指出「天地之氣運，北而南則治，南而北則亂，亂久則復北而南矣。天道人事皆然，推之歷代可見，消長之理也」。[54] 圖式左面由北而入於南，即復卦入於乾卦，主陽升之卦，為治世之時；右面由南而入於北，即姤卦入於坤卦，主陰長之卦，為亂世之時。陰陽消長推移，循環往復，治生於亂，亂生於治，治亂互見，正是歷史的自然演化規律。

（八）六十四卦圓圖之展開，即朱熹輯制之〈伏羲六十四卦次序圖〉之六十四卦卦序的大橫圖，[55] 由八卦續分為十六，十六分為三十二，三十二分而為六十四卦，其衍卦的方式，即所謂「加一倍法」者。由太極推衍出八卦，再由八卦進一步推出六十四卦；在數學的概念上，即由二之零次方為太極，二之一次方為陰陽兩儀，二之二次方為四象，二之三次方為八卦，再入於二之四次方，二之五次方，最後二之六次方為六十四卦。

（九）六十四卦方圖的結構，左上至右下連為一線，由左上坤卦經艮、坎、巽、震、離、兌入於乾卦等八重卦，同於八卦生成序列中的坤主艮、坎、巽之卦，乾主兌、離、震之卦與卦序關係。由中心到外圍的延伸，皆在此斜軸之線上運行，每一層皆含此八卦中之二卦。以中間的第一層而言，即包括巽、震、恆、益等四卦。第二層為坎、離含井、屯、既濟、家人、豐、噬嗑、鼎、未濟、解、渙等十二卦。第三層為艮、兌含蒙、蠱、頤、賁、損、節、中孚、歸妹、睽、革、隨、大過、困、咸、旅、小過、漸、蹇等二十卦。第四層即坤、乾含謙、師、升、復、明夷、臨、泰、大畜、需、小畜、大壯、大有、夬、履、同人、无妄、姤、訟、遯、否、萃、晉、豫、觀、比、剝等二十八卦。由內而外

54　見邵雍：《皇極經世書・觀物外篇下》，卷十四，頁1077。

55　參見朱熹：《周易本義・圖說》（臺北：大安出版社，2006年8月1版2刷），頁19。後文取董楷與之相同之圖式，參見其圖所示。

為「四而十二，而二十，而二十八」，其卦數之分布，「皆有隔八相生之妙」。[56]

（十）方圖的六十四卦之次第，有其數理上之邏輯意義，數位數值「0」與「1」表述陰陽，則乾☰卦六陽之數值最高：「111111」：$1\times2^5+1\times2^4+1\times2^3+1\times2^2+1\times2^1+1\times2^0=63$；坤☷卦六陰之數值最低：「000000」：$0\times2^5+0\times2^4+0\times2^3+0\times2^2+0\times2^1+0\times2^0=0$；左上角坤卦之後依序的剝☶卦為「000001」：$0\times2^5+0\times2^4+0\times2^3+0\times2^2+0\times2^1+1\times2^0=1$；比☵卦為「000010」：$0\times2^5+0\times2^4+0\times2^3+0\times2^2+1\times2^1+0\times2^0=2$；其餘各卦數值依序為3、4、5、6……有序的最後為乾卦63。數值由大而小作為卦序的序列，則六十四卦以六十四減之，乾卦為64-63=1，也就是乾卦之序列第一，而坤卦為64-0=64，也就是坤卦序列為最後，也就是六十四位，餘各卦亦同理。六十四卦之序列如圖6-3-6所示：

64	63	62	61	60	59	58	57
56	55	54	53	52	51	50	49
48	47	46	45	44	43	42	41
40	39	38	37	36	35	34	33
32	31	30	29	28	27	26	25
24	23	22	21	20	19	18	17
16	15	14	13	12	11	10	09
08	07	06	05	04	03	02	01

圖6-3-6 六十四卦序列數圖

（十一）方圖之結構，邵雍亦誦詩說明，指出「天地定位，否泰反類。山澤通氣，損咸見義。雷風相薄，恆益起意。水火相射，既濟未濟。四象相交，成十六事。八卦相盪，為六十四」。[57]由外層而入於內

---

56 見黃宗羲：《宋元學案‧百源學案下》（北京：中華書局，2007年1月1版北京3刷），卷十，頁395。

57 見邵雍：《擊壤集‧大易吟》（臺北：臺灣商務印書館景印文淵閣四庫全書本第

層，最外層（第四層）左上東南方之坤☷卦，與右下西北方之乾☰卦，為天地定位，對應另二角落為否䷋泰䷊兩卦，與乾坤位置相反，而二卦皆為其象所組成，否卦為上乾☰下坤☷，泰卦為上坤☷下乾☰，二卦之卦象亦皆相反。第三層艮☶山兌☱澤二卦，同樣對應於左上與右下之角落，與此二卦對應者為損䷨卦與咸䷞卦，損卦咸卦皆艮☶、兌☱二象之組合。第二層坎☵離☲二卦水火相對，並對應出未濟䷿與既濟䷾二卦，且此二卦皆含坎☵水、離☲火之象。核心之第一層為巽☴震☳二卦雷風相對，並對應出恆䷟與益䷩二卦，且此二卦同樣含有巽☴風、震☳雷之象。四象相交而成十六事，即此四層共同對應出各層之四方卦。六十四卦皆由八卦之交盪而成。此一圖式正展現出高度的陰陽對待運化流行的關係，形成一個陰陽變化的具有邏輯意涵的有機體。[58]

三、先天六十四卦方圓結構聯繫之天地萬物數象圖說

　　先天六十四卦本為天地之數的陰陽氣化之布列結果，氣化流行，萬物生生繁衍。《大易象數鈎深圖》與《六經圖》同輯制〈六十四卦天地數圖〉與〈六十四卦萬物數圖〉，而《周易圖》亦輯制〈先天數圖〉與〈先天象圖〉，說明先天之學的天地數列與萬物數列之自然情狀與反映的自然之象。

（一）六十四卦天地數象圖說

　　《大易象數鈎深圖》與《六經圖》同輯制〈六十四卦天地數圖〉，見圖 6-3-7 所示。[59] 另外，《周易圖》輯制〈先天數圖〉，見圖 6-3-8，圖式結構與〈六十四卦天地數圖〉的外圍圓圖完全相同；又因此圖式，聯

　　1101 冊，1986 年 3 月），卷十七，頁 134。

58　有關之說明，參見陳睿宏（伯适）：《義理、象數與圖書之兼綜──朱震易學研究》
　　（臺北：文史哲出版社，2011 年 9 月初版），頁 468-472。

59　圖式見《大易象數鈎深圖》，卷中，頁 27。

繫出〈先天象圖〉，見圖 6-3-9。[60]

圖 6-3-7　六十四卦天地數圖

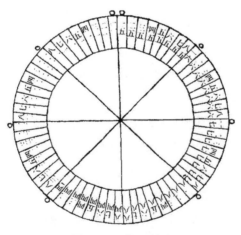

圖 6-3-8　先天數圖

60　〈先天數圖〉與〈先天象圖〉，見《周易圖》，卷上，頁 667-668。

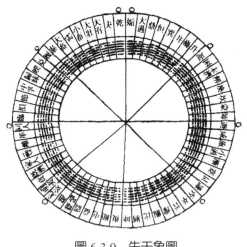

圖 6-3-9　先天象圖

　　此三圖說所反映之重要概念：

　　1. 此三圖說即前述〈伏羲先天圖〉（即六十四卦的方圓圖式）的數字化與六十四卦卦象化的呈現。先天六十四卦的形成，始於先天八卦序列，而先天八卦又為天地之數的推衍所致，故先天六十四卦的布列，即天地數列的排序結果。

　　2. 此三圖說皆為先天之學的同一系圖式，〈六十四卦天地數圖〉雖為《周易圖》所無，然為《大易象數鈎深圖》與《六經圖》所未有之〈先天數圖〉，即同前圖之義，皆以八卦之數表述六十四卦的天地之數的數值化布列。另外，〈先天數圖〉同時聯繫出的〈先天象圖〉，《周易圖》明確指出「二圖，伏羲八卦也。蓋天地自然數，逆數順取，其義不窮。初出希夷陳先生，而傳於康節邵先生」。[61] 此二圖皆本先天八卦的推衍流行的自然之化，源於陳摶，至邵雍而體系完備。因此，不論從圖式的內容思想，或是圖式本身的形式展現，《大易象數鈎深圖》與《六經圖》輯製之〈六十四卦天地數圖〉，亦本為陳摶、邵雍所有。

61　見《周易圖》，卷上，頁 668。

3. 先天八卦之數，已如前述，乾一、兌二、離三、震四、巽五、坎六、艮七、坤八，布列成六十四卦的方圓圖式，形成六十四重卦，皆由兩個八卦之單卦組合而成，即每個重卦皆含兩個單卦的卦數。就方圖而言，由左至右，由下至上，最下方橫向一列的卦，由左起序，分別為一一（乾☰卦）、一二（夬☱卦）、一三（大有☲卦）、一四（大壯☳卦）、一五（小畜☴卦）、一六（需☵卦）、一七（大畜☶卦）、一八（泰☷卦），一卦二數，下數為內卦（貞卦），上數為外卦（悔卦），此下列之下數內卦皆為一，即皆為乾☰，而上數外卦依序為一、二、三、四、五、六、七、八的先天卦數序列分布。以縱向而言，最左方之卦列，分別為一一（乾☰卦）、二一（履☱卦）、三一（同人☲卦）、四一（无妄☳卦）、五一（姤☴卦）、六一（訟☵卦）、七一（遯☶卦）、八一（否☷卦），其下數內卦依序為一、二、三、四、五、六、七、八的先天卦數序列，而上數外卦則皆為乾一之數。其他各個卦列，亦皆同為先天八卦數列的有序列。

4. 方圖右下角乾☰卦為一一，左上角坤☷卦為八八，各為其自相交者，其他由此二卦所對應之斜線六卦，亦是自相交者：艮☶卦七七、坎☵卦六六、巽☴卦五五、震☳卦四四、離☲卦三三、兌☱卦二二。右上否☷卦八一與左下泰☷卦一八，與乾、坤合處外之四角，皆為乾、坤相交而成者，故邵雍言「否泰，乾坤之交也」。

5. 圓圖同樣以先天八卦的有序數列進行排列，上位（南方）乾☰卦一一，左旋依序一二、一三、一四、一五、一六、一七，一八，其下卦皆「一」，即皆為乾☰卦，上卦依乾一、兌二、離三、震四、巽五、坎六、艮七、坤八的次序；下卦所屬，按八個重卦為一組卦，左旋再次為下兌☱為二，而上卦同為八卦次序之數值，即二一、二二、二三、二四、二五、二六、二七、二八。右轉起於乾☰卦一一之右姤☴卦五一，下卦皆為巽☴五，上卦同是八卦之次數，即五一而五二、五三、五四、五五、五六、五七、五八；依次右轉最終至下位（北方）坤☷卦八八。圓圖內八卦各領外八卦，內守其貞而外動其八悔之動，貞悔相

交,八八六十四而循環布列生成。六十四卦之生成,以數值代稱卦位,
具有高度邏輯性的數值布列結構基礎。

6. 不論圓圖或方圖,數字化的呈現,說明天地之數的自然衍化,根
本上即陰陽的自然流行變化;流行而成八卦布列,立八卦之象,再而推
衍六十四卦,六十四卦的本身即八卦之象的組成,〈先天象圖〉即在表
達此義。以數表象,以象立義,陰陽的自然運化,天地自然之道得以圓
滿,並透過六十四卦卦象得以周全。六十四卦卦象的有序布列,正為陰
陽變化的自然之道。

（二）六十四卦萬物之數說

依先天六十四卦的次序,《大易象數鈎深圖》與《六經圖》同輯制
〈六十四卦萬物數圖〉,見圖 6-3-10 所示。[62]

圖 6-3-10　六十四卦萬物數圖

62　圖式見《大易象數鈎深圖》,卷中,頁 28。

　　章璜（1527-1608）《圖書編》收錄此圖，名稱亦同，當取自《大易象數鈎深圖》與《六經圖》之此圖，並云：

> 萬物之數雖至於不可勝紀，不過陰陽老少之積焉耳。可見陰陽
> 變化莫之能測，而數之所在，豈人之私智能強為之哉！信乎
> 其數一定，雖三才萬物均之不能逃也。盈虛順逆，吉凶消長，
> 君子亦順之而已。但用九用六，闢乾闔坤，必有所以主張其數
> 者，陰陽老少，皆從此出，非天人一貫者，其孰能之。[63]

此一圖說，所表達的重要意義為：

　　1. 強調不論是方圖或是圓圖所建構的宇宙圖式，即自然的一切「盈虛順逆，吉凶消長」，皆是陰陽流行變化的結果，而陰陽的變化，神妙自然，未之能決然忖度，也非以一定之數能予定之。

　　2.「數」表陰陽，雖未能一一擇定，但不外乎老陽、老陰、少陽、少陰之數化運用，亦即六十四卦三百八十四爻的陰陽爻數，並由此爻數所衍定之策數。老陽九數之策數三十六，老陰六數之策數二十四，少陽七數之策數二十八，少陰八數之策數三十二。不論是方圖或圓圖所構築的六十四卦，陽爻皆一百九十二，陰爻亦皆一百九十二，合六十四卦之總策數為一萬一千五百二十策。若從老陽與老陰言，則陽策六千九百一十二策（192×36）與陰策四千六百零八策（192×24），共為一萬一千五百二十之策數（6912+4608）；若從少陽與少陰言，則得陽策五千三百七十六策（192×28）、陰策六千一百四十四策（192×32），同樣合為一萬一千五百二十策數（5376+6144）。此一萬一千五百二十策，正為陰陽闢闔所化生的萬物之總數，六十四卦的布列運生，也皆包絡在此自然策數之中。

　　3. 策數之運用，含括六十四卦之生成，亦即以陰陽所表徵的四象之

63　見章璜：《圖書編》（臺北：臺灣商務印書館景印文淵閣四庫全書本第968冊，1986年3月初版），卷七，頁201。

策數作確定，六十四卦三百八十四爻，皆為此四象策數的推衍，其總合之用，不外於一萬一千五百二十之中，其根本仍在天地之數所代表的陰陽概念。同樣的，先天六十四卦，不論是方圖或圓圖的結構，皆由最基本的八卦數列所聯結而成，而此先天八卦的數列，又為天地之數的陰陽運化結果。因此，六十四卦方圓圖式的數值布列，雖與六十四卦的總策數，沒有數理邏輯結構上的直接關係，但同為天地之數的陰陽根本元素的運用意義上是相同的，故此一圖說，即在表達此一意義。

四、先天六十四卦一陰一陽之卦序布列

先天八卦之形成序列，已如前述，本於《繫辭傳》的太極生次之思想，太極分判陰陽而生兩儀，兩儀各再分生陰陽為四象，四象再分生陰陽而為八卦，即朱熹〈伏羲八卦次序圖〉（〈小橫圖〉，見前列圖 6-3-3）陰陽推衍的八卦序列，再而八卦各生陰陽，直至先天六十四卦的形成；不論八卦或六十四卦的衍生，皆為一陰一陽的遞升推衍所致。《大易象數鈎深圖》與《六經圖》，本於此陰陽推生的思想，輯制〈一陰一陽圖〉，見圖 6-3-11 所示。[64] 此一陰一陽推衍所布構之圖說，其義又同於《周易圖》所有而《大易象數鈎深圖》與《六經圖》所無之〈六十四卦陰陽倍乘之圖〉，見圖 6-3-12 所示。[65] 另外，《周易圖》亦輯制〈六十四卦生自兩儀圖〉，同為《大易象數鈎深圖》與《六經圖》所無者，如圖 6-3-13 所示，其義又同。

〈一陰一陽圖〉於圖後並作文字之說明，云：

六十四卦一陰一陽，始乾終坤。先自乾坤一陰一陽排六十四，

次自乾坤二陽二陰[66]，次四陽四陰，次十六陽十六陰，次

64　圖式見《大易象數鈎深圖》，卷下，頁 77。

65　圖式見《周易圖》，卷上，頁 668。

66　原作「一陽二陰」為誤，當作「二陽二陰」，據改。

三十二陽三十二陰，即成六十四卦也，故曰一陰一陽之謂
道。[67]

圖 6-3-11　一陰一陽圖

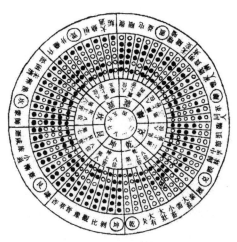

圖 6-3-12　六十四卦陰陽倍乘之圖

---

67 見《大易象數鈎深圖》，卷下，頁 78。

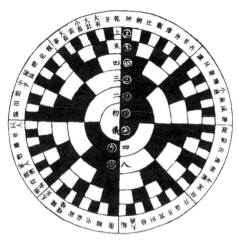

圖 6-3-13　六十四卦生自兩儀圖

而〈六十四卦陰陽倍乘之圖〉圖後亦指出：

> 此圖傳自洪紫微邁，云此圖一、二、三、四、五、六、七、
> 八，故八位之序皆合〈先天圖〉，一、二、[68]三、四、八、
> 七、六、五為不同。[69]

二圖式與說明，傳達幾點重要的意義：

（一）〈一陰一陽圖〉、〈六十四卦陰陽倍乘之圖〉與〈六十四卦生
自兩儀圖〉三圖之六十四卦序列，即先天圖說的六十四卦卦序的展開，
只不過藉由此一圖說，強調六十四卦由陰陽有序的流行衍化而生成，此
正《繫辭傳》所言「一陰一陽之謂道」的六十四卦自然推定之道。

（二）〈一陰一陽圖〉、〈六十四卦陰陽倍乘之圖〉與〈六十四卦生
自兩儀圖〉三圖之八卦序列，同為一、二、三、四、五、六、七、八的
序列，與邵雍先天八卦的一、二、三、四、八、七、六、五為不同，但
所要表達的一陰一陽的推衍意義則為相同。

68　「二」原作「一」為誤，當為傳刻之誤，據改。
69　見《周易圖》，卷上，頁 668。

（三）就〈六十四卦陰陽倍乘之圖〉而言，《周易圖》明白指出，傳自洪邁（1123-1202），依文意推之，邵雍當無此類似之圖說。

（四）六十四卦以一陰一陽序列分立，說明六十四卦的形成與序列，為陰陽一層一層的推衍，已如前述，本於邵雍所言一分為二，二分為四、再而八、十六、三十二，至六十四的「加一倍法」之思想，不斷的加生一陰一陽，至六十四卦的形成，即是最後一層加生一陰一陽的結果。朱熹《周易本義》中列〈伏羲六十四卦次序〉圖說，董楷（1226-?）《周易傳義附錄》中亦同列，今取董楷之圖式（圖 6-3-14 所示）[70] 相輔對照，更可清楚的反映此「一陰一陽」的意義。

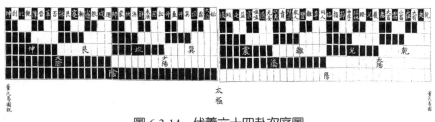

圖 6-3-14　伏羲六十四卦次序圖

（五）根據文字之說明，參照〈伏羲六十四卦次序圖〉，可以看到最上層六十四卦之陰陽布列的一陰一陽的次第，再向下一層為二陰二陽的布列，再下為四陰四陽、再下為八陰八陽，再下為十六陰十六陽，再下為三十二陰三十二陽，最後回歸太極的陰陽渾然未分之狀。此六十四卦的衍生過程，乃一陰一陽之道的天理之自然。

（六）六十四卦之衍生布列，橫向分列，兩側分別為〈乾〉、〈坤〉二卦，即始於〈乾〉而終於〈坤〉，終始循環，〈乾〉、〈坤〉作為創生之源，由此亦可擬見。

70　朱熹圖說，參見朱熹：《周易本義・圖說》，頁 19。本文引圖，見董楷：《周易傳義附錄・圖說》（臺北：臺灣商務印書館景印文淵閣四庫全書本第 20 冊，1986 年 3 月），卷首下，頁 42。

五、方圓分立的古先天圓說

　　《大易象數鈎深圖》、《周易圖》與《六經圖》等一系之圖說，有其一共同的思維觀念，即認為八卦明確列位始於伏羲，採取先天八卦（伏羲八卦）的圖式結構；此一思維觀念即邵雍之先天思想主張，而先天之學又非起始於邵雍，只不過後人所見為邵雍理論化的系統性論述，先後天似乎為邵雍所專屬。《大易象數鈎深圖》同《六經圖》輯收鄭東卿（?-?）所論，圖式結構不同於邵雍的古先天圖說，以其所取之古〈先天圖〉，而作〈方圓相生圖〉。既述先天之圖，則八卦列位也必同邵雍所言的先天八卦方位。

（一）古先天圖說必布列明確之先天八卦方位

　　清代胡渭（1633-1714）考索「先天太極」，表明起於陳摶一系之思想，即藉由先天八卦所構築之太極圖式之說；明代趙撝謙（1351-1395）《六書本義》所載世傳蔡元定（1135-1198）得之於蜀地隱者的〈天地自然之圖〉（又稱〈天地自然河圖〉），[71] 或是趙仲全（?-?）《道學正宗》所錄的〈古太極圖〉，皆本諸陳摶丹道之圖說，八卦方位即先天之卦位。[72] 檢索歷來輯錄傳述之有關圖式，重要者如宋代林至（?-?）《易裨傳》的〈太極三變圖〉、[73] 丁易東《大衍索隱》中的〈先天圖合大衍數五十用四十九圖〉、[74] 熊禾（1247-1312）《勿軒易學啟蒙圖傳通義》所列〈太極六十四卦圓圖〉、〈洪紫微邁六十四卦生自兩儀圖〉，[75] 乃至明代來

71　趙撝謙《六書本義》直稱〈天地自然河圖〉，胡渭不知為誤稱或亦有別稱，不可考知。

72　有關圖說之考索，參見胡渭：《易圖明辨・先天太極》（北京：中華書局，2008 年 2 月 1 版北京 1 刷），卷三，頁 80-86。

73　見林至：《易裨傳》（臺北：臺灣商務印書館景印文淵閣四庫全書本第 15 冊，1986 年 3 月初版），頁 854。

74　見丁易東：《大衍索隱》（臺北：臺灣商務印書館景印文淵閣四庫全書本第 15 冊，1986 年 3 月初版），卷二，頁 350。

75　見熊禾：《勿軒易學啟蒙圖傳通義》（上海：上海古籍出版社續修四庫全書本第 2

知德（1526-1604）〈心易發微伏羲太極之圖〉與〈先天畫卦圖〉等圖、[76]
章潢（1527-1608）《圖書編》所輯〈古太極圖〉與〈先天畫卦圖〉諸圖
式，[77] 這些圖式亦一般所言〈陰陽魚太極圖〉之前驅。以下選列趙撝謙
所輯〈天地自然河圖〉（見圖 6-3-15）、[78] 趙仲全所輯〈古太極圖〉（見圖
6-3-16）、[79] 林至的〈太極三變圖〉（見圖 6-3-17），以及丁易東的〈先天
圖合大衍數五十用四十九圖〉（見圖 6-3-18）作參照：

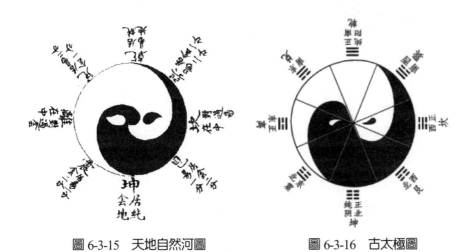

圖 6-3-15　天地自然河圖　　　　　　圖 6-3-16　古太極圖

冊，2002 年 4 月），卷二、卷五，頁 452、466。

76　參見來知德：《來註易經圖解》（北京：中央編譯出版社，2010 年 1 月 1 版 1 刷），
　　頁 582-586。

77　參見章潢：《圖書編》，卷一、卷二，頁 3、33。

78　見趙撝謙：《六書本義・圖考》（臺北：臺灣商務印書館景印文淵閣四庫全書本第
　　228 冊，1986 年 3 月初版），頁 296。

79　趙仲全：《道學正宗》所見〈古太極圖〉，為求清晰之便，轉引自張善文編著：《周
　　易辭典》（北京：中國大百科全書出版社，2005 年初版）根據胡渭《易圖明辨》所
　　列重繪圖式。

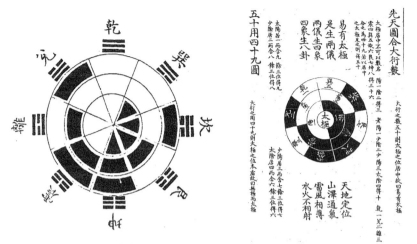

　　　圖 6-3-17　太極三變圖　　　　圖 6-3-18　先天圖合大衍數五十用四十九圖

　　有關之圖式，為太極推衍八卦的宇宙圖式，所呈現之八卦結構，乃先天八卦的方位布列。鄭東卿《先天圖注》亦取法於具先天結構的古〈先天圖〉之太極圖式，並作「〈方圓相生圖〉為〈先天圖〉注腳」，[80] 可惜該古〈先天圖〉今已不能復見。

　　先天結構的太極圖式，可以視為〈陰陽魚太極圖〉的前身。鄭東卿所見此圖式，在先天圖說的傳述過程中，佔有重要的地位。部分學者甚至推定，其與〈陰陽魚太極圖〉有直接的關係。宋代除了張行成（?-?）之外，在張氏之前，就是鄭東卿圖說，另一晚於張行成者即羅願（1136-1184）。雖然沒有直接的證據，可以證明鄭東卿有製成或傳述〈陰陽魚太極圖〉，但〈陰陽魚太極圖〉也確與先天圖說在諸多結構與諸元上有相同之處，二圖當為延續或分衍的圖式，而鄭東卿也正為此〈先天圖〉傳述過程中的重要人物。

　　鄭東卿所見〈古先天圖〉之圖說雖不復見，但根據後傳有關圖說，如上列四圖所示，可以得知為邵雍先天八卦方位的太極化生系統下的分

80　見朱彝尊：《經義考》（北京：中華書局，1998 年 11 月 1 版 1 刷），卷二十五，頁149。

立結構，形成乾與坤、艮與兌、震與巽、坎與離相互對立的八卦列位，
亦同《說卦傳》「天地定位，山澤通氣，雷風相薄，水火不相射」之卦
列關係。丁易東以先天圖式之用數合於大衍五十用四十九的概念，指
出「大衍之數五十，則太極之位居中，故曰易有太極」。「太極居中不
可以數名，陽一陰二得三；老陽一、少陰二、少陽三、太陰四，得十；
乾一、兌二、離三、震四、巽五、坎六、艮七、坤八，得三十六；合之
為四十九，若以居中之太極，足之則得五十」。[81] 太極的生次變化，居
中之位正為太極，其數為一，象徵一切的根源。太極生成陰陽，即太極
為一，分而為二，一陽而二陰，陰陽合數為三。陰陽生老陽、少陰、少
陽、太陰，其數為一、二、三、四，合而為十。四象生乾、兌、離、
震、巽、坎、艮、坤等八卦，其數由一而至八，合而為三十六數。由太
極而至八卦，總合之數即五十；也就是先天八卦之數合大衍五十之數。
此先天圖說的推衍，不以生成八卦而足，由陰陽的迭相推進，再而生成
六十四卦；因此，以太極為本所聯繫出的先天圖說，正為六十四卦形成
結構之主要來由與範疇。鄭東卿所見的古先天圖說，不外於此。

（二）依古先天圖說衍制之〈方圓相生圖〉

　　鄭東卿曾著《先天圖注》一卷已佚，然《經義考》所見其自序云：

> 東卿自學《易》以來，讀《易》家文字百有餘家，所可取者
> 〈古先天圖〉、揚雄《太玄經》、關子明《洞極經》、魏伯陽
> 《參同契》、邵堯夫《皇極經世書》而已。……四家之學皆兆
> 於〈先天圖〉。[82]

〈太極貫一之圖〉解說提及伏羲八卦方位，而《先天圖注》序文中又
明白指出得〈古先天圖〉，認為揚雄（前53-前18）等諸家之說，皆

81　見丁易東：《大衍索隱》，卷二，頁350。
82　見朱彝尊：《經義考》，卷二十五，頁149。

根本於此先天卦位之圖說；鄭氏依此古圖而另制〈方圓相生圖〉（見圖6-3-19所示），則「古聖賢之用心」，[83] 由是圖可見。

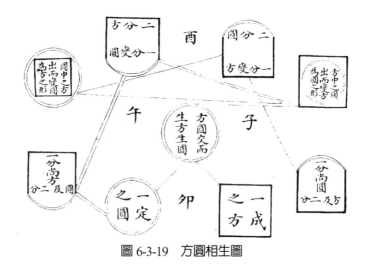

圖 6-3-19　方圓相生圖

鄭東卿自豪重塑先天圖說所重視的此〈方圓相生圖〉，歷來學者不知其下落，不能窺其究竟；此一圖式輯收於《大易象數鈎深圖》與《六經圖》之中，並有與《經義考》所錄其自序相近的釋述文字，而為一般圖說研究者所不知，圖文云：

> 鄭氏云：〈古先天圖〉，揚雄《太玄經》、關子明《洞極》、魏伯陽《參同契》、邵堯夫《皇極經世》而已。惜乎！雄之《太玄》、子明之《洞極》，做《易》為書，泥於文字，後世忽之，以為屋上架屋，頭上安頭也。伯陽之《參同契》，意在於鍛鍊，而入於術，於聖人之道又為異端也！堯夫擺去文字小術，而著書天下，又不願之，但以為律歷之用難矣哉！四家之學，皆出於〈古先天圖〉。〈先天圖〉，其《易》之源乎！復無文字解註，而世亦以為無用之物也。今予作〈方圓圖〉

83　獨立引文與括弧所引，見朱彝尊：《經義考》，卷二十五，頁149。

　　註　，比之四家為最簡易，而四家之意，不出於吾圖之中，於
《易》之學為最要。[84]

圖文所傳遞的重要意義：

　　1. 強調歷來揚雄、關朗（?-?）、魏伯陽（?-?）、邵雍諸家之說，皆
同於古〈先天圖〉之圖說，也就是先天之說，不以邵雍為先，也就是在
邵氏〈先天圖〉之前，已存在古先天圖式，邵氏未必為先天圖說的始創
者。

　　2.〈先天圖〉作為《易》之源頭，亦即若太極之為一切的根本，只
是無文字之解說，當時學者視為無用之物。鄭東卿進一步制為〈方圓相
生圖〉，以天為陽為圓，地為陰為方，藉方圓之相交而生方與生圓，立
居中間之位，猶太極之所處。

　　3. 方圓合和居中，進而方圓相生而生成「一定之圓」（同於乾卦）
與「一成之方」（同於坤卦），處子午（南北）之位；方圓再交而生出由
左下角順時針次序至右下角者：「一分尚方，圓及二分」（同於兌卦）、
「圓中之方，出而變圓為方之形」（同於離卦）、「二分方，一分變圓」（同
於震卦）、「二分圓，一分變方」（同於巽卦）、「方中圓出而變方為圓之
形」（同於坎卦）、「一分尚圓，方及二分」（同於艮卦）。天左旋而地右
轉，則以卦言之，依次即乾、兌、離、震、巽、坎、艮、坤，前四卦為
左旋，後四卦為右轉。此方圓相交之布列，即八卦之布列，亦即邵雍所
言太極生次的先天八卦生成之布列次第。

　　4. 此方圓之相生，形成了宇宙自然完整的生成結構，也就是邵雍先
天之學的精神所在。此一圖式所傳達的思想，在有限的文獻與圖式意涵
下，無法得知更為豐富的論述，但〈方圓相生圖〉可以視為邵雍〈先天
圖〉的前身或根源。

84　圖式與引文，見《大易象數鉤深圖》，卷上，頁 17-18。

第四節　後天圖說與先後天併合圖說

　　邵雍關注先天之學，開啟易學的新視域，對於後天之學，則非其核心的思想重點，因此，後天之圖說，並未如先天之龐富。《大易象數鈎深圖》、《周易圖》一系有關之圖說，亦未如先天圖說之多元，僅見〈文王八卦圖〉、〈八卦象數圖〉〈重易六爻圖〉等圖。另外，《周易圖》輯制〈乾坤不居四正位圖〉、〈四象八卦圖〉，同取後天八卦之位；釋說《繫辭傳》「方以類聚」作〈方以類聚圖〉，亦取後天之位。又，《周易圖》輯制〈先後中天總圖〉，將先後天併合立說。

一、後天八卦取象用數圖說

　　《大易象數鈎深圖》與《六經圖》同輯制〈文王八卦圖〉（見圖6-4-1）與〈八卦象數圖〉（見圖6-4-2）。[85] 邵雍確立後天（文王）八卦方位與八卦之數，此稱作〈文王八卦圖〉，即朱熹所名〈文王八卦方位圖〉，明示八卦之次序，朱熹並傳〈文王八卦次序圖〉。[86]

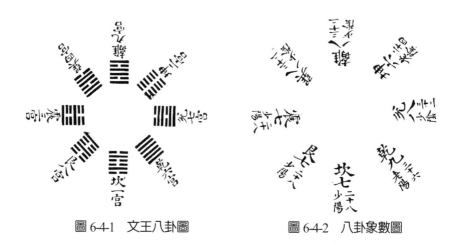

圖 6-4-1　文王八卦圖　　　　　圖 6-4-2　八卦象數圖

85　圖式見《大易象數鈎深圖》，卷上，頁20。
86　二圖式，參見朱熹：《周易本義・圖說》，頁21。

　　此二圖說，反映出幾個重要思想：

　　（一）邵雍以後天八卦為文王所制作，有別於伏羲的先天之學，並以後天之學為先天之學的進一步應用。他指出「先天之學，心也；後天之學，迹也」。[87] 先天之學作為天地自然陰陽運化的根本理論架構與思想主體，具有核心的意義，而相對於後天之學，則為宇宙自然之道的外在形迹與器用的思想傾向。二者相契共構自然之道，則「心以藏其用，迹以顯其心。迹因於心，心顯於迹。皆是一動一靜、一陰一陽之道的表現，萬物的有無、生死無不是太極（道）的出入、表裡」。[88]

　　（二）先天之學，以「乾坤縱而六子橫，《易》之本也」；後天之學，以「震兌橫而六卦縱，《易》之用也」。[89] 八卦布列之不同，確定先後天方位之別，作為陰陽運化的不同方式的呈現。在先天之學之後，有後天之學的易學體系，其思想內涵主要表現在文王所建構之八卦方位、卦序，以及代表陰陽變化概念的卦數上，《大易象數鈎深圖》與《六經圖》直取「文王」而名。

　　（三）此一圖說思想，源於《說卦傳》「帝出乎震，齊乎巽，相見乎離，致役乎坤，說言乎兌，戰乎乾，勞乎坎，成言乎艮。萬物出乎震，震，東方也……」所述八卦序列與方位之思想，即邵雍自云「起震終艮一節，明文王八卦也」。[90]

　　（四）乾坤各處西北與西南，父母統三男三女，即乾一索、再索、三索而得震卦長男，坎卦中男，艮卦少男；坤一索、再索、三索而得巽卦長女，離卦中女，兌卦少女，此即朱熹〈文王八卦次序圖〉之八卦布列圖說。[91] 由震卦長子代乾父用事，行氣化資始之道，巽卦長女代坤母

87　見邵雍：《皇極經世書・觀物外篇上》，卷十三，頁 1069。
88　見唐明邦：《邵雍評傳》（南京：南京大學出版社，2001 年 4 月 1 版 2 刷），頁 208。
89　見邵雍：《皇極經世書・觀物外篇上》，卷十三，頁 1065。
90　見邵雍：《皇極經世書・觀物外篇上》，卷十三，頁 1065。
91　參見朱熹：《周易本義・圖說》，頁 21。

以資生長物。坎離子午定位，震東而兌西，乾坤艮巽四卦分屬四隅，如此八卦布列以「應地之方」，有別於先天八卦的「應天之時」。[92] 在這裡，特別強調「地方」的方位之重要性，八方列位，宇宙空間變化由是開展。

（五）時空並建，八卦確定空間方位，也聯繫出時間的意涵。邵雍指出「易者，一陰一陽之謂也。震兌，始交者也，故當朝夕之位。坎離，交之極者也，故當子午位」。[93] 四正之卦，為陰陽變化下所反映出的太陽運行的卯酉子午之位。同時，此四正之卦，也代表一年四季之變化，以「冬至之子中，陰之極。春分之卯中，陽之中。夏至之午中，陽之極。秋分之酉中，陰之中。凡三百六十，中分之則一百八十，此二至二分，相去之數也」。[94] 陰陽之消息循環變化，環繞一周為三百六十度，二至二分則相去皆為一百八十度。震為春分，兌為秋分，離為夏至，坎為冬至。時間與空間，正為宇宙存在的根本要件。此四方之位合四時之化，同於漢代卦氣說的主要取向。

（六）後天方位同時配之以五行，即「震、巽為木，離為火，坤、艮為土，兌、乾為金，坎為水。春、夏、秋、冬，木、火、金、水與四方俱協焉」。[95] 震東為木，兌西為金，離南為火，坎北為水，四隅之卦巽亦為木，乾為金，坤、艮同為土。陰陽之運化，進而推用五行，於先天之學用水火土石四種，於後天之學用木火土金水。邵雍云「天有五辰，日月星辰與天而為五；地有五行，金木水火與土而為五。五行之木，萬物之類也；五行之金，出乎石也。故水火土石不及金木，金木生其間也」。[96] 先天之學以五辰之用僅水火土石四種元素，以金出於石之中，火與木彼此相得，則木從之於火。至於後天之學，為傳統易學所普遍運

92　見邵雍：《皇極經世書‧觀物外篇上》，卷十三，頁1066。

93　見邵雍：《皇極經世書‧觀物外篇上》，卷十三，頁1066。

94　見邵雍：《皇極經世書‧觀物外篇下》，卷十四，頁1077。

95　見胡一桂：《周易啟蒙翼傳》，上篇，頁220。

96　見邵雍：《皇極經世書‧觀物外篇下》，卷十四，頁1079。

用之五行觀的再現，也正為漢代天文歷法與卦氣說的不變主張。

（七）後天八卦之數，坎一、坤二、震三、巽四、乾六、兌七、艮八、離九，中處五數，卦位用數，同於前述〈河圖八卦圖〉之布列。八卦數位布列，震東處天三之位，乃陽氣之稚，於時為春；巽東南處地四，為春夏之交；離南處天九之位，陽氣壯盛，於時為夏；坤西南處地二之位，正夏秋之交；兌西處天七之位，乃陰氣之稚，於時為秋；乾西北處地六之位，為秋冬之交；坎北處天一之位，為陰盛之冬時；艮東北處地八之位，於時為冬春之交。四時方位，各有其定，萬物之存在，必有其律。

（八）後天八卦布列，又與蓍數暨老陽、老陰、少陽、少陰四象進行配用：西北乾位為老陽（九）三十六策；北方坎位、東北艮位、東方震位，皆為少陽（七）二十八策；西南坤位為老陰（六）二十四策；西方兌位、南方離位、東南巽位，皆為少陰（八）三十二策。後天八卦用策以六、七、八、九，合於邵雍所強調的後天之學為《易》之用的概念。

二、後天八卦重為別卦圖說

先天八卦立位推衍出先天六十四卦，同樣的，後天八卦也確立其位，相重而為別卦；《大易象數鈎深圖》與《六經圖》同輯〈重易六爻圖〉，見圖 6-4-3 所示，[97] 對立相重而成其六爻別卦。

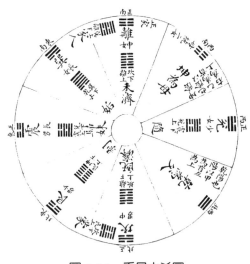

圖 6-4-3　重易六爻圖

依圖所見，其重要的內涵為：

　　（一）坎、離、震、兌，四正布列，乾、坤、艮、巽分居四隅，並標明父母與六子之別，此父母六子身分殊分，為後天八卦所持重者。

　　（二）乾統陽卦，處西北逆向之位，坤統陰卦，處西南順行之位。此後天之說，正為文王繫辭坤卦「西南得朋，東北喪朋」之義，從方位立說以合其義。

　　（三）西北乾☰父與東南巽☴長女對應相重，而為姤䷫卦，以柔遇剛而有「女壯」之象。西南坤☷母與東北艮☶少男對應相重，而為剝䷖卦，少男未壯，一陽上極，五陰壯盛，此不利攸往。北坎☵中男與南離☲中女對應相重，入於北男之位，而為既濟䷾卦；南離☲中女與北坎☵中男對應相重，入於南女之位，而為未濟䷿卦；坎離南北立位，上經終於二卦，下經亦以二卦相重而終。東震☳長男與西兌☱少女對應相重，入於兌西之位，而為隨䷐卦，以剛來而下柔，以男隨女；西兌☱少女與東震☳長男對應相重，入於震東之位，而為歸妹䷵卦，以女歸於男，從男卻剛柔未正。單卦彼此對應相重而成為六爻之重卦，但僅成圖說之數卦，未明其大義。

（四）此一圖說，邏輯理路不明，未能藉由後天八卦之立位，建立其六十四卦之合理序列；不若先天六十四卦序列形成之結構上的合理性，此正後天卦說衍生六十四卦之侷限。

三、類後天八卦之圖說

《大易象數鈎深圖》與《周易圖》一系之圖說，在釋說《易傳》思想的八卦圖式上，每每採用的方位結構，都是傳統的八卦方位，亦即同於邵雍之後天八卦方位。雖未特別強調運用後天之法之用意，但《周易》卦爻繫辭本是文王所立，屬後天之法，則《易傳》述其大義，釋說《易傳》自然主於後天之說。以下特舉《周易圖》輯制〈乾坤不居四正位圖〉、〈四象八卦圖〉、〈方以類聚圖〉等圖，雖無意於述明邵雍後天八卦的思想，但實取後天八卦之位為宜。

（一）〈乾坤不居四正位圖〉之圖說

《周易圖》輯制〈乾坤不居四正位圖〉，八卦結合十二地支進行布列，如圖 6-4-4 所示。

圖說並云：

> 石先生曰：乾居西北父道也，父道者尊嚴，嚴凝之氣盛於西北；坤居西南母道也，養育，育物之氣盛於西南。又說：西北冬之會，是乃萬物成就之方；西南萬物茂盛之方。坤者地之道，在長養之位，育萬物，成就歸功於乾，若臣道從王事，不敢成己功，必歸功於君。此見天無為而萬物生，君拱己而天下治也。[98]

---

98 圖式與引文，見《周易圖》，卷上，頁 674。

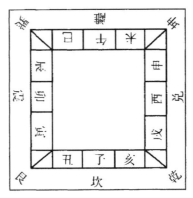

圖 6-4-4　乾坤不居四正位圖

此一圖說的重要意涵：

1. 圖說之八卦布列，為《易傳》乃至漢代以降的傳統八卦方位，即邵雍之後天（文王）八卦方位；雖無意於強調邵氏後天方位的思想，但以此傳統方位立卦，已述明八卦的布列有別於先天八卦；圖說內容，並屢為後儒引述後天八卦之大義。

2. 此圖說明乾坤的屬性，雖作為父母之性，但處位不居東、西、南、北之四正，此天理之自然。

3. 取「石先生」之言述明大義，但「石先生」不知實指何人，但既以「先生」尊稱，同書中稱「希夷陳先生」、「康節邵先生」[99]等對諸家之推崇，且為時代不遠之名家；且書中所引《易》家之說，皆重要之易學家，非名不見經傳者。考索宋代石姓之易學家，史傳能得名者，包括石介（1005-1045）、石汝礪（?-?）與石牧之（?-?）等家，皆為北宋時期邵雍、周敦頤前後之學者，其中石汝礪尤以圖說為名，又特重乾道之義，故當指此賢。[100] 後之學者，亦有本於其說者，如南

───────

99　見《周易圖》，卷上，頁 668。

100　石介為北宋兗州奉符（今山東泰安縣）人，泰山先生孫復之門人，天聖八年（1030）進士，躬耕徂徠，世稱徂徠先生。以《易》授徒，著《周易解義》，已佚；今傳《徂徠集》。石汝礪為北宋英德（今廣東英德）人，精通五經，尤擅於

宋鄭樵（1104-1162）於其《六經奧論》中闡明文王後天之《易》，指出「乾居西北父道也，父道尊嚴，嚴凝之氣盛於西北；西北者，萬物成就肅殺之方也。坤位居西南母道也，母道養育萬物，萬物之生盛於西南；西南者，萬物長養茂盛之方也。……」[101]所述文字，與圖說石先生之言相同或相近。明代唐順之（1507-1560）之《稗編》與清代沈起元（1685-1763）之《周易孔義集說》，亦同引鄭樵之言。[102]三家所述，皆在說明先後天之別，以及後天八卦立卦之意蘊。

　　4. 後天八卦之立位，乾坤二卦不立四正之位，而居西北與西南之方，合於自然之道。乾卦西北之位，為萬物成就與肅殺的戌亥之方，合於統其震、坎、艮三男用事之父道。至於坤卦西南之位，為萬物育養繁盛的未申之方，亦合於統其巽、離、兌三女用事之母道。乾坤合道，陽尊陰卑，乾君有功而坤臣得譽，若天道無為而萬物蕃庶，君拱己而天下能治。

　　5. 後天八卦配十二地支，坎、離、震、兌四正卦分配子、午、卯、酉，餘四隅則分屬餘支，此法合於漢魏以降象數之法，又為宋明學者所好用。

《易》，其說為王安石（1021-1086）所抑，卻為蘇軾所推重。著《乾生歸一圖》十卷，馮椅《厚齋易學》稱其畫圖著論，於仁宗嘉祐中（1056-1063）撰此論著，強調萬物歸於一之核心思想。有關石介之生平，同可參考第二章之注文。石牧之為北宋新昌（今浙江新昌）人，慶曆二年（1042）進士；同知鄞的王安石、知仙居的陳襄，並號江東三賢宰。好於《易》說，撰有《易解》，今已亡佚。三家之學，石汝礪尤好於圖說，名稱當時，特別喜於申明乾坤大義，故《周易圖》所引「石先生」，或當指石汝礪。

101 見鄭樵：《六經奧論》（臺北：臺灣商務印書館景印文淵閣四庫全書本第 184 冊，1986 年 3 月），卷一，頁 16。
102 見唐順之：《稗編》（臺北：臺灣商務印書館景印文淵閣四庫全書本第 953 冊，1986 年 3 月），卷二，頁 28-29。又見沈起元：《周易孔義集說》（臺北：臺灣商務印書館景印文淵閣四庫全書本第 50 冊，1986 年 3 月），卷二十，頁 507。

（二）〈四象八卦圖〉之圖說

　　《周易圖》輯制〈四象八卦圖〉，以天地之數結合五行立說四象與八卦，如圖 6-4-5 所示。

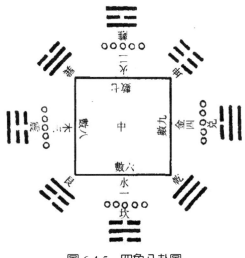

圖 6-4-5　四象八卦圖

其圖說云：

> 范氏諤昌曰：四象者，以形言之，則水、火、木、金；以數言之，則老陽、老陰、少陽、少陰，九、六、七、八，惟土無形，四象各以中央土配之，則是為辰、戌、丑、未之成數也。水數六，故以三畫成坎，餘三畫布於亥上為乾；金數九，除三畫成兌，餘六畫布於未上為坤；火數七，除三畫成離，餘四畫布於巳上為巽；木數八，除三畫成震，餘五畫布於寅上為艮。此四象生八卦也。[103]

圖說的重要意義：

---

1. 此一圖說所述，與前面已論之〈河圖〉圖說，不論是劉牧的〈河圖八卦〉或《大易象數鈎深圖》的〈河圖八卦圖〉，由天地之數所形成的〈河圖〉九數，聯繫出的八卦方位，即傳統的八卦方位，也就是從劉牧以來，基本上都將〈河圖〉與後天八卦進行聯結。〈四象八卦圖〉展現出的，即是〈河圖〉的數值布列與八卦分列的結構。

2. 圖說的後天八卦的布列結構，引范諤昌之言進行申述，雖未明確指出此圖為范氏所制，但可以肯定確有此圖說思想。104

3. 根據傳統的天地之數結合五行配位的概念，即天一生水、地二生火、天三生木、地四生金、天五生土、地六生水、天七生火、地八生木、天九生金、地十生土；合〈河圖〉用九數的觀點，「五」土王於四方，則生數合五為老陽、老陰、少陽、少陰四象之數，亦即天一合五為六，地二合五為七，天三合五為八，地四合五為九。坎、離、震、兌為四象，各以「三畫」為正，則水數六為坎，餘三畫布於乾亥；金數九為兌，餘六畫布於坤未；火數七為離，餘四畫布於巽巳，木數八為震，餘五畫布於艮寅，呈現之畫數為乾三、震三、坎三、艮五、坤六、離三、兌三之格局，此即前引劉牧《易數鈎隱圖》所見之〈河圖八卦〉（見圖6-1-10）的黑白子布列圖說。從此處可以證成范諤昌與劉牧圖說的繼承關係，朱震《漢上易傳》所言〈河圖〉由陳摶傳种放、李溉、許堅、范諤昌至劉牧，當有所本，非肆意造說者。

（三）〈方以類聚圖〉之圖說

《周易圖》釋說《繫辭傳》「方以類聚」而作〈方以類聚圖〉，章潢《圖書編》亦同錄；105 以傳統八卦即後天八卦結合方位與五行進行論

104 郭彧在其《易圖講座》中，明確指出〈四象八卦圖〉為范諤昌所制，且誤稱「〈四象生八卦圖〉」。參見郭彧：《易圖講座》（北京：華夏出版社，2007年1月北京1版1刷），頁35。《周易圖》中圖式下引范諤昌之說，雖未明確指出此圖為范氏所制，但可以確定范氏有相關之圖說思想。
105 見章潢：《圖書編》，卷五，頁133。

述，見圖 6-4-6 所示。《大易象數鈎深圖》同樣論釋《繫辭傳》「方以類聚，物以群分」而制〈類聚群分圖〉，見圖 6-4-7。二圖之圖式結構與內容相近，為同一系之圖式思想。

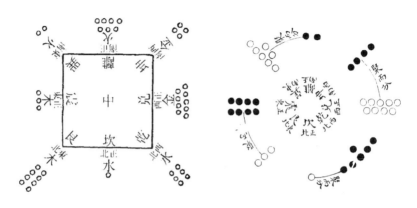

圖 6-4-6　方以類聚圖　　　　　　圖 6-4-7　類聚群分圖

〈方以類聚圖〉之圖文釋云：

> 坎北方也，乾以水之成數，類聚於西北；震東方也，艮以木之成數，類聚於東北；離正南也，巽以火之生數，類聚於東南；兌正西也，坤以金之生數，類聚於西南。故八卦各以其方而類聚。[106]

〈類聚群分圖〉則云：

> 坎北、震東、乾西北、艮東北，四卦皆陽也；離南、兌西、巽東南、坤西南，四卦皆陰也，故曰「方以類聚」。一聚於六而分乾坎，四聚於九而分坤兌，二聚於七而分離巽，三聚於八而分震艮，故曰「物以羣分」。得朋則吉，乖類則凶，此吉凶所

106　圖式與引文，見《周易圖》，卷下，頁 700。

以生也。[107]

此一圖說所表達的重要意義為：

　　1. 八卦分列結合天地之數與五行立說，各以其方，各一其類以聚，乾、坎、艮、震居東北之區，兌、坤、離、巽居西南之域，且八卦各以其類各聚一方，並因天地之數的五行屬性而分出乾與坎類聚於西北、坤與兌類聚於西南、離與巽類聚於東南、震與艮類聚於東北，彼此類聚各別以群分。

　　2. 二圖雖以八卦之屬性，說明類聚群分的意義，但八卦分列之圖式結構，本身即為後天八卦的方位，為後天八卦表徵宇宙自然生成變化，物類分別與關係確立的具體化圖說。

　　3. 不論《大易象數鈎深圖》、《周易圖》或《六經圖》所輯收之圖式，涉及闡述《易傳》所建構的圖說，除了上述圖說外，其他如三著所同有的〈帝出震圖〉，《大易象數鈎深圖》與《周易圖》同有的〈說卦配方圖〉，乃至《大易象數鈎深圖》與《六經圖》同有的〈仰觀天文圖〉與〈俯察地理圖〉，皆以後天八卦方位的圖式結構方式呈現，此處不再贅釋；然而，這樣的圖說內容，說明《易傳》解釋與建構文王之《易》說，所採取的八卦方位主張，必然為後天八卦方位。

四、先後天併合圖說

　　《周易圖》併先後天以制圖立說，說明先後天之關係，見圖 6-4-8 所示。[108]

---

107 圖式與引文，見《大易象數鈎深圖》，卷下，頁 83-84。
108 圖式見《周易圖》，卷上，頁 667。

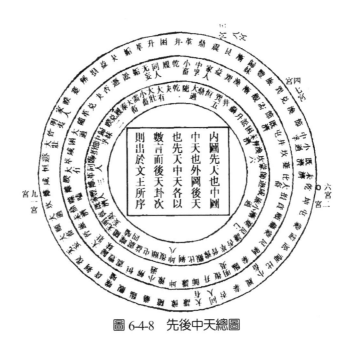

圖 6-4-8　先後中天總圖

章潢《圖書編》亦收此圖,並云:

內一層即先天圓圖,八卦生六十四卦是也。中一層即方圖,
六十四卦八八皆從下而上者是也。外一層即《周易》所次卦序
是也。讀《易》者知有先天後天,而中天未之知也,豈深於
《易》者乎?[109]

此一圖說主要表達:

1.內、中、外三個圓圈圖式的六十四卦序列,正為先天與後天
六十四卦的結構。就最內層的圓圈序列而言,即先天六十四卦的圓圖,
也就是由太極→兩儀→四象→八卦→六十四卦的生成歷程。中層為先天
六十四卦的方圖,由左下乾卦為起始,依次由下而上為履卦、同人卦、
无妄卦、姤卦、訟卦、遯卦、否卦,再而次行由夬卦而亦依次自下而上

109　見章潢:《圖書編》,卷二,頁76。

至萃卦布列,再而次行起自大有卦至晉卦,再而自大壯卦而至豫卦,此四行三十二卦為乾屬之行,由下而上的清輕者上而為天的由下而上的運動方式;接著再由方圖左上角第一卦坤卦,依次由上而下,歷經四行而終於小畜卦亦三十二卦,如此環繞結構,小畜卦便在乾卦之右。最外層即後天六十四卦之次序,亦即今傳六十四卦始於乾卦、坤卦,終於既濟卦、未濟卦的序列。

2. 此三層六十四卦圖列,其中層先天六十四卦之方圖序列的轉換,賦予其新的名稱為「中天」,不同於內層的「先天」與外層的「後天」;強調「先天」與「中天」各以其位數而定其序列,為伏羲所定,而「後天」則文王所次者。因此,「先天」與「中天」仍屬先天六十四卦的基本結構,與後天六十四卦形成呼應,成此〈先後中天總圖〉之圖說。

3. 此一圖說也衍生先後天的差異,不論先天或後天,乃至上圖所謂的中天,皆源自太極作為一切造化之根本,先天或後天,為陰陽推變的自然流行下的結果,陰陽作為一切變化生成之用,以太極為其體。章潢《圖書編》中輯〈外先天內後天八卦圖〉(見圖 6-4-9)及〈太極先天後天總圖〉(見圖 6-4-10): [110]

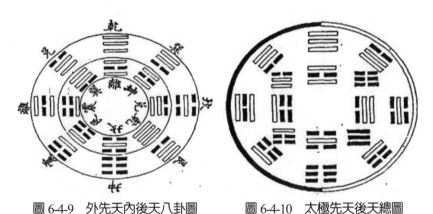

圖 6-4-9　外先天內後天八卦圖　　　圖 6-4-10　太極先天後天總圖

---

110 二圖見章潢:《圖書編》,卷二,頁 73、76。

強調不論是先天或後天，皆以太極為根柢。若從二圖而言，彼此建立體用之關係，即以先天為體，後天為用；先天所以為體，乾坤立於南北上下，即天地定位於一對待之體；後天所以為用，乃八卦相錯於一流行之用。故「未有天地，由此生天生地，故曰先天。既有天地，由此生人生物，故曰後天」。若存先後之別，則陽先而陰後，天先而地後，則「先天圓圖也，圓者象天者也；後天方圖也，方者象地者也」。體用相資，合而為一，所以言「先天以圓為體，以方為用，圓中涵方，天包乎地也；後天以方為體，以圓為用，方中涵圓，地承乎天也」。[111] 先天與後天體用相函，同〈先後中天總圖〉之先後天六十四卦的相互包絡，行其造化流行之自然之妙。

第五節　小結

　　本章關注於〈河圖〉、〈洛書〉，以及「先後天」之學有關之圖式，揀選《大易象數鈎深圖》與《周易圖》一系圖說，進行探述辨析，總結如下：

　　一、《大易象數鈎深圖》與《周易圖》一系，圖式結構認識與內容思想之論述，具有一致性，並非只是綜輯雜匯諸家之作，不論「河洛」或「先後天」之學，作者有意識的建構其主體思想，本諸劉牧與邵雍之傳統，理路一致，少有悖說。

　　二、〈河圖〉、〈洛書〉之說，直引劉牧之思想主張，亦多援朱震之說為證；先天後天圖說，亦本於邵雍，又多據朱震而論。進行圖說之對照與考述，可以體現朱震回歸劉、邵思想主張之真淳，覈審篤實，傳承大有其功，為其時代易學具重要影響力之學者，特別反映在圖說之辨析上。

---

111 括弧引文，見章潢：《圖書編》，卷二，頁 76-77。

　　三、對劉、邵圖說的詮釋，除了引朱震之說為大宗之外，亦引李覯、范諤昌、晁麟等家之言，文獻之依據，最晚大致朱震這個階段，或許可以間接推定《大易象數鈎深圖》與《周易圖》一系之作者，應在朱震不久之時。

　　四、「河九洛十」，原為劉牧之本然主張，非朱熹後造之妄說者。不論〈河圖〉、〈洛書〉，或「先後天」圖說，關注於劉牧與邵雍象數範疇方面之理解，尚未受到朱熹理學之影響，其義理化之氛圍，如太極之認識，以太極為一，混合未分之一氣，為元氣的氣化概念；又如宇宙觀的根源性認識，主於氣化，「元氣為造化之宗」，[112] 無「理」與「天道」等高度形上的理學命題之架構。圖說輯釋，從內容上本於宗主原義的詮釋視域下，亦可以概推《大易象數鈎深圖》與《周易圖》一系之作者，當為朱熹以前，或於朱熹學術尚未浸染之前的輯作。

　　五、不論〈河圖〉、〈洛書〉或「先後天」圖說，長於用數，慣於用象，結合陰陽、五行、干支、方位、四時等元素，展現之象數思想，可以與漢代象數之學爭鳴。然而，有關圖式內容中，或以數示象，或以象寓數，或象數兼具，而全然脫出西漢易學那種強烈摻雜天文曆法的知識所普遍倡論之卦氣說，以及互體等《易》例的象數易學之窠臼；把易學概念引申推展到傳統易學之外的哲學與新的象數觀領域，揭示大自然或宇宙本體的生成規律，這樣的易學觀，與西漢注重占驗災變的講求實用之精神迥然相異。

　　六、易學發展的高度數值化，開啟於宋代，也為宋代易學的重要特徵；而數值化的前緣，來自對劉牧、邵雍「河洛」與先後天思想的繼承，乃至對天地之數、大衍之數的擴大開展，並為宋代易學的主流思潮。這種高度數值化的傾向，可以從《大易象數鈎深圖》與《周易圖》諸圖說的呈現，得到具體的證成。

---

112 見《大易象數鈎深圖》，卷上，頁14。

　　七、有關宇宙圖式之建構，強調用中之思想；本於陰陽之化，以符號訊息表述，重視天地之數的運用，執之以五中之用。〈河圖〉五數居中，〈洛書〉五、十並中，不論是基本圖式，或是如〈河圖百六數〉，取三、五、七，亦在顯其運用陽中之思想；先天之學亦同，圖式結構之核心，以「中」為太極，萬化盡在此「中」，有意識的強化用中、以中為心的主張。此一用中思想之凸顯，正為易學思想的重要命題，藉由圖式符號結構展現。

　　八、〈河圖〉與〈洛書〉並建，〈河圖八卦圖〉強調〈河圖〉與〈洛書〉象形相需、八卦因之得以生成的觀念；制〈河圖數益洛書成數圖〉，確立〈河圖〉與〈洛書〉皆為陰陽之所化，前者在天成象，後者在地成形，象形有分，而二圖合用，則象形可成，萬物從而生焉。此〈河圖〉與〈洛書〉具體並建合圖，劉牧有此相合並觀之思想，但並無立為圖式，形諸圖象，《大易象數鈎深圖》可以視為重要之里程碑。

　　九、以〈河圖〉九數布列立為八卦，即肯定伏羲藉〈河圖〉而成八卦之具體映現；九數之用，與八卦進行數理上之合理聯繫，縱橫十五合數，正為生數一、二、三、四、五之總合，亦為四象之數形成之來由，老陽與老陰、少陽與少陰，皆合十五。十五數為天地自然之數，同為太極化生四象之數、八卦之數，因此，〈河圖〉本身即為一個太極生次的宇宙生成系統，四象由是而生，八卦由是而成，在陰陽相交變化之下，為創生人人物物之宇宙圖式。〈河圖〉聯繫出與易學系統的關係，較〈洛書〉更為濃厚密切，可以發展與論說的空間，亦遠高於〈洛書〉，故《大易象數鈎深圖》或《周易圖》所輯〈河圖〉圖說，遠多於〈洛書〉圖說。

　　十、先後天圖說，確立邵雍之思想主張，並對比出先天與後天的關係與差異。先天重於方位與八卦並生之結構，後天重於父母與六子卦之關係。先天為體，後天為用，體用相資，相即而未離。

　　十一、先天圖說，確立太極生次的陰陽變化之符號結構的完整體系；先天八卦立位，推衍六十四卦，有其符號結構與論述理脈之合理

性。相對而言，後天八卦藉由對應相重而成六十四卦，不易完整的建立出一套具有邏輯性的生成序列，故如〈重易六爻圖〉一般，顯見其圖式建構上的侷限。

十二、「河洛」之學與「先後天」之學的聯結，特別反映在〈河圖〉與後天八卦的聯繫。〈河圖八卦圖〉所聯結的即是乾坤生六子的八卦布列，為後天八卦的布列模式；同樣的，〈四象八卦圖〉亦取范諤昌之言，訴明〈河圖〉與後天八卦的關係，〈河圖〉所確立的生成系統，即太極化生八卦之系統，具體化生後天八卦的布列。然而，先天之學的衍生結構，乃太極自生陰陽，而後陰陽推生以成乾、兌、離、震、巽、坎、艮、坤之八卦序列；立基於太極化生八卦的概念言，〈河圖〉內在於太極之化生，衍生為後天八卦，太極之化生又自然運成先天八卦，是〈河圖〉合先後天為一體，所別者，在於體與用、先與後。

第七章
結論

　　《大易象數鈎深圖》與《周易圖》一系圖說，起於楊甲（約1100-1184）《六經圖》，而續為增輯以成此易學圖式之大宗，可以看到南宋學者對北宋主流圖書之學發展至南宋朱震（1072-1138）、鄭東卿（?-?）諸家圖說的輯收實況，必當經過揀選錄說而成為體系與脈絡的圖學輯本。依前述諸章所論之重要命題的研究，最後針對有關的重要意涵，進行概括之總結。同時，從此一系圖說的探析，所得到的重要心得體驗與未來研究之突破開展，提出一點看法，可以作為研究者之參考。

第一節　圖說重要意涵之總結

　　根據各章節主題之探析，《大易象數鈎深圖》與《周易圖》一系圖說，不論在成書與作者年代的問題、易學史上的重要意義，或是易學論著本身的內容特質，可以簡要歸納出以下幾個重點：

一、成書於宋代的同一系列圖說

　　《六經圖》、《大易象數鈎深圖》與《周易圖》三著之圖式相互參照考索：

　　（一）圖式相近或相同者眾，整體圖式思想的特色與傾向亦具一致性，雖未必為同一作者所輯，至少可以推定為性質相同的同一系列之圖說。

　　（二）由圖式的實質比較，以及歷來文獻的記載，可以推定《大易象數鈎深圖》為繼《六經圖》的補輯之作；《大易象數鈎深圖》又與《周易圖》大多數圖式相同，三著彼此必有密切的關聯性。

　　（三）有關圖式可以確定引述之易學家，或是思想傾向可以確知來源者，全為南宋中期以前之易學家。

　　（四）《六經圖》與《大易象數鈎深圖》同見之〈古今易學傳授圖〉所示漢魏以降至宋代時期的易學家，最晚為北宋後期的牛師德（?-?）與牛師純（?-?）父子，亦即圖說所記易學源流授受的關係，最晚之時間為北宋後期。從此一系圖說所明示之所有《易》家，可以大致推測三著之輯成，當為南宋中期左右，不太可能為進入元代以後如《四庫》館臣所說張理（?-?）的著作；而且朱熹（1130-1200）之學說思想乃至易學主張，尚未受到重視或形成影響，否則理學的觀念，乃至朱熹對〈太極圖〉的認識與「河十洛九」的堅持，將存在於其中。

二、多元圖式內容聯結建構之典範

　　《周易》作為原始的卜筮系統，在不斷的詮釋發展中，走向高度義理化與思想性的路線，藉由原有的符號與數值之運用，擴大其配用之元素，以及走向多元的圖式結構之知識體系，此即宋代易學的重要之創造性理解。結合卦位卦象，以及傳統的陰陽五行、天干地支、天文曆法、星象地理等等元素之重整聯繫，並從早期的陳摶（?-989）一系之〈河圖〉與〈洛書〉、先後天圖說、〈太極圖〉等主流圖說主張，延伸至漢魏以降重要易學思想觀念的圖式制作，乃至《周易》經傳文義的圖式化詮解，促使圖式、符號進行更為多元的結構化創造，從而迎向圖說高峰。這樣的發展脈絡，可以從《大易象數鈎深圖》與《周易圖》一系圖說，得到具體的見證。尤其相關圖式中，可以看到最早且整完建構六十四卦卦爻義的易學圖式，以及大量論釋《易傳》的圖說，在圖書易學史上，有其重要的指標意義。〈河圖〉、〈洛書〉、先後天圖說、〈太極圖〉等早

期圖說，在持續的傳衍中，從原來各自獨立的學說主張，整合而成關係更為密切的呈現；將諸圖說匯為一體，相互通顯，彼此有機的結合，使各別思想主張的聯繫更為合理而嚴密，從《大易象數鉤深圖》與《周易圖》中可以看到此等取向；宋元之際，如丁易東（?-?）、張理等諸家圖說，乃至元明《易》家多元複雜的圖式，並非新建的獨領風騷者，於此之前，《大易象數鉤深圖》一系圖說已確定為具有典範性的圖式認識。

三、認識觀具一致性的圖書易學體系

《大易象數鉤深圖》與《周易圖》標誌著糾結多元圖式思想的圖書之學高度發展階段，所含攝的內容，包括北宋陳摶以降，劉牧（1011-1064）、邵雍（1011-1077）、周敦頤（1017-1073）等人所創發的具有主流典範的易學知識體系之易學圖式，也包括象數與義理兼綜的六十四卦卦義的圖式詮釋系統，又有理解《易傳》文義乃至重要觀點的圖式內容，以及代表漢代重要象數主張的圖說，與反映宋代以「數」理解《易》說的重要特色之數值結構圖式。易學家圖說的輯收與引述，除了周、劉、邵等北宋學者之外，南宋以前期之朱震與鄭東卿之說最為頻繁。輯收之有關圖式的建構，在平面而機械化的圖式符號背後，因形契理，正是作者具有一致性的易學觀與易學認識思維體系之呈現，尤其多數的圖式內容，其易學之津涉，正是一幅幅有機的宇宙自然推衍思想的創發與繼承之具顯。

四、圖式內涵以象數為主體的思想主張

《大易象數鉤深圖》一系圖說，以圖式結構方式的象數思想，作為其易學內容的主體代表；重視象與數之運用，以確立圖式符號邏輯性、結構性、完整性的觀點，傳達出宇宙自然的一切存在，肇端於陰陽之氣。藉由象與數的運用，形成宇宙變化思想的符號性意義，使機械化符號可以轉化為動態性的易學觀。因此，不論是傳統象數主張的再現，

或是構圖推數的創新，可以視為繼前期易學家之後，再一次推向龐富多元的另一重要里程碑。這些龐富多元的圖說主張，不論是陳摶一系的思想，《易傳》之釋義、六十四卦的構圖，乃至傳統象數說的圖式詮釋等等，其主體的內涵，主要表現在象數之範疇，其多元的象數內涵，成為最顯著的特色。

五、確定鄭東卿首創六十四卦圖式思想

　　《大易象數鈎深圖》與《周易圖》提供後人對鄭東卿易學的可能認識，使後人能夠理解其在南宋時期所表現出不同於一般的特殊易學性格；制圖立說六十四卦，氣化宇宙觀聯繫可能的本體之心，以及同於朱震一般重視漢說卻又別異的獨特創說特質。圖書易學的發展，至此已不限於北宋前期〈河圖〉、〈洛書〉與先後天有關認識的圖說，圖式的運用，已擴大至對卦爻的闡釋，為圖書易學史上的新頁。鄭氏易學的特色，因《大易象數鈎深圖》與《周易圖》的輯存，可以具體的朗現；而於文獻所及者，可以視為首創六十四卦思想以圖式方式呈現之易學家。

六、《易傳》圖式理解弱化義理之本色

　　《大易象數鈎深圖》與《周易圖》一系圖說，有意大規模建構《易傳》重要思想觀念的圖式化結構認識，凸顯專屬於宋代象數化的特質，消弱《易傳》本有的義理成分。制說圖式之象數思想，多取邵雍、朱震等重要象數思想，確立邵雍與朱震等人易學主張的重要性與影響，尤其此一系圖說作為南宋中期左右制作之輯著，多取朱震之說，肯定朱震於此時期的崇高地位；好於象數取向，可以理解代表朱震與此一系列圖說的象數觀，曾經傲視於當時。然而，過度的象數化，《易傳》的義理本色為象數所刻意取代與曲解，牽強附會之弊，昭然朗現，為難以掩避之疵。

七、「太極」根源性意義強化且圖說不以周敦頤為先

〈太極圖〉之形成，在周敦頤之前已存在舊有圖說，《大易象數鈎深圖》與《周易圖》輯收相同的早於周氏的舊式〈太極圖〉，兩圖殊別，前者無「無極」之分立，強調氣化之性與八卦之化生布列，後者則言「無極」而後「太極」，陽動陰靜而土王四方，進而推衍萬物，終在人極的關懷。「太極」圖說的思想，擴大衍生更為多元的內涵，與「河洛」、「先後天」、數值、五行、方位、天文等元素進行結合，強化太極氣化之道的根源性意義與多元之思想價值。

八、「河洛」與「先後天」之學的重要意蘊

「河洛」與「先後天」之學的重要意蘊，簡略分列為：

（一）「河洛」與「先後天」之圖說思想，原本於劉牧與邵雍之思想，並輔之以朱震之說，多有創生推衍之主張。

（二）回歸原始真淳，又接受朱震之觀點，確立朱震承傳之有功。

（三）取象用數，合陰陽、五行、干支、四時等諸多元素，體現的象數之法，已非漢儒的卦氣觀取向，展現強烈而龐富的宇宙圖式，為新時代特有的象數主張，非漢說所能牢籠。

（四）以數值化體現用中之思想，並以中為太極，成為重要之哲學命題。

（五）「河九洛十」的本然用數之法，〈河圖〉有關之圖式述義，遠高於〈洛書〉，〈河圖〉間架之宇宙圖式尤是豐富。

（六）先後天體用分判，前者重於方位與八卦分列，後者重於乾坤六子。符號推衍邏輯，先天尤勝於後天。

（七）「河洛」與「先後天」之學有效聯結，建立和合運化之認識系統。

九、圖式結構的時空展現之哲理性可能

　　「易」尚變,變化便是一種時空意識的概念,時空展現變化的實然,也就是時空確立存在的可能,故宇宙的圖式,即時空共構的圖式。《大易象數鈎深圖》與《周易圖》一系,糾集大量透過數理與圖式符號的另類易學觀點,「標於指外,通於意表」,[1] 所展現出的陰陽變化、象數運用、宇宙生成衍化之圖式結構,或許從《周易》實質內涵的本身觀照,部分存在著穿鑿附會的成分,但從易學圖式創造性的開闡面向觀之,其機械化數值排列與圖式結構之背後,表現的數值與圖式符號推衍之邏輯性特質,覃思深邃的確立存在意義與六十四卦吉凶布列思維之有機結構的可能性,以及宇宙時空變化的動態性意義,予以數值化圖象化的凸顯;除了象數認識的結構性呈現外,仍有諸多可以開闡的哲理性意義,有其「情理中事」[2] 的豐富內涵。

第二節　圖說研究之體會與突破

　　《大易象數鈎深圖》與《周易圖》一系圖說之探述,在龐大圖式的梳理考索過程,不論涉及象數與義理的知識轉換或再詮釋,乃至圖式源流之問題,皆須有效而準確的認識,以下提供幾點體會與突破之想法。

一、圖說研究歷程的基本把握

　　《大易象數鈎深圖》與《周易圖》一系之圖說研究,面對多元複雜的圖式,為歷時性與共時性的知識整合,體驗出研究上的基本掌握向度:

1　見朱彝尊:《經義考》(北京:中華書局,1998 年 11 月 1 版北京 1 刷),卷二百四十三,頁 1232。
2　見郭彧:《易圖講座》(北京:華夏出版社,2007 年 1 月北京 1 版 1 刷),頁 2。

　　（一）對於《大易象數鉤深圖》與《周易圖》的文獻記載、文本的準確認識與掌握；漢代以降至宋代易學發展概況的認識，尤其是宋代圖書之學與主體易學發展特色的把握，以及與研究主題相涉的相關議題的理解。

　　（二）確定圖說制作之可能時代，方可更為精準的詮解圖說內涵、相關圖說衍化之差異，以及源流主張之確立；同時從推擬之成圖時間與實質探析之圖說內涵，不斷進行參校，以推估問題意識下的理想標的。

　　（三）漢代以降的相關易學主題，以及宋代有關數值、圖式與思想論題之掌握，除了一般易學史觀、基本的象數與義理思想之把握外，宋元時期重要圖說論著之概括性認識，為重要之基礎，包括劉牧《易數鉤隱圖》與《易數鉤隱圖遺論九事》、邵雍《皇極經世書》、朱震《漢上易傳・卦圖》、程大昌（1123-1195）《易原》、朱熹《周易本義》、朱熹與蔡元定（1135-1198）《易學啟蒙》、王湜（?-?）《易學》、林至（?-?）《易裨傳》、稅與權（?-?）《易學啟蒙小傳》、胡方平（?-?）《易學啟蒙通釋》、丁易東《大衍索隱》、朱元昇（?-1273）《三易備遺》、張理《易象圖說》、雷思齊（1231-1302）《易圖通變》、胡一桂（1247-?）《周易啟蒙翼傳》、吳澄（1249-1333）《易纂言外翼》等等。其後明代之影響者，包括如來知德（1525-1604）《易經集註》（《來註易經圖解》）、章潢（1527-1608）《圖書編》等，皆為重要之參考文獻。其中發現章潢《圖書編》深受《大易象數鉤深圖》與《周易圖》一系圖說之影響，並大量輯引有關圖說，可以作為後續開展之進路。

二、圖說研究之再突破

　　（一）梳理《大易象數鉤深圖》與《周易圖》之圖式內涵，對於與此圖說相涉的象數與義理學說的發展、宋代易學特色與重要發展脈絡、數論與圖書易學的源流等等，皆當深入的理解，繁富的相關學說資料與研究運用的內容依據，成為重要的基礎工作。涉及到源流問題或某些思

想主張時，部分實際原貌是如何，由於傳述之文獻資料有限，將有可能形成論據力不足的現象，尤其在圖式之可能作者與年代、發展源流與系譜建立的問題上，這是有關圖說研究的困境與欲求突破之所在。

（二）陰陽氣化的宇宙圖式之建構，以數值或圖式符號系統進行聯結，其有序之推衍，說明宇宙自然的規律變化本質；多元的數值或圖式之呈現，正反映出陰陽變化的神妙之性。但是，圖式的多元建構，在機械化結構或知識概念下，卻缺少傳統知識的支持，仍然無法擺脫刻意的數值或符號操作與附會的成分，這種侷限，如何透過更多更高層次的思想性詮釋以衝破可能的限囿，這是《大易象數鉤深圖》與《周易圖》作為輯說論著所欠缺的，也是可以期待學者進一步創造詮釋；透過思想化的理解，提高易學圖式的價值，便為研究易學圖式重要意義之所在，也正為轉化與提高思想性的詮釋內涵，所要克服與突破的要著。

（三）從朱震到《大易象數鉤深圖》與《周易圖》一系圖說，乃至之後易學圖式之說，每可見及除了對邵雍思想圖說的再詮釋外，特別好於揚雄（前 53-18）《太玄》與司馬光（1019-1086）《潛虛》的圖式制作與藉由圖式方式呈現的思想主張，[3] 此種趨勢之背景、傳衍與實質內涵，乃至「易」、「玄」、「虛」之間的關係，[4] 為後續可以延續開展之視域。

3　《大易象數鉤深圖》與《周易圖》一系可見揚雄《太玄》思想之圖說，主要有〈太玄準易卦名圖〉（〈太玄準易圖〉）、〈太玄準易卦氣圖〉，以及〈關子明擬玄洞極經圖〉。至於司馬光《潛虛》思想之圖說，主要為〈溫公潛虛擬玄圖〉與〈潛虛性圖〉。

4　葉福翔先生著《易玄虛研究》，關注到《周易》、《太玄》與《潛虛》的關係，可惜並未注意到歷來之有關圖說。見葉福翔：《易玄虛研究》（上海：上海古籍出版社，2005 年 5 月 1 版 1 刷）。

參考文獻
（依姓氏筆劃順序排列）

一、古籍《易》著

〔宋〕丁易東：《易象義》，臺北：臺灣商務印書館文淵閣四庫全書本第 21
　　冊，1986 年 3 月初版。

〔宋〕丁易東：《大衍索隱》，臺北：臺灣商務印書館文淵閣四庫全書本第
　　806 冊，1986 年 3 月初版。

〔魏〕王弼、〔晉〕韓康伯注，〔唐〕孔穎達正義：《周易正義》，臺北：藝
　　文印書館十三經注疏本，1997 年 8 月初版 13 刷。

〔魏〕王弼、〔晉〕韓康伯：《周易王韓注》，臺北：大安出版社，1999 年 6
　　月 1 版 1 刷。

〔宋〕王應麟：《周易鄭康成註》，臺北：新文豐出版公司大易類聚初集第
　　1 冊，1983 年 10 月初版。

〔宋〕王宗傳：《童溪易傳》，臺北：臺灣商務印書館文淵閣四庫全書本第
　　17 冊，1986 年 3 月初版。

〔元〕王申子：《大易緝說》，臺北：臺灣商務印書館文淵閣四庫全書本第
　　24 冊，1986 年 3 月初版。

〔清〕王夫之：《船山易學》，臺北：廣文書局，1981 年第 3 版。

〔清〕王樹枏：《費氏古易訂文》，臺北：文史哲出版社影印光緒辛卯季冬
　　文莫室刻本，1990 年 11 月景印初版。

〔清〕毛奇齡：《仲氏易》，臺北：新文豐出版公司大易類聚初集第 13 冊，
　　1983 年 10 月初版。

〔清〕毛奇齡撰，鄭萬耕點校：《毛奇齡易著四種》，北京：中華書局，
　　2010 年 1 月 1 版北京 1 刷。

〔清〕方申：《方氏易學五書》，臺北：新文豐出版公司叢書集成續編第 29
　　冊，1989 年 7 月臺 1 版。

〔宋〕朱熹：《原本周易本義》，臺北：新文豐出版公司大易類聚初集第 2
　　冊，1983 年 10 月初版。

〔宋〕朱熹：《周易本義》，臺北：大安出版社，2011 年 8 月 1 版 6 刷。

〔宋〕朱震：《漢上易傳》，臺北：臺灣商務印書館文淵閣四庫全書本第 11
　　冊，1986 年 3 月初版。

〔宋〕朱震：《漢上易傳》，臺北：廣文書局易學叢書續編本，1974 年 9 月
　　初版。

〔宋〕朱元昇：《三易備遺》，臺北：臺灣商務印書館文淵閣四庫全書本第
　　20 冊，1986 年 3 月初版。

〔清〕朱駿聲：《六十四卦經解》，北京：中華書局，1998 年 12 月第 1 版
　　第 6 刷。

〔清〕江藩：《周易述補》，臺北：新文豐出版公司大易類聚初集第 17 冊，
　　1983 年 10 月初版。

〔宋〕呂祖謙：《古周易》，臺北：臺灣商務印書館文淵閣四庫全書本第 15
　　冊，1986 年 3 月初版。

〔清〕宋翔鳳：《周易考異》，臺北：新文豐出版公司大易類聚初集第 20
　　冊，1983 年 10 月初版。

〔清〕沈起元：《周易孔義集說》，臺北：臺灣商務印書館文淵閣四庫全書
　　本第 50 冊，1986 年 3 月初版。

〔唐〕李鼎祚：《周易集解》，臺北：臺灣商務印書館，1996 年 12 月臺第 1
　　版第 2 刷。

〔宋〕李衡：《周易義海撮要》，臺北：臺灣商務印書館文淵閣四庫全書本
　　第 13 冊，1986 年 3 月初版。

〔清〕李光地：《周易折中》，成都：巴蜀書社，1998 年月 1 版 1 刷。

〔清〕李光地：《周易折中》，臺北：臺灣商務印書館文淵閣四庫全書本第
　　38 冊，1986 年 3 月初版。

〔清〕李塨：《周易傳註》，臺北：臺灣商務印書館文淵閣四庫全書本第 47
　　冊，1986 年 3 月初版。

〔清〕李道平：《周易集解纂疏》，臺北：廣文書局，1979 年 6 月初版。

〔清〕李道平：《周易集解纂疏》，北京：中華書局，1998 年 12 月北京 1
　　版 2 刷。

〔清〕李銳：《周易虞氏略例》，臺北：新文豐出版公司大易類聚初集第 19

冊，1983 年 10 月初版。

〔清〕李富孫：《易經異文釋》，臺北：新文豐出版公司大易類聚初集第 20
　　冊，1983 年 10 月初版。

〔清〕李林松：《周易述補》，臺北：新文豐出版公司大易類聚初集第 17
　　冊，1983 年 10 月初版。

〔清〕何楷：《古周易訂詁》，臺北：臺灣商務印書館文淵閣四庫全書本第
　　36 冊，1986 年 3 月初版。

〔宋〕吳仁傑：《易圖說》，臺北：臺灣商務印書館文淵閣四庫全書本第 15
　　冊，1986 年 3 月初版。

〔清〕吳翊寅：《易漢學考》，上海：上海古籍出版社續修四庫全書第 39
　　冊。

〔清〕吳翊寅：《易漢學師承表》，上海：上海古籍出版社續修四庫全書第
　　39 冊。

〔清〕吳翊寅：《周易消息升降爻例》，上海：上海古籍出版社續修四庫全
　　書第 39 冊。

〔漢〕孟喜：《孟氏章句》，臺北：成文出版社無求備齋易經集成第 173
　　冊，1976 年初版。

〔宋〕林至：《易裨傳》，臺北：臺灣商務印書館文淵閣四庫全書本第 15
　　冊，1986 年 3 月初版。

〔宋〕林栗：《周易經傳集解》，臺北：臺灣商務印書館文淵閣四庫全書本
　　第 12 冊，1986 年 3 月初版。

〔明〕來知德：《周易集注》，北京：九州出版社，2004 年 6 月 1 版 1 刷。

〔清〕紀磊：《虞氏逸象攷正》，臺北：新文豐出版公司《叢書集成續編》
　　第 30 冊，1989 年 7 月臺 1 版。

〔清〕紀磊：《九家逸象辨證》，臺北：新文豐出版公司叢書集成續編第 30
　　冊，1989 年 7 月臺 1 版。

〔清〕查慎行：《周易玩辭集解》，臺北：臺灣商務印書館文淵閣四庫全書
　　本第 47 冊，1986 年 3 月初版。

〔宋〕俞琰：《讀易舉要》，臺北：臺灣商務印書館文淵閣四庫全書本第 21
　　冊，1986 年 3 月初版。

〔清〕俞樾：《周易互體徵》，臺北：新文豐出版公司大易類聚初集第 18
　　冊，1983 年 10 月初版。

〔清〕俞樾：《周易平議》，臺北：新文豐出版公司大易類聚初集第 18 冊，
　　　1983 年 10 月初版。

〔宋〕胡瑗：《周易口義》，臺北：臺灣商務印書館文淵閣四庫全書本第 8
　　　冊，1986 年 3 月初版。

〔元〕胡一桂：《周易啟蒙翼傳》，臺北：臺灣商務印書館文淵閣四庫全書
　　　本第 22 冊，1986 年 3 月初版。

〔元〕胡炳文：《周易本義通釋》，臺北：臺灣商務印書館文淵閣四庫全書
　　　本第 24 冊，1986 年 3 月初版。

〔清〕胡渭：《易圖明辨》，臺北：新文豐出版公司叢書集成新編第 16 冊
　　　1985 年 1 月初版。

〔清〕胡渭：《易圖明辨》，臺北：新文豐出版公司大易類聚初集第 15 冊，
　　　1983 年 10 月初版。

〔宋〕胡方平：《周易本義注》，臺北：新文豐出版公司叢書集成新編第 16
　　　冊，1985 年元月初版。

〔宋〕胡方平：《周易啟蒙通釋》，臺北：臺灣商務印書館文淵閣四庫全書
　　　本第 20 冊，1986 年 3 月初版。

〔元〕郝大通：《太古集》，臺北：新文豐出版公司正統道藏本第 43 冊，
　　　1988 年 12 月再版。

〔清〕高亨：《周易大傳今注》，濟南：齊魯書社，1998 年 4 月第 1 版第 1
　　　刷。

〔清〕晏斯盛：《易翼宗》，臺北：臺灣商務印書館文淵閣四庫全書本第 49
　　　冊，1986 年 3 月初版。

〔清〕章太炎等撰：《易學論叢》，臺北：廣文書局，1971 年 5 月初版。

〔清〕莊存與：《卦氣解》，臺北：新文豐出版公司大易類聚初集第 17 冊，
　　　1983 年 10 月初版。

〔清〕陳壽熊：《讀易漢學私記》，臺北：新文豐出版公司大易類聚初集第
　　　18 冊，1983 年 10 月初版。

〔明〕陳念祖：《易用》，臺北：臺灣商務印書館文淵閣四庫全書本第 35
　　　冊，1986 年 3 月初版。

〔宋〕張栻：《南軒易說》，臺北：臺灣商務印書館文淵閣四庫全書本第 13
　　　冊，1986 年 3 月初版。

〔宋〕陳瓘：《了齋易說》，臺北：新文豐出版公司大易類聚初集第 1 冊，

1983 年 10 月初版。

〔明〕張獻翼:《讀易紀聞》,臺北:臺灣商務印書館文淵閣四庫全書本第 32 冊,1986 年 3 月初版。

〔元〕張理:《易象圖說》,臺北:臺灣商務印書館文淵閣四庫全書本第 806 冊,1986 年 3 月初版。

〔元〕張理:《易象圖說》,臺北:新文豐出版公司正統道藏本第 4 冊, 1988 年 12 月再版。

〔清〕張惠言:《周易鄭氏學》,臺北:成文出版社無求備齋易經集成第 176 冊,1976 年初版。

〔清〕張惠言:《易緯略義》,上海:上海古籍出版社續修四庫全書第 40 冊。

〔清〕張惠言:《周易荀氏九家義》,臺北:新文豐出版公司大易類聚初集 第 19 冊,1983 年 10 月初版。

〔清〕張惠言:《周易鄭氏義》,臺北:新文豐出版公司大易類聚初集第 19 冊,1983 年 10 月初版。

〔清〕張惠言:《周易虞氏義》,臺北:新文豐出版公司大易類聚初集第 19 冊,1983 年 10 月初版。

〔清〕張惠言:《易圖條辨》,臺北:新文豐出版公司大易類聚初集第 17 冊,1983 年 10 月初版。

〔明〕張次仲:《周易玩辭困學記》,臺北:新文豐出版公司大易類聚初集 第 10 冊,1983 年 10 月初版。

〔清〕惠棟:《易例》,臺北:成文出版社無求備齋易經集成第 150 冊, 1976 年初版。

〔清〕惠棟:《惠氏易學》,臺北:廣文書局,1981 年 8 月再版。

〔清〕惠棟:《周易述》,臺北:臺灣商務印書館文淵閣四庫全書本第 52 冊,1986 年 3 月初版。

〔清〕惠棟:《增補鄭氏周易》,臺北:臺灣商務印書館文淵閣四庫全書本 第 7 冊,1986 年 3 月初版。

〔清〕惠棟:《易漢學》,臺北:新文豐出版公司叢書集成新編第 17 冊, 1985 年元月初版。

〔清〕惠棟:《九經古義》,臺北:臺灣商務印書館文淵閣四庫全書本第 191 冊,1986 年 3 月初版。

〔清〕惠士奇：《惠氏易說》，臺北：藝文印書館皇清經解易類彙編本，
　　1992 年 9 月 2 版。

〔清〕黃宗羲：《易學象數論》，杭州：浙江古籍出版社，1993 年 12 月 1
　　版 2 刷。

〔清〕黃宗炎：《周易象辭》，臺北：新文豐出版公司大易類聚初集第 13
　　冊，1983 年 10 月初版。

〔清〕黃宗炎：《易圖辨惑》，臺北：新文豐出版公司大易類聚初集第 13
　　冊，1983 年 10 月初版。

〔清〕黃宗炎：《尋門餘論》，臺北：新文豐出版公司大易類聚初集第 13
　　冊，1983 年 10 月初版。

〔宋〕程頤：《伊川易傳》，臺北：新文豐出版公司大易類聚初集第 1 冊，
　　1983 年 10 月初版。

〔清〕程廷祚：《大易擇言》，臺北：新文豐出版公司大易類聚初集第 18
　　冊，1983 年 10 月初版。

〔宋〕程大昌：《易原》，臺北：臺灣商務印書館文淵閣四庫全書本第 12
　　冊，1986 年 3 月初版。

〔漢〕焦延壽：《焦氏易林》，臺北：新文豐出版公司，1987 年六月臺 1
　　版。

〔清〕焦循：《易章句》，臺北：新文豐出版公司大易類聚初集第 20 冊，
　　1983 年 10 月初版。

〔清〕焦循：《易通釋》，臺北：新文豐出版公司大易類聚初集第 20 冊，
　　1983 年 10 月初版。

〔清〕焦循：《易圖略》，臺北：新文豐出版公司大易類聚初集第 20 冊，
　　1983 年 10 月初版。

〔宋〕雷思齊：《易圖通變》，臺北：臺灣商務印書館文淵閣四庫全書本第
　　21 冊，1986 年 3 月初版。

〔明〕董守瑜：《卦變考略》，臺北：臺灣商務印書館文淵閣四庫全書本第
　　35 冊，1986 年 3 月初版。

〔元〕董真卿：《周易會通》，臺北：臺灣商務印書館文淵閣四庫全書本第
　　26 冊，1986 年 3 月初版。

〔宋〕楊萬里：《誠齋易傳》，臺北：臺灣商務印書館文淵閣四庫全書本第
　　14 冊，1986 年 3 月初版。

〔先秦〕蒼頡、〔漢〕鄭康成注:《易緯八種》,臺北:新興書局,1963 年
　　初版。

〔清〕翟均廉:《周易章句證異》,臺北:新文豐出版公司大易類聚初集第
　　18 冊,1983 年 10 月初版。

〔明〕熊過:《周易象旨決錄》,臺北:新文豐出版公司大易類聚初集第 8
　　冊,1983 年 10 月初版。

〔元〕熊良輔:《周易本義集成》,臺北:臺灣商務印書館文淵閣四庫全書
　　本第 24 冊,1986 年 3 月初版。

〔宋〕鄭剛中:《周易窺餘》,臺北:新文豐出版公司大易類聚初集第 2
　　冊,1983 年 10 月初版。

〔宋〕劉牧:《易數鈎隱圖》,臺北:臺灣商務印書館文淵閣四庫全書本第
　　8 冊,1986 年 3 月初版。

〔宋〕劉牧:《易數鈎隱圖遺論九事》,臺北:臺灣商務印書館文淵閣四庫
　　全書本第 8 冊,1986 年 3 月初版。

〔明〕蔡清:《易經蒙引》,臺北:臺灣商務印書館文淵閣四庫全書本第 29
　　冊,1986 年 3 月初版。

〔明〕蔣一彪輯:《古文參同契集解》,臺北:新文豐出版公司影印毛晉訂
　　本,1987 年 6 月臺 1 版。

〔清〕鍾謙鈞:《古經解彙函・易緯八種》,日本:京都市影印自光緒戊子
　　年武英殿聚珍版,1998 年初版。

〔明〕魏濬:《易義古象通》,臺北:臺灣商務印書館文淵閣四庫全書本第
　　34 冊,1986 年 3 月初版。

〔漢〕魏伯陽等撰:《古文參同契箋註集外二種》,臺北:新文豐出版公
　　司,1987 年 6 月臺 1 版。

〔漢〕魏伯陽等撰:《參同契正文外三種》,臺北:新文豐出版公司,1987
　　年 6 月臺 1 版。

〔宋〕佚名:《大易象數鈎深圖》,臺北:臺灣商務印書館文淵閣四庫全書
　　本第 25 冊,1986 年 3 月初版。

〔宋〕佚名:《大易象數鈎深圖》,臺北:臺灣大通書局通志堂經解本,
　　1969 年 10 月初版。

〔宋〕佚名:《大易象數鈎深圖》,臺北:新文豐出版公司正統道藏本第 4
　　冊,1988 年 12 月再版。

〔宋〕佚名：《周易圖》，臺北：新文豐出版公司正統道藏本第 4 冊，1988年 12 月再版。

二、《易》類外之古籍

〔漢〕王充：《論衡》，北京：中華書局，1996 年 2 月北京 9 刷。

〔宋〕王應麟：《困學紀聞》，臺北：臺灣商務印書館文淵閣四庫全書本第854 冊，1986 年 3 月初版。

〔清〕王引之：《經義述聞》，臺北：臺灣商務印書館，1979 年 1 月臺 1版。

〔清〕方東樹：《漢學商兌》，臺北：臺灣商務印書館，1968 年 3 月臺第 1版。

〔唐〕孔穎達：《尚書注疏》，臺北：藝文印書館十三經注疏本，1997 年 8月初版第 13 刷。

〔唐〕孔穎達等注疏：《左傳注疏》，臺北：藝文印書館十三經注疏本，1997 年 8 月初版 13 刷。

〔周〕左丘明：《國語》，臺北：漢京文化事業有限公司，1983 年 12 月。

〔宋〕司馬光集注：《太玄集注》，北京：中華書局，1998 年 9 月 1 版北京1 刷。

〔清〕皮錫瑞：《經學歷史》，臺北：藝文印書館，1996 年 8 月初版 3 刷。

〔清〕皮錫瑞：《經學通論》，臺北：臺灣商務印書館，1989 年 10 月臺 5版。

〔宋〕朱熹：《延平答問》，臺北：臺灣商務印書館文淵閣四庫全書本第698 冊，1986 年 3 月初版。

〔宋〕朱熹撰，〔清〕李光地等纂：《御纂朱子全書》，臺北：臺灣商務印書館文淵閣四庫全書本第 721 冊，1986 年 3 月初版。

〔宋〕朱熹：《晦庵集》，臺北：臺灣商務印書館文淵閣四庫全書本第 1144冊，1986 年 3 月初版。

〔清〕朱彝尊：《經義考》，北京：中華書局，1998 年 11 月北京 1 版 1刷。

〔宋〕李覯：《旴江集》，臺北：臺灣商務印書館景印文淵閣四庫全書本第1095 冊，1986 年 3 月初版。

〔宋〕周敦頤撰，梁紹輝、徐蓀銘等點校：《周敦頤集》，長沙：嶽麓書

社，2007 年 12 月 1 版 1 刷。

〔宋〕邵雍：《擊壤集》，臺北：臺灣商務印書館文淵閣四庫全書本第 1101
　　冊，1986 年 3 月初版。

〔宋〕邵雍：《皇極經世書》，臺北：臺灣商務印書館文淵閣四庫全書本第
　　803 冊，1983 年 3 月初版。

〔南朝宋〕范曄：《後漢書》，北京：中華書局，1997 年 11 月第 1 版。

〔漢〕班固：《漢書》，北京：中華書局，1997 年 11 月第 1 版。

〔宋〕晁公武：《郡齋讀書志》，臺北：臺灣商務印書館，1978 年 1 月臺 1
　　版。

〔清〕馬國翰：《玉函山房輯佚書》，臺北：文海出版社，1967 年 6 月臺初
　　版。

〔元〕脫脫等撰：《宋史》，北京：中華書局，1997 年 11 月第 1 版。

〔明〕章潢：《圖書編》，臺北：臺灣商務印書館文淵閣四庫全書本第 968
　　冊，1986 年 3 月初版。

〔宋〕陳淳：《北溪字義》，臺北：臺灣商務印書館文淵閣四庫全書本第
　　709 冊，1986 年 3 月初版。

〔宋〕陳振孫：《直齋書錄解題》，臺北：臺灣商務印書館，1978 年 5 月臺
　　1 版。

〔宋〕程顥、〔宋〕程頤著，王孝魚點校：《二程集》，北京：中華書局，
　　2004 年 2 月 1 版北京 3 刷。

〔清〕黃宗羲著、〔清〕全祖望補本：《宋元學案》，北京：中華書局，2007
　　年 1 月北京 1 版 3 刷。

〔宋〕游酢：《圖書編》，臺北：臺灣商務印書館文淵閣四庫全書本第 968
　　冊，1986 年 3 月初版。

〔漢〕揚雄：《太玄》，臺北：臺灣商務印書館文淵閣四庫全書本第 803
　　冊，1986 年 3 月初版。

〔元〕趙汸：《春秋師說》，臺北：臺灣商務印書館文淵閣四庫全書本第
　　164 冊，1986 年 3 月初版。

〔宋〕黎靖德編：《朱子語類》，北京：中華書局，1999 年 6 月第 1 版北京
　　第 4 刷。

〔清〕劉文典：《淮南鴻烈集解》，北京：中華書局，1997 年 1 月北京第 1
　　版第 1 刷。

三、當代《易》著

于維杰：《周易哲學》，臺北：藝文印書館，1959 年 4 月初版。

王弼著、樓宇烈校釋：《王弼集校釋》，北京：中華書局，1999 年 12 月 1 版北京 3 刷。

王瓊珊：《易學通論》，臺北：廣文書局，1971 年 5 月初版。

王居恭：《周易旁通》，臺北：文史哲出版社，1992 年 11 月初版。

王新春：《周易虞氏學》，臺北：頂淵文化事業有限公司，1999 年 2 月初版 1 刷。

王章陵：《周易思辨哲學》，臺北：頂淵文化事業有限公司，2004 年 5 月初版 1 刷。

王博：《易傳通論》，臺北：大展出版社有限公司，2004 年 11 月初版 1 刷。

王鐵：《宋代易學》，上海：上海古籍出版社，2005 年 9 月 1 版 1 刷。

孔繁詩：《易經繫辭傳研究》，臺北：晴園印刷事業有限公司，1998 年 12 月再版。

田合祿、田峰：《周易真原──中國最古老的天學科學體系》，太原：山西科學技術出版社，2004 年 1 月修訂再版。

朱維煥：《周易經傳象義闡釋》，臺北：臺灣學生書局，1993 年 9 月初版 3 刷。

朱伯崑：《易學哲學史》，北京：華夏出版社，1995 年 1 月第 1 版。

朱伯崑主編：《國際易學研究》第三輯，北京：華夏出版社，1997 年 7 月北京第 1 版第 1 刷。

朱伯崑主編：《國際易學研究》第四輯，北京：華夏出版社，1998 年 6 月北京第 1 版第 1 刷。

朱伯崑主編：《國際易學研究》第五輯，北京：華夏出版社，1999 年 9 月北京第 1 版第 1 刷。

成中英：《易學本體論》，北京：北京大學出版社，2006 年 9 月 1 版 1 刷。

江國樑：《易學研究基礎與方法》，臺北：學易齋，2000 年 12 月。

牟宗三：《周易的自然哲學與道德函義》，臺北：文津出版社，1998 年 8 月初版 2 刷。

牟宗三：《周易哲學演講錄》，上海：華東師範大學出版社，2004 年 7 月 1 版 1 刷。

汪忠長：《讀易劄記》，臺北：考古文化事業公司，1982 年 6 月臺初版。

汪學群：《清初易學》，北京：商務印書館，2004 年 11 月 1 版北京 1 刷。

汪致正：《易學津梁》，北京：人民出版社，2006 年 5 月 1 版北京 1 刷。

祁潤興：《周易義理學》，上海：上海古籍出版社，2007 年 5 月 1 版 1 刷。

邢文：《帛書周易研究》，北京：人民出版社，1997 年 11 月第 1 版第 1
　　刷。

呂紹綱主編：《周易辭典》，長春：吉林大學出版社，1992 年 4 月 1 版 1
　　刷。

呂紹綱：《周易闡微》，臺北：韜略出版有限公司，2003 年 11 月 2 版 1
　　刷。

李周龍：《易學窺餘》，臺北：文津出版社，1991 年 8 月初版。

李樹菁：《周易象數通論——從科學角度的開拓》，北京：光明日報出版
　　社，2004 年 4 月 1 版 1 刷。

李學勤：《周易經傳溯源》，北京：長春出版社，1992 年 8 月第 1 版第 1
　　刷。

李申：《易圖考》，北京：北京大學出版社，2001 年 2 月 1 版 1 刷。

李申、郭彧：《周易圖說總滙》，上海：華東師範大學出版社，2004 年 4 月
　　1 版 1 刷。

李尚信、施維整理：《周易圖釋精典》，成都：巴蜀書社，2004 年 6 月 1 版
　　1 刷。

余敦康：《內聖外王的貫通——北宋易學的現代闡釋》，上海：學林出版
　　社，1997 年 1 月 1 版 1 刷。

余敦康：《漢宋易學解讀》，北京：華夏出版社，2006 年 7 月北京 1 版 1
　　刷。

余敦康：《周易現代解讀》，北京：華夏出版社，2006 年 7 月北京 1 版 1
　　刷。

林尹等著：《易經研究論集》，臺北：黎明文化事業公司，1981 年元月初
　　版。

林忠軍：《象數易學發展史（第二卷）》，南寧：廣西教育出版社，1996 年 9
　　月 1 版 1 刷。

林忠軍：《周易鄭氏學闡微》，上海：上海古籍出版社，2005 年 8 月 1 版 1
　　刷。

林忠軍主編：《歷代易學名著研究（上、下）》，濟南：齊魯書社，2008 年 5 月 1 版 1 刷。

林文欽：《周易時義研究》，臺北：鼎文書局，2002 年 10 月初版。

林耕年：《易學通論》，臺北：大溢出版社，2003 年 12 月出版。

金景芳、呂紹綱：《周易全解》，上海：上海古籍出版社，2005 年 1 月 1 版 1 刷。

吳懷祺：《易學與史學》，臺北：大展出版社有限公司，2004 年 12 月初版 1 刷。

吳康：《邵子易學》，臺北：臺灣商務印書館，1972 年初版 2 刷。

屈萬里：《先秦漢魏易例述評》，臺北：聯經出版公司，1984 年 7 月初版。

周止禮：《易經與中國文化》，北京：學苑出版社，1990 年 12 月第 1 版第 1 刷。

周伯達：《周易哲學概論》，臺北：臺灣學生書局，1999 年 4 月初版。

尚秉和：《周易尚氏學》，北京：中華書局，2003 年 12 月第 1 版北京第 8 刷。

孟昭瑋：《大衍索隱與易卦圓陣蠡窺》，臺北：大元書局，2010 年 9 月初版。

南懷瑾、徐芹庭註譯：《周易今註今譯》，臺北：臺灣商務印書館，1997 年 4 月修定版 10 刷。

施維：《周易八卦圖解》，成都：巴蜀書社，2005 年 10 月 1 版 2 刷。

范良光：《易傳道德的形上學》，臺北：臺灣商務印書館，1990 年 4 月第 2 版。

胡自逢：《先秦諸子易說通考》，臺北：文史哲出版社，1989 年第 3 版。

胡自逢：《周易鄭氏學》，臺北：文史哲出版社，1990 年第 1 版。

胡自逢：《程伊川易學述評》，臺北：文史哲出版社，1995 年 12 月初版。

高懷民：《大易哲學論》，臺北：作者自印，1978 年 6 月初版 1988 年 7 月再版。

高懷民：《先秦易學史》，臺北：中國學術著作獎助委員會，1990 年 6 月第 3 版。

高懷民：《兩漢易學史》，臺北：中國學術著作獎助委員會，1970 年 12 月初版。

高懷民：《中國哲學在皇皇易道中成長發展》，臺北：作者自印，1999 年 2

月初版。

高懷民:《宋元明易學史》,南寧:廣西師範大學出版社,2007 年 7 月 1 版
　　1 刷。

高懷民:《邵子先天易哲學》,臺北:作者自印,1987 年 3 月初版。

唐明邦、汪學群:《易學與長江文化》,武漢:湖北教育出版社,2004 年 8
　　月 1 版 1 刷。

唐琳:《朱震的易學視域》,北京:中國書社,2007 年 7 月 1 版 1 刷。

徐芹庭:《易學源流》,臺北:國立編譯館,1987 年 8 月初版。

徐芹庭:《易圖源流》,北京:中國書店,2008 年 1 月 1 版 1 刷。

徐芹庭:《易經詳解》,臺北:聖環圖書有限公司,1994 年 3 月 1 版 2 刷。

徐芹庭:《易經研究》,臺北:五洲出版有限公司,1997 年 6 月初版。

徐芹庭:《虞氏易述解》,臺北:五洲出版有限公司,1974 年出版。

閏修篆:《易經的圖與卦》,臺北:五洲出版有限公司,1998 年 10 月出
　　版。

孫劍秋:《易理新研》,臺北:臺灣學生書局,1997 年 12 月初版。

孫劍秋:《《易》、《春秋》與儒學思想研究論集》,臺北:中華文化教育學會
　　出版,2007 年 4 月。

章秋農:《周易占筮學》,杭州:浙江古籍出版社,1999 年 3 月第 1 版第 2
　　刷。

郭彧:《京氏易傳導讀》,濟南:齊魯書社,2002 年 10 月 1 版 1 刷。

郭彧:《易圖講座》,北京:華夏出版社,2007 年 1 月北京 1 版 1 刷。

郭彧:《周易八卦圖解》,成都:巴蜀書社,2003 年 3 月 1 版 1 刷。

郭建勳注譯、黃俊郎校閱:《新譯易經讀本》,臺北:三民書局,1996 年 1
　　月初版。

常秉義:《周易與曆法》,北京:中國華僑出版社,2002 年 1 月 2 版 3 刷。

常秉義:《易經圖典舉要》,北京:光明日報出版社,2004 年 4 月 1 版 1
　　刷。

陳鼓應:《易傳與道家思想》,臺北:臺灣商務印書館,1994 年 9 月初版 3
　　刷。

陳鼓應、趙建偉:《周易注譯與研究》,臺北:臺灣商務印書館,1999 年 7
　　月初版 1 刷。

陳睿宏(伯适):《義理、象數與圖書之兼綜——朱震易學研究》,臺北:文

史哲出版社，2011 年 9 月初版。

陳睿宏：《宋元時期易圖與數論的統合典範——丁易東大衍數說圖式結構化之易學觀》，臺北：文史哲出版社，2014 年 8 月初版。

張立文：《周易帛書今注今譯》，臺北：臺灣學生書局，1991 年 9 月初版。

張吉良：《周易哲學和古代社會思想》，濟南：齊魯書社，1998 年 9 月第 1 版第 1 刷。

張其成：《易經應用大百科》，臺北：地景企業股份有限公司，1996 年 5 月初版。

張其成：《易圖探秘》，北京：中國書店，2001 年 1 月 1 版 2 刷。

張濤：《秦漢易學思想研究》，北京：中華書局，2005 年 3 月 1 版 1 刷。

張濤主編：《周易文化研究（第一輯）》，北京：東方出版社，2009 年 12 月 1 版 1 刷。

張善文：《歷代易家與易學要籍》，福州：福建人民出版社，1998 年 4 月 1 版 1 刷。

張善文：《象數與義理》，瀋陽：遼寧教育出版社，1997 年 4 月 1 版 3 刷。

張善文編著：《周易辭典》，北京：中國大百科全書出版社，2005 年初版。

張漢：《周易會意》，成都：巴蜀書社，2002 年 12 月 1 版 1 刷。

黃沛榮：《易學論著選集》，臺北：長安出版社，1985 年 10 月初版。

黃慶萱：《周易縱橫談》，臺北：東大圖書股份有限公司，1995 年 3 月初版。

黃忠天：《周易程傳註評》，臺北：高雄復文圖書出版社，2006 年 3 月 3 版。

傅隸樸：《周易理解》，臺北：臺灣商務印書館，1999 年 10 月初版 7 刷。

程石泉：《易學新探》，上海：上海古籍出版社，2003 年 12 月 1 版 1 刷。

葉福翔：《易玄虛研究》，上海：上海古籍出版社，2005 年 5 月 1 版 1 刷。

詹石窗：《易學與道教思想關係研究》，福州：廈門大學出版社，2001 年 3 月 1 版 1 刷。

董光璧：《易學科學史綱》，長沙：武漢出版社，1993 年 12 月第 1 版第 1 刷。

楊錦銓：《易經古義解讀》，臺北：臺灣學生書局，2002 年 4 月初版。

楊吉德：《周易卦象與本義統解》，濟南：齊魯書社，2004 年 11 月 1 版 1 刷。

楊自平：《世變與學術——明清之際士林《易》學與殿堂《易》學》，臺北：臺大出版中心，2012 年 8 月初版。

趙中偉：《易經圖書大觀》，臺北：洪葉文化事業有限公司，1999 年 3 月初版。

廖名春：《帛書易傳初探》，臺北：文史哲出版社，1998 年 11 月初版。

鄧球柏：《帛書周易校釋》，長沙：湖南出版社，1996 年 8 月第 2 版第 3 刷。

潘雨廷：《易學史叢論》，上海：上海古籍出版社，2007 年 6 月 1 版 1 刷。

鄭吉雄：《易圖象與易詮釋》，臺北：財團法人喜瑪拉雅研究發展基金會，2002 年 2 月初版。

鄭萬耕：《易學源流》，瀋陽：瀋陽出版社，1997 年 5 月第 1 版第 1 刷。

鄭衍通：《周易探原》，臺北：文史哲出版社，2002 年 6 月修正增訂 1 版。

劉百閔：《周易事理通義》，臺北：世界書局，1985 年 10 月再版。

劉瀚平：《宋象數易學研究》，臺北：五南圖書出版公司，1993 年 2 月初版 1 刷。

劉瀚平：《周易思想探微》，臺北：商鼎文化出版社，1997 年 12 月第 1 版第 1 刷。

劉玉建：《兩漢象數易學研究》，南寧：廣西教育出版社，1996 年 9 月第 1 版第 1 次刷。

劉大鈞：《象數精解》，成都：巴蜀書社，2004 年 5 月 1 版 1 刷。

劉大鈞：《周易概論》，成都：巴蜀書社，2004 年 5 月 1 版 1 刷。

劉大鈞主編：《象數易學研究（第三輯）》，成都：巴蜀書社，2003 年 3 月 1 版 1 刷。

劉大鈞主編：《大易集述》，成都：巴蜀書社，1998 年 10 月 1 版 1 刷。

劉大鈞主編：《大易集奧》，上海：上海古籍出版社，2004 年 12 月 1 版 1 刷。

劉保貞：《易圖明辨導讀》，濟南：齊魯書社，2004 年 5 月 1 版 1 刷。

賴貴三：《易學思想與時代易學論文集》，臺北：文津出版社，2007 年 11 月初版。

賴錫三：《丹道與易道——內丹的性命修煉與先天易學》，臺北：新文豐出版公司，2010 年 7 月初版。

盧泰：《周易參伍筮法》，長春：吉林文史出版社，2004 年 7 月 1 版 1 刷。

盧央：《京房評傳》，南京：南京大學出版社，1998 年 12 月第 1 版第 1 刷。

盧央：《易學與天文學》，臺北：大展出版社，2005 年 6 月初版 1 刷。

戴君仁：《談易》，臺北：臺灣開明書店，1982 年 2 月第 7 版。

戴璉璋：《易傳之形成及其思想》，臺北：文津出版社，1989 年初版。

濮茅左：《楚竹書《周易》研究》，上海：上海古籍出版社，2006 年 11 月 1 版 1 刷。

顏國明：《易傳與儒道關係論衡》，臺北：里仁書局，2006 年 3 月初版。

鍾泰德：《易經研究》，臺北：文英堂出版社，1998 年 9 月初版。

蕭漢明、郭東升：《周易參同契研究》，上海：上海文化出版社，2001 年 1 月 1 版 1 刷。

嚴靈峯：《馬王堆帛書易經斠理》，臺北：文史哲出版社，1994 年 7 月初版。

四、《易》類外之當代著作

史蒂芬・霍金著，吳忠超譯：《時間新簡史》，臺北：藝文印書館，2006 年 9 月初版。

任繼愈：《中國哲學史》，北京：人民出版社，1990 年 3 月第 4 版第 9 刷。

艾爾曼：《從理學到樸學》，南京：江蘇人民出版社，1995 年 1 版 1 刷。

余英時：《宋明理學與政治文化》，臺北：允晨文化，2004 年 7 月初版。

李學勤主編：《清華大學藏戰國竹簡（肆）》，上海：中西書局，2013 年 12 月 1 版 1 刷。

李申：《中國古代哲學和自然科學》，上海：上海人民出版社，2002 年 1 月 1 版 1 刷。

杜保瑞：《北宋儒學》，臺北：臺灣商務印書館，2005 年 4 月初版 1 刷。

林繼平：《宋學探微》，臺北：蘭臺出版社，2001 年 3 月初版。

侯外廬、邱漢生、張豈之：《宋明理學史》，北京：人民出版社，1984 年 4 月 1 版北京 1 刷。

高柏園：《中庸形上思想》，臺北：東大圖書公司，1991 年 2 月再版。

黃俊傑：《中國孟學詮釋史論》，北京：社會科學文獻出版社，2004 年 9 月 1 版 1 刷。

馬宗霍：《中國經學史》，臺北：臺灣商務印書館，1992 年 11 月臺 1 版 7

刷。

夏君虞：《宋學概要》，臺北：華世出版社，1976 年 12 月臺 1 版。

陳少峰：《宋明理學與道家哲學》，上海：上海文化出版社，2001 年 1 月 1
　　版 1 刷。

陳來：《宋明理學》，臺北：洪葉文化事業有限公司，1994 年 9 月初版 1
　　刷。

梁紹輝：《周敦頤評傳》，南京：南京大學出版社，1994 年初版 1 刷。

張立文：《宋明理學研究》，北京：人民出版社，2002 年 11 月 1 版 1 刷。

張立文：《宋明理學邏輯結構的演化》，臺北：萬卷樓圖書有限公司，1993
　　年 1 月初版。

勞思光：《中國哲學史》，臺北：三民書局，1995 年 8 月增訂第 8 版。

傅小凡：《宋明道學新論》，北京：社會科學文獻出版社，2005 年 5 月 1 版
　　1 刷。

蒙培元：《理學的演變》，臺北：文津出版社，1990 年 1 月初版。

楊伯峻編著：《春秋左傳注》，臺北：復文圖書出版社，1991 年 9 月再版。

楊祖漢：《中庸義理疏解》，臺北：鵝湖出版社，1990 年 3 月 4 版。

漆俠：《宋學的發展和演變》，石家莊：河北人民出版社，2002 年 10 月 1
　　版 1 刷。

蔡仁厚：《宋明理學：北宋篇》，臺北：臺灣學生書局，1991 年 9 月初版。

蔡仁厚：《宋明理學：南宋篇》，臺北：臺灣學生書局，1993 年 9 月初版。

錢穆：《四書釋義》，臺北：臺灣學生書局，1993 年 8 月重版 4 刷。

譚宇權：《中庸哲學研究》，臺北：文津出版社，1995 年 11 月初版。

David Filkin 著，陳澤涵譯：《霍金陪你漫遊宇宙》，臺北：新新聞文化事業
　　股份有限公司，1998 年 6 月初版。

五、論文期刊

（一）學位論文

孔令杰：《邵雍易學邏輯思想研究》，石家莊：河北大學邏輯學碩士論文，
　　2014 年。

江弘毅：《宋易大衍學研究》，臺北：國立臺灣大學中國文學系博士論文，
　　1991 年。

林志孟：《俞琰易學思想研究》，臺北：文化大學中國文學系博士論文，

　　1994 年。

官岳：《來知德易學研究》，濟南：山東大學中國哲學博士論文，2008 年。

洪家惠：《黃宗炎易學研究》，臺北：國立政治大學國文教學研究在職專班
　　碩士論文，2012 年。

涂雲清：《吳澄易學研究》，臺北：國立臺灣大學中國文學系碩士論文，
　　1997 年。

崔麗麗：《毛奇齡易學研究》，濟南：山東大學中國哲學博士論文，2010
　　年。

崔偉：《李覯易學視野下的經世之學》，濟南：山東大學中國哲學博士論
　　文，2012 年。

陳玉琪：《邵雍「先天圖」研究》，臺北：東海大學中國文學系碩士論文，
　　2001 年。

陳志淵：《朱震《漢上易傳》研究》，臺北：國立臺灣師範大學國文研究所
　　碩士論文，1993 年。

許朝陽：《胡渭《易圖明辨》之研究》，臺北：中央大學中國文學研究所碩
　　士論文，1996 年。

許朝陽：《胡煦易學研究》，臺北：輔仁大學中國文學研究所博士論文，
　　2000 年。

許維萍：《宋元易學的復古運動》，臺北：東吳大學中國文學系博士論文，
　　2000 年。

許瑞宜：《劉牧易學研究》，臺北：國立臺南大學語文教育系碩士論文，
　　2005 年。

程強：《「太極」概念內涵的流衍變化》，上海：上海師範大學中國哲學博士
　　論文，2012 年。

黃忠天：《宋代史事易學研究》，臺北：國立高雄師範大學國文研究所博士
　　論文，1994 年。

曾復祺：《朱震易學之研究》，臺北：銘傳大學應用中國文學系碩士論文，
　　2008 年。

彭涵梅：《邵雍元會運世說的時間觀》，臺北：國立臺灣大學哲學研究所博
　　士論文，2004 年。

楊自平：《吳澄之《易經》解釋與《易》學觀》，臺北：國立中央大學中國
　　文學系博士論文，2000 年。

楊淑瓊:《虞翻《易》學研究——以卦變和旁通為中心的展開》,臺北:國立中興大學中國文學系碩士論文,2002 年。

楊雅妃:《周濂溪太極圖說研究》,臺北:國立高雄師範大學國文學系碩士論文,1999 年。

趙娟:《論《周易》的時間觀念——一個文化史的視角》,上海:復旦大學文藝學博士論文,2012 年。

劉慧珍:《漢代易象研究》,臺北:輔仁大學中國文學研究所博士論文,1997 年。

劉建萍:《蔡清及其易學思想研究》,福州:福建師範大學中國古典文獻學博士論文,2011 年。

劉雲超:《元代易學家王申子易學哲學初探》,濟南:山東大學中國哲學博士論文,2008 年。

賴貴三:《焦循雕菰樓易學研究》,臺北:國立臺灣師範大學國文研究所博士論文,1993 年。

蘇泓萌:《雷思齊易學研究》,臺北:國立高雄師範大學經學研究所碩士論文,2013 年。

(二)中文期刊(包括研討會論文)

王樹人、喻柏林:〈《周易》的「象思維」及其現代意義〉,《周易研究》,1998 年第 1 期,頁 1-8。

王新春:〈哲學視野下的漢易卦氣說〉,《周易研究》,2002 年第 6 期,頁 50-61。

王鳳顯:〈十四種八卦圖比較之管見——中國易學思維研究〉,第 19 卷第 3 期,頁 93-96。

申江、胡紅:〈符號思維與易圖發生〉,《昭通師範高等專科學校學報》,第 23 卷第 4 期,2001 年 12 月,頁 1-14。

任蘊輝:〈論漢代易學的納甲〉,《中國哲學史》,1993 年第 8 期,頁 73-80。

宇亮:〈對古易圖全息系統層次模型的認識〉,《周易研究》,1994 年第 1 期,頁 69-71。

李尚信:〈孟喜卦氣卦序反映的思想初論〉,《中國哲學》,2001 年第 12 期,頁 34-38。

何麗野：〈象的思維：說不可說──中國古代形而上學方法〉，《中國哲學》，2004 年第 4 期，頁 22-27。

林忠軍：〈干寶易學思想研究〉，《周易研究》，1996 年第 4 期，頁 12-24。

林忠軍：〈丁易東易學思想研究〉，《周易研究》，1998 年第 4 期，頁 40-52。

林忠軍：〈試析鄭玄易學天道觀〉，《中國哲學》，2003 年第 3 期，頁 44-52。

林忠軍：〈《易緯》宇宙觀與漢代儒道合流趨向〉，《中國哲學》，2002 年第 12 期，頁 52-56。

林麗真：〈如何看待易「象」──由虞翻、王弼與朱熹對易「象」的不同看法說起〉，《周易研究》，1994 年第 4 期，頁 35-41。

周立升：〈《周易參同契》的月體納甲學〉，《周易研究》，2000 年第 4 期，頁 35-40。

周山：〈《周易》詮釋若干問題思考〉，《中國哲學》，2004 年第 1 期，頁 49-55。

周益民：〈丁易東《易》學思想研究〉，《傳奇・傳記文學選刊（理論研究）》，2010 年 10 月期，頁 9-13。

范愛賢：〈《易》之「數」「圖」的文化符號學機制〉，《周易研究》，2009 年第 2 期，頁 65-69。

高懷民：〈西漢孟喜改列卦序中的哲學思想〉，《周易研究》，2000 年第 2 期，頁 14-21。

康中乾：〈《易經》卦圖解意〉，《周易研究》，1999 年第 3 期，頁 61-69。

唐明邦：〈象數思維管窺〉，《周易研究》，1998 年第 4 期，頁 52-57。

唐琳：〈從相關易圖看朱震易學的卦氣觀〉，《湖北大學學報》（哲學社會科學版），第 32 卷第 6 期，2005 年 11 月，頁 641-644。

孫廣才：〈《易經》「卦變圖」中的組合理論〉，《渭南師專學報》（自然科學版），1995 年第 2 期，頁 42-45。

郭彧：〈卦變說探微〉，《周易研究》，1998 年第 1 期，頁 9-20。

常秉義：〈「卦變」說辨析〉，《周易研究》，1997 年第 4 期，頁 15-24。

章偉文：〈試論張理易圖學思想與道教的關係〉，《中國道教》，2006 年 6 期，頁 19-24。

陳恩林、郭守信：〈關於《周易》「大衍之數」的問題〉，《中國哲學史》，1998 年第 3 期，頁 42-47。

陳世陜：〈《周易》「象數」與現代系統學模型〉，《周易研究》，1997 年第 4

期，頁 3-14。

陳廖安：〈道教太極圖的體用觀〉，上海古籍出版社《道教教育與現代社會論文集》，2002 年 1 月，頁 151-168。

陳廖安：〈太極思維與國學研究〉，萬卷樓圖書股份有限公司《出土文獻文字與語法研讀論文集》，第一輯，2013 年 9 月，頁 1-32。

陳睿宏：〈郝大通《太古集》的天道觀──以其《易》圖中的宇宙時空圖式為主體（上）〉，《興大中文學報》，第 27 期，2010 年 6 月，頁 129-156。

陳睿宏：〈郝大通《太古集》的天道觀──以其《易》圖中的宇宙時空圖式為主體（下）〉，《興大中文學報》，第 28 期，2010 年 12 月，頁 1-18。

陳睿宏：〈林栗《周易經傳集解》的易學特色──以儒學本色進行開展〉，《周易研究》，2014 年第 2 期，頁 56-67。

陳睿宏：〈元代張理大衍筮法析論〉，《彰化師大國文學誌》，第 27 期，2013 年 12 月，頁 1-44。

陳睿宏：〈圖書易學的延續與開展──論元代張理圖書易學之重要內涵〉，《東華漢學》，第 19 期，2014 年 6 月，頁 195-242。

陳睿宏：〈丁易東大衍數說聯結圖書易學析論〉，《東吳中文學報》，第 27 期，2014 年 5 月，頁 145-184。

陳睿宏：〈論林栗易學銷沉之原由──與朱熹之歧異進行開展〉，《政大中文學報》，第 23 期，2015 年 6 月，頁 67-102。

陳睿宏：〈《大易象數鈎深圖》所見鄭東卿易學圖式之象數觀析論〉，《成大中文學報》，第 51 期，2015 年 12 月，1-30。

陳睿宏：〈《大易象數鈎深圖》所見鄭東卿易學圖式之義理思想析論〉，《清大中文學報》，第 14 期，2015 年 12 月，175-230。

陳守煜：〈易圖的系統辨證思維剖析〉，《系統辨證學學報》，第 5 卷第 4 期，1997 年 10 月，頁 42-49。

梁韋弦：〈「卦氣」與「歷數」，象數與義理〉，《中國哲學》，2002 年第 2 期，頁 43-47。

梁韋弦：〈孟京易學的來源〉，《中國哲學》，2003 年第 11 期，頁 9-11。

張文智：〈京氏易學中的陰陽對待與流行〉，《周易研究》，2002 年第 2 期，頁 39-53。

鈕恬：〈略論《周易》卦爻變化的特點〉，《周易研究》，1999 年第 3 期，頁

25-36。

傅榮賢：〈孟喜易學略論〉，《周易研究》，1994年第3期，頁4-7。

楊作龍：〈太極圖河洛探源〉，《洛陽師範學院學報》，2004年第6期，頁5-9。

雷喜斌：〈朱熹對先天象數易圖之采借與改造淺論〉，《福建省社會主義學院學報》，2009年第1期，頁45-50。

趙中國：〈邵雍先天學的兩個層面：象數學與本體論——兼論朱熹對邵雍先天學的誤讀〉，《周易研究》，2009年第1期，頁60-70。

戴君仁：〈蘇軾與朱震的易學〉，《孔孟學報》，卷26，1973年9月，頁97-99。

劉玉建：〈五行說與京房易學〉，《周易研究》，1996年第4期，頁1-11。

劉玉建：〈鄭玄爻辰說述評〉，《周易研究》，1995年第3期，頁34-42。

劉玉建：〈論魏氏月體納甲說及其對虞氏易學的影響〉，《周易研究》，2001年第4期，頁21-25。

劉玉建：〈試論京房易學中的世卦起月例〉，《周易研究》，1996年第2期，頁17-20。

劉保貞：〈五行、九宮與八卦——胡渭《易圖明辨》「五行、九宮」說述評〉，《周易研究》，2005年第2期，頁46-51。

劉謹銘：〈劉牧易學研究〉，《玄奘人文學報》，第8期，2008年7月，頁53-84。

蔡方鹿：〈朱熹以圖解《易》的思想〉，《重慶師院學報》（哲社版），1997年第2期，頁59-64。

鄭萬耕：〈易學中的陰陽五行觀〉，《周易研究》，1994年第4期，頁24-32。

鄭萬耕：〈易學中的整體思維方式〉，《周易研究》，1995年第4期，頁62-70。

鄭吉雄：〈論宋代易圖之學及其後之發展〉，《中國文學研究》，創刊號，1987年5月，頁1-38。

鄭吉雄：〈從經典詮釋傳統論二十世紀《易》詮釋的分期與類型〉，《中央大學人文學報》，第20、21期合刊，2001年，頁175-242。

鄭吉雄：〈從經典詮釋的角度論儒道《易》圖的類型與變異〉，《中央大學人文學報》，第24期，2001年，頁93-184。

鄭吉雄：〈周敦頤《太極圖》及其相關的詮釋問題〉，臺北：大學追求卓越
　　計畫——「東亞近世儒學中的經典詮釋傳統第七次研討會」，2001 年 9
　　月 22 日。

蕭漢明：〈論《京氏易傳》與後世納甲筮法的文化內涵〉，《周易研究》，
　　2000 年第 2 期，頁 22-34。

蘇開華：〈太極圖、河圖、洛書、八卦四位一體論〉，《學海》，1998 年第 1
　　期，頁 67-74。